古代纪历文献丛刊⑦

增删卜易

[清]野鹤老人
[清]李文辉
[清]李我平　撰
孙正治　注

（上册）

华龄出版社

图书在版编目 (CIP) 数据

古代纪历文献丛刊. 7, 增删卜易 / (清) 野鹤老人, (清) 李文辉, (清) 李我平撰 ; 孙正治注. -- 北京 : 华龄出版社, 2024. 11. -- ISBN 978-7-5169-2903-2

Ⅰ. P194.3

中国国家版本馆 CIP 数据核字第 2024NX1944 号

责任编辑	梁玉刚	**责任印制**	李未圻
责任校对	张春燕	**装帧设计**	世纪拓普

书　　名	古代纪历文献丛刊 . 7 增删卜易	**作　　者**	(清) 野鹤老人 (清) 李文辉
		撰	(清) 李我平
出　　版 发　　行	华龄出版社 HUALING PRESS	**注**	孙正治
社　　址	北京市东城区安定门外大街甲 57 号	**邮　　编**	100011
发　　行	(010)58122255	**传　　真**	(010)84049572
承　　印	天津新华印务有限公司		
版　　次	2024 年 11 月第 1 版	**印　　次**	2024 年 11 月第 1 次印刷
规　　格	710mm × 1000mm	**开　　本**	1/16
印　　张	43.5	**字　　数**	630 千字
书　　号	ISBN 978-7-5169-2903-2		
定　　价	98.00 元 (全二册)		

版权所有　侵权必究

本书如有破损、缺页、装订错误，请与本社联系调换

孤云野鹤情自在
碧水丹山人易安

作者画像

作者塑像

山东省潍坊市诸城市皇华镇相家沟村作者故居

作者父亲丁惟宁石祠

作者故居野鹤桥

作者故居

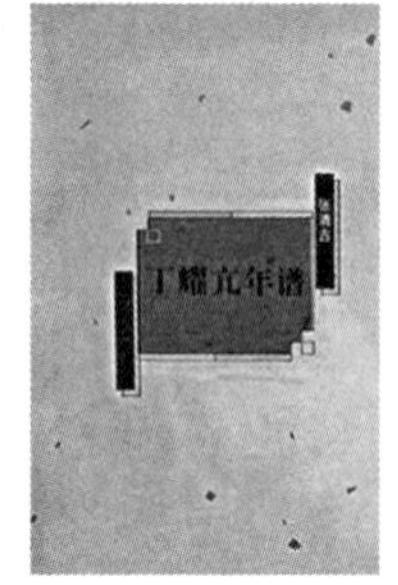

作者部分著作及后世研究著作

前 言

中国古代易占文化源远流长，其中流行最为广泛的纳甲占法，至今也有两千余年的历史了。在这浩瀚的历史长河中，易占高人和名著层现迭出，如同夜空中璀璨的群星，启迪着人们的智慧，指导着人们趋避。野鹤老人和他的《增删卜易》，就是其中比较杰出的代表。

《增删卜易》，是明末清初问世的一部易占专著。它的作者野鹤老人，曾经是一位谜一般的人物。人们只能据张文和李文辉为本书所写的序言，知道他“学道数十年，博览群书，依书断事”，“存四十余年之占验，考证诸书，删辟其谬”，还长于命理、相术和六壬，并留下了六壬方面的占验，至于他姓甚名谁，是什么地方人，做过哪些事，则无从知晓。好在近些年来，众多学者经过多方考证，终于认定：本书作者野鹤老人，是山东诸诚人，名丁耀亢，字西生，号野鹤等，为清代著名诗人、小说家、剧作家、易占大师。他不仅是《增删卜易》的作者，还是文学名著《续金瓶梅》和《醒世姻缘传》的作者。为了让读者了解本书的作者，本书附有《作者野鹤老人其人其事》和《作者化鹤登仙的传说》两文，以飨读者，故这里不再多说。

本书的编者李文辉，字觉子，也是一位易占高人。他因为一生被人算得丝毫不差，而对易占产生了浓厚的兴趣，于是像被断言的那样，成了一个以卖卜为生的人。他在卖卜中偶然认识了一位名叫李坦（字我平）的人，后者因为受益于野鹤老人的本书抄本，也是一位易占高手。因为谈得来，他把自己珍藏的抄本推荐给李文辉。李文辉得到本书抄本，如获至宝，闭门二载，根据野鹤老人和自己的实占经验，质证古来的各种卜筮书籍，对其中内容应验的就留存，不应验的就删去，不合于易理的就加以批驳，另外得到巧妙应验的就增加进来，然后分门别类，编辑成书。而李我平则以鉴定者的身份，对编好的内容一一加以点评，发挥了画龙点睛的作用。

他们予以增删的，大都是历史上的易占名著，如《卜筮全书》《卜筮大全》《易林补遗》《易冒》等。其中特别值得注意的是《黄金策》，因为它是明代刘伯温的代表作之一，历来为人们奉为纳甲占法的圭臬，许多流传甚广的占卜书都满怀崇敬地予以收录和注释，而作者却对它进行了大胆的增删、改写和评论。例如其总断部分《千金策》中，“最要者身位，喜扶而不喜伤”一句，被改成了“不验者身位，宜删而不宜存”；评论“用化用，有用无用”一语说“此论非理”；评论“德入卦无谋不遂”一语为“多事之论”；就“遇兄则财莫能聚，遇子则身不犯刑”说：“《黄金策》自此之后，皆非理也。”并另写新的赋文。这样增删和结果，正如李我平《千金赋》所说：“昔有人曰：‘有能易一字，予以千金。’……不意野鹤老人前后增删，另作注解，以成全璧。余不能遗以千金，从此名之万金赋可也。”总断《千金赋》是这样，整个《黄金策》也都是这样。

由此可见，本书的作者既不是一个人，也不是一代人，而是一个在不同时代、不同地方，因共同的研究态度和见地而前赴后继的集体；他们所增删的也不是一两种占卜书，而是当时的“古今占卜诸书”。就是说，本书是对中国历代纳甲占法典籍的一次总检讨和总批判，是一部继往开来的重要著作。

易占幽邃，奥理难穷，其中有许多高深微细之处，不是轻易就能通彻的。为此，本书的作者、增删者和点评者采用了最笨也最有效的办法，那就是一方面力求在理论上融会贯通，另一方面不怕麻烦，在实占中反复验证。野鹤老人说：“余存四十年之占验，无一卦而不关心，如占得有疑之卦，虽数年亦存意探之。”“辰午酉亥谓之自刑者，予屡试之……占过数十年，只验得一卦。”“余因求验之法，每遇拜扫之时，到各坟上命伊占之，知人觅地，就而占之，如此多年，始得其秘。”李文辉说：“每占一卦，默存其稿，至期探之，验与不验，悉以笔记……”“余屡于疾病之占卦，卦卦留神……存留验，不验又试；试之不验，而再试之；一而十，十而百，全不验者，始尽删之。”李我平也说：“留书传世，须一字开后人之茅塞，一言破千古之疑患……”

这种稳扎稳打、步步为营的求真策略，使他们能够对前人的占卜著作进行深入细致的总检讨和总批判，并取得了丰硕的成果。

一是在带有根本性的问题上凿破鸿蒙，起到了正本清源的作用。例如，许多人对《周易》关于“初筮告，三再渎”的卦辞产生误解，以为凡再三占同一件事都属于亵渎神明。野鹤老人指出：“予著此书传后贤之秘法者，无他法也。教浅学者凡遇卦之恍惚，心若未明，多占无碍；倘卦中已明现矣，不可再渎。至于占病者，一人有病，一家俱可代占，自有显然之卦。”“予生平以来稍得其奥者，全赖多占之力也。”这种观点看似简单初级，实则属于凿破鸿蒙之论，打破了三千年来不必要的禁锢，可以消除卦象不明、糊涂断卦的弊端，所以作者称之为“赛锦囊”。又如，各种占卜书论身命，动辄说“妻财子禄一卦能包，寿夭穷通六爻兼尽”。这种说法看似高深，实际上却行不通，因为父子财官兄弟之间各有相忌相伤，如果执着于用一卦来兼断各方面的事情，必然陷入自相龃龉的境地。比如父母旺相，既是双亲健在的征象，又有父母爻旺相则伤子孙的说法，难道世上父母健在的人都无子嗣吗？又说“兄动妻亡财耗散”，难道世上的贫人寒士都是失去了配偶的人吗？所以野鹤老人说：“必兼而断者，即先贤犹在，执此问之，知亦无从置喙。”

二是对纳甲占法进行了系统的梳理，刈除了卦理上的冗枝。古代占卜书中有许多矛盾之处。如既运用五行生克制化，又有注重吉凶神煞；既用世爻，又用卦身和世身；既用用神，又认为独发独静、六合六冲、大象吉凶和明夷、观、贲等十卦不必用看用神，法度不一，常常使人陷于歧路之疑。为此，作者根据实占经验，删去卦身和世身，只用世爻；删去绝大部分神煞和本命，其他神煞也只作为附合之神，使占断归于阴阳五行生克制化的正理；删去明夷、观、贲等十卦卦验之说，独发独静、六合六冲和大象吉凶只用作吉凶的参考，而把用神作为论断吉凶的主要依据。这样就刈除了卦理上的冗枝，使法度归一，杜绝了后学者的歧路之疑。

三是深入问题的幽隐曲折之处，不弄清问题不止。例如，他们批驳了古人关于旬空、月破、动散为无用的说法，提出了“神兆机于动，动必有因”，今日虽然休静空破散或者受制，以后当值、逢冲、出空填实时吉凶还要应验的论断；批驳了关于生、旺、墓、绝等十二种状态的旧说，明确指出：这十二种状态中，只有长生、帝旺、入墓和绝确有作用，能主吉凶，其他概不应验。作者还大胆地对三刑六害提出质疑，指出：“独犯三刑，得验者少”，“至于子卯、辰戌丑未，亦有验者，皆附和而为凶”；《六害》一章只存篇名，因全无应验而将内容完全删去，等等。类似的例子不胜枚举。

四是为了验证成书中的观点，本书还列举了近四百多个应验卦例，做到了凡有所论，必有例证。书中应验卦例之多，为在同类书中所仅见；其应验之巧妙，读来令人开始觉得匪夷所思，却越琢磨越有味道，具有很强的研究价值。

在阅读本书的时候，笔者不禁为其精微的辨析所折服，为作者务实求真的精神所感动。在易学界，乃至在整个国学界，从来不乏那种其大无外、无所不包，却颟顸笼统、似是而非，甚至云山雾罩、藏头露尾的所谓大师，这种务实求真的精神才是最稀缺最珍贵的。正是这种务实求真的精神，使《增删卜易》“尽辟诸书之讹，独出一心之悟；发先贤未发之理，启后人易晓之门”，成为一部历久弥新，被许多人推为第一的纳甲占法名著。所以，希望本书的读者以作者、编者和点评者为榜样，珍视本书，深细研读。勿因得之容易而走马观花，勿因怕麻烦而失之交臂。如同亲到宝山，不可得少为足，一定要应得尽得。只有这样，才不会辜负先贤们的一片苦心，使中国源远流长的中国易占文化进一步发扬光大。

本书的注释工作，是以上海大成书局印行的《校正增删卜易》为底本，并参考民国三十年上海锦章书局的《考证增删卜易》。原书题为“野鹤老人撰，李文辉增删，李坦我平鉴定”。但笔者发现，野鹤老人作为撰者，也对古书作了大量的增删；李文辉虽被标为增删者，其实主要是做了编定工作；李我平虽被标为鉴定者，其实主要是对书中的内容进行了点评。所以笔者将“野鹤老人撰，李文辉增删，李坦我平鉴定”改为“野鹤老人撰，李文辉编，李我平点评”。

为了方便读者，笔者在注释中增加了一些示意图和表格，增加了数百个卦式，并在脚注中对生僻的词语作了简要的注释。

由于笔者学养有限，今译和校正中还难免存在一些不当之处，希望得到读者的批评斧正。

孙正治

2024 年 5 月 10 日

序

【原文】

《易》书以揲蓍求卦之法，示人趋吉避凶之机，诸先贤阐明精义，莫不谓详且尽矣。野鹤老人学道数十年，博览群书，依书以断事，广集占验。存验以考书，书之屡验者存之，不验者删之。如单用世爻，使人有一定之见；删去卦身、世身、星煞、本命，使人无歧路之疑。其谈旬空、月破、刑冲、进神，别有奥理；墓绝生旺，动散反伏，剖析真伪；财官父子，法用分占。尽辟诸书之讹，独出一心之悟；发先贤未发之理，启后人易晓之门。惜未成帙问世。觉子得之，不忍秘为枕中藏，加以增删，编辑成书，亟命剞劂，求序于余。余曰："野鹤有觉子而野鹤传，觉子有野鹤而觉子亦传矣！"

是为序。

时　康熙庚午秋七月宁阳维则张文撰

【译文】

《易经》这本书用蓍草求卦的方法，向人展示趋吉避凶的征兆，诸多先贤对其中精义的阐发，无不至详至尽。野鹤老人学习易道数十年，博览群书，依照书中的道理来占断事情，广泛地搜罗应验占例，又根据这些应验占例来考察群书，群书中屡次应验的内容就留存，不应验的内容就删掉。例如单用世爻，使人有一定的见解；删去卦身、世身、星煞、本命，使人一扫面临歧路的疑惑。谈论旬空、月破、刑冲和进神，别有深奥的道理；剖析入墓、遇绝、长生、帝旺，发动、冲散、反吟、伏吟，一一判定它们的真伪；区别妻财、官鬼、父母、子孙，采取分别占卜的方法。破尽了各种书中的讹误，说出了自己的领悟；阐发了前代贤人没来得及阐发的道理，开启了使后人易于了解的大门。只可惜这宝贵而丰富的抄本没能作为成书而问世。觉子得到了它，不忍作为枕中秘藏，于是加以增益和删削，编辑成书，急急刊印，求我作序。我说："野鹤有了觉子野鹤的名号就能传世，觉子有了野鹤觉子的名字也能传世！"

以之为序。

时　康熙庚午秋七月宁阳维则张文撰

增删者序[1]

【原文】

《易》之理微乎？曰微。庖牺氏以一画开天，始作八卦，通神明之德，类万物之情；文王、周、孔系彖、系爻、系象，阐明先天至理，精义入神。唯圣人而后知圣人也。

微乎《易》乎！迨鬼谷之后，诸名贤继起，别为五行生克、世应向背之理，父子兄弟爻，妻财官鬼爻，各以其事为类，以前民用，以阐圣教。善卜者卜之，不善卜者亦卜之，较先圣揲蓍求卦之法更简而便，其为趋吉避凶，更明而显也。

【译文】

《周易》的道理精微吗？回答说：精微。庖牺氏以一画开天辟地，最早画出八卦，用来通达神明的德用，概括万物的情态；文王、周公、孔子写出彖辞、爻辞和《象传》，阐明了先天的至理，达到了精义入神的地步。只有圣人才懂得圣人啊！

《周易》精微啊！到了鬼谷子之后，许多著名的贤人另外开创五行间相生相克、世爻应爻间或向或背的道理，父母、子孙、兄弟、妻财、官鬼爻，各以相应的关系和事情分类，让百姓在做事以前用来占卜，并借以阐明圣人的教法。使善于卜筮的人可以卜筮，不善于卜筮的人也可以卜筮，比先代圣人数蓍草求卦的方法更简便，趋吉避凶的作用也更显著。

---

①增删者序：原题为自序，为区别于原作者序而改为今题。

【原文】

往予幼年，随先大人宦游①粤西，遇参两徐先生②，卜予兄曰："将来继起者此子，立功封爵，惜乎不克其终。"卜予身命谓："三十以前，虚誉亦隆，三十以后，垂帘都市，功名不复问矣。"彼时先大人处极盛之势，愚兄弟在荫庇之下，不足其言，诞而置之矣。嗣后，兵燹蜂起，家破从戎，先兄立功封爵，实比萤光，果死非命。迨顺治庚寅，予投诚定南藩下。时年三旬有一，壮游都门，满心复职，乃竟归乌有。旅邸萧索，回思参两之言，信不诬矣。因遍觅卜筮诸书，静观两月，即代人以卜吉凶。有明显而易见者，有隐微而难测者。每占一卦，默存其稿，至期探之，验与不验，悉以笔记。其不验者，无处考证。

【译文】

我在幼年的时候，曾经随父亲宦游广东西部，遇到了道号为"参两"的徐先生。他推论我哥哥的命运说："将来后继而兴起的是这个儿子，可以立功封爵，可惜不能寿终正寝。"推论我的命运说："三十岁以前，虚名也很大；三十岁以后，在都市里垂帘，以占卦为生，功名的事不会再想了。"那时父亲处于势力极盛的时期，我们兄弟生活在他的荫庇之下，所以不信先生的话，以为很荒诞就搁在一边了。后来，战火蜂起，家道破落不得已而从军。哥哥因为立功而封了爵位，确实比较光荣，但后来果然死于非命。等到顺治庚寅年，我投诚于定南藩麾下。我当时三十一岁，正是壮年，又游历于京师，满心希望得到父亲那样的职位，但是竟然什么官职也没得到。羁旅中的住处破败而寂寞，没有一点生机，回想起参两先生的说法，这才相信不是毫无根据的。因此我到处寻觅各种卜筮书，静心读了两个月，开始替别人占卜吉凶，所占的卦有显而易见的，也有隐微难测的。每占一卦，都默记卦爻和断语，到了应验的时候就去探问，并且不论应验与否，都用笔记录下来。可惜那些不应验的，没有办法再作考证。

---

①宦游：指士人外出求官或做官。

②参两徐先生：参两，指阴阳。语出《周易·说卦》："三天两地而倚数。"参，通"三"。可见，"参两"可能是这位徐先生的道号。

【原文】

偶于江宁遇同乡李我平，问予生平所看何书，即以《大全》《全书》《海底眼》《黄金策》《补遗》《易冒》诸书以告之。公曰："诸书悉有悖谬。向有野鹤老人，亦存四十余年之占验，考证诸书，删辟其谬。先叔莅任云南，得此抄本，生平识趋避之途，皆此书之力。久欲刊行，因未成帙，尚未举行。送尔抄阅，自知其妙。"予拜受领归。静中参悟，豁然有会于心，始知从前之验与不验，皆书之得失也。闭户二载，遂将野鹤及予之占验，质证古今卜筮诸书，验者存之，不验者删之，内有不合于易理者辟之，另得其巧验者增之，分门别类，辑理成部。内有烦门细事，及诸占验，暨六壬占验，未及编次，以俟再续。

是书讲解甚明，初学者不用投师即知占卜，知易者愈得其精，精易者愈得其奥，不须半载工夫，得野鹤四十余年之积学，从此宁有不验之卦耶？有心觉世者，自不以余言为狂瞽。

是为序。

时　康熙二十九年庚午孟夏朔日

湖南李文辉觉子甫叙于山樵精舍

【译文】

偶然在江宁遇到了同乡李我平，他问我此前看过什么书，我就把《卜筮大全》《卜筮全书》《海底眼》《黄金策》《易林补遗》《易冒》这些书名告诉他。他说："这些书都有谬误之处。曾经有一位野鹤老人，也保存了四十余年的占验材料，并且考证各种卜筮书，删削和批驳其中的谬误。我的叔叔在云南做官时，得到了这个抄本，他一生明了趋吉避凶的方法，都得益于这本书。我想印行这本书已经很久了，只因还没有编辑成卷，所以还没有去做。我把它送给你，你只要认真抄写和阅读，就会了解其中的奥妙。"我拜谢了他，把书带回家。在寂静中参悟书中的道理，心中豁然有所领悟，这才知道从前的卦或应验或不应验，都是那些书中的错误导致的。于是我关门闭户两年之久，将野鹤老人及我的占验实例，质证于古往今来的各种卜筮书，应验的就保留，不应验的就删掉，其中有不合易理的就加以驳斥，另外得到巧妙应验的就增加进来，然后分门别类，编辑成书。其中有烦琐的门类、细小的事情及诸多相关占验，还有六壬方面的占验，还没来得及编定次序，等以后再作续编。

这部书讲解很明了，初学者不用投奔老师就能懂得占卜，了解易占的人会进而得到其中精髓，精于易占者会进一步得其奥妙。用不到半年时间，就可以得到野鹤老人四十余年积累的学问，从此以后难道还会有不应验的卦吗？有心使世人觉悟的读者，自然不会将我的话看作狂妄的瞎说。

以此为序。

时　康熙二十九年庚午孟夏朔日
湖南李文辉觉子甫叙于山樵精舍

自　序①

【原文】

野鹤曰：卜易之道，乃伏羲、文王、周公、孔子四大圣人之心法也，得其精者可以参天量地，粗知其理亦可趋吉避凶。凡学卜者，可以深求，亦可浅学。浅学者只要先学装卦，知道动变及卦之六冲、卦变六冲，看熟《用神章》中占何人、占何事以何爻为用神，再看何为旬空、月破及春夏秋冬四时衰旺、生克冲刑，即知决断祸福。

【译文】

野鹤说：卜筮一道，是伏羲、文王、周公、孔子四大圣人的心法，得到它的精微者，可以参赞天机，衡量地理，粗略地知道其中的道理，也可以趋吉避凶。学习卜筮的人，既可以深入地研求，也可以粗浅地学习。浅学者只要先学会装卦，知道动爻、变爻及卦逢六冲、卦变六冲，看熟《用神章》中占什么人、什么事以哪一爻为用神，再看哪一爻为旬空月破，以及哪一爻在春夏秋冬四季的衰旺、生克冲刑，就知道怎样决断祸福了。

【原文】

假令占功名②，若得旺官持世，或日、月、动爻作官星生合世爻，求名如拾芥耳。倘遇子孙持世，或子孙动于卦中，不拘占入场、占升迁，悉如水中掬月。

占求财，若得财星持世，或日、月、动爻作子孙生合世爻，或官鬼持世，财动生之，或父母持世，财动克世，皆许求财之易，为长者以折

---

①自序：原题仅一“序”字。此序为野鹤老人亲作，为了区别于其他人的序，特改为今题。

②功名：旧指科举称号或官职名位。

枝耳。若遇兄弟持世，及兄弟爻动于卦中，或世临旬空、月破，何须缘木求鱼？

【译文】

假使占功名，如果得到旺相的官鬼持世，或者日辰、月建、动爻作为官鬼而生合世爻，求功名就像从地上捡起枯草一般容易。如果遇到子孙持世，或者子孙爻在卦中发动，则不管占入考场还是占升官，都像水中捞月一样虚妄不实。

占求财，如果得到妻财爻持世，或者日辰、月建、动爻作为子孙而生合世爻，或者官鬼爻持世，妻财爻发动生它，或者父母持世，妻财发动克世爻，都许为求财容易，像为老人折一根树枝般容易。倘若遇到兄弟爻持世，及兄弟在卦中发动，或者世爻临旬空、月破，那么何必缘木求鱼呢？

【原文】

如占一年月令，现任官者，宜官星持世，财动生之，皆许吉庆。若遇官鬼相克，日、月、动爻作子孙冲克世爻，或作官鬼冲克世爻，或世空世破、官破官空，或世动化回头克及子孙持世，皆为凶兆。

士民而占月令者，最喜财爻及子孙爻持世，管许一岁亨通。若遇官鬼持世，得日、月、动爻作财星生合世爻者，更主吉利。若无财动生合世爻，而官鬼持世者，必见灾非。倘世破、世空及鬼动克世，多见凶灾。兄动克世，口舌破财。

【译文】

假使占一年中各个月份的吉凶，现任官职的人适于遇到官鬼持世，妻财发动生它，这两种情况都许为吉祥喜庆。倘若遇到官鬼相克，日辰、月建、动爻作为子孙而冲克世爻，或者作为官鬼冲克世爻，或者世爻逢旬空月破，或者官鬼逢月破旬空，或者世爻发动后化为回头相克，以及子孙持世爻，则都属于凶兆。

读书人和百姓占月份的休咎，最喜欢妻财爻及子孙爻持世，尽可以许他一年亨通。倘若遇到官鬼持世，得到日辰、月建、动爻作为妻财而生合世爻，则更加吉利。倘若无妻财发动生合世爻，但有官鬼持世爻，那么必定遇到灾祸和是非。如果世爻月破、旬空，及官鬼发动克世爻，多半遇到凶祸和灾难。兄弟发动而克世爻，主口舌是非和破财。

【原文】

以上官府士民占流年者，合世之月则吉，冲世之月则凶，皆不宜世爻变鬼及化回头克，定见凶危。又不宜财动化父、父化财爻。鬼化父母，必有长上之灾。弟兄变鬼，鬼变弟兄，防手足之厄。财化鬼，鬼化财，财化兄，兄化财，主伤妻妾婢仆。子化鬼，鬼化子，父化子孙，子孙化父，小口有伤。青龙、天喜持世生世而有喜；虎鬼发动主孝服；螣蛇朱雀临兄，鬼动而克世者，须防口舌；玄武临兄，鬼动而克世者，防贼盗及阴人。

【译文】

以上官府的人、读书人和庶民占流年的，合世爻的月份就吉祥，冲世爻的月份就凶险，都不宜世爻变官鬼及化回头克，那样一定会遇到凶祸或危险。又不宜妻财发动化为父母、父母发动化为妻财。官鬼化为父母，一定有长辈的灾祸。弟兄变为官鬼，官鬼变为弟兄，要防止手足的灾厄。妻财化为官鬼，官鬼化为妻财，妻财化为兄弟，兄弟化为妻财，主伤害妻妾和婢女等仆人。子孙化为官鬼，官鬼化为子孙，父母化为子孙，子孙化为父母，小一辈有伤害。青龙、天喜持世爻或生世爻，有喜庆；白虎和官鬼发动，主披麻戴孝；螣蛇和朱雀临兄弟爻，官鬼发动而克世爻，必须防止口舌是非；玄武临兄弟爻，官鬼发动而克世爻，要防备盗贼及女人。

【原文】

如占讼防非，仇人为害及行江漂海，深入险地，旅店孤眠，穷乡僻壤，投寺宿庙，或营中贸易，错买盗物，或见邻家火起，或闻温疫流行，防虎狼，防盗寇，或夜行早起，或窬险偷关，或已入是非之场，心忧祸患，或欲管闲事，恐惹灾非，或入病家，以防沾染，或误服毒物，恐致伤生，或已定重罪而盼赦，或已得险病而防危，或问此物此药可以服否？或问歹人烈马伤害我否？凡遇一切防灾虑患者，但得子孙持世，及子孙动于卦中，或世动变出子孙，或世动化回头相生，或官鬼动以相生，即使身坐虎口，管许安如泰山；惟忌官鬼持世，忧疑不解。鬼克世，灾祸必侵；世动化鬼及化回头克者，祸已及身，避之无及。惟世爻空者无忧，世爻破者不利。

【译文】

比如占诉讼、防是非，防仇人陷害，以及渡江过海，深入危险之地，在旅店中独睡，在穷乡僻壤去寺庙投宿，或者在军营中交易，或错买了盗贼的赃物，或者看到邻居家发生火灾，或者听说瘟疫流行，或者防备虎狼，预防盗贼，或者趁夜赶路，穿越险地，偷渡关隘，或者已经进入是非场所，心中忧虑祸患，或者要管闲事又怕惹上灾祸是非，或者进入患者家，需要防止传染，或者误服毒药，恐怕危害身体和生命，或者已判重罪，盼望遇到大赦，或者已经得了重病，须防备危险，或者问东西或药物可不可以吃，或者问坏人及烈马会不会伤害到自己，凡占一切防灾虑患的事，只要得到子孙爻持世，及子孙爻在卦中发动，或者世爻发动后变出子孙，或者世爻发动后化为回头相生，或者官鬼发动而相生，即使身在虎口，也一定安如泰山。只忌讳官鬼爻持世，主忧患和疑惧无法消解。官鬼克世爻，灾祸必定到来；世爻发动而化为官鬼及化为回头克的，祸难已经侵到自身，要回避也来不及了，只有世爻逢旬空的不必忧虑，世爻逢月破的不利。

【原文】

占病者，如自占病，若得世爻旺相，或日、月、动爻生合世爻，或子孙持世，或子孙动于卦中，不拘久病近病，或求神，或服药，立保安康。近病者，世值旬空，或世动化空，或卦逢六冲及卦变六冲，不须服药，即许安痊。久病者，官鬼持世遇休囚，或遇日、月、动爻克世，或值旬空月破、世动化空化破，或卦逢六冲、卦变六冲，或世动化鬼及化回头克者，速宜救治，迟者难医。

占父母病，以父母爻为用神。若得父爻旺相，或日、月、动爻生父母，或父动化旺，不拘久病近病，求神服药，立见安宁。近病者，父爻值旬空，父动化空，或卦逢六冲，不药而痊。久病者，父爻值旬空月破，或父动化空、化破，父动化财，财化父母，卦逢六冲，卦变六冲，或父爻休囚又被日、月、动爻冲克，为子者须宜急急求医，亲尝汤，勿远离也。

【译文】

占病的，比如占自己的病，如果世爻旺相，或者日辰、月建、动爻生合世爻，或者子孙爻持世爻，或者子孙在卦中发动，那么不管久病还是近病，或者求神，或者服药，保证立刻康复。近病的人，世爻值旬空，或者世爻发动而化空，或者卦逢六冲及卦变六冲，不必服药就会安然痊愈。久病的人，官鬼持世逢休囚，或者遇日辰、月建、动爻克世爻，或者值旬空月破，世爻发动而化旬空、化月破，或者卦逢六冲、卦变六冲，或者世爻发动而化为官鬼及化为回头克，应当迅速救治，误了时机就难救了。

占父母的病，以父母爻为用神。如果父母爻旺相，或者日辰、月建、动爻生父母，或者父母发动化为旺相，那么不论久病还是近病，是求神还是服药，都会立刻得到安宁。近病的人，父母爻值旬空，父母发动而化为旬空，或者卦逢六冲，不用药就会痊愈。久病的人，父母爻值旬空月破，或者父母发动化为旬空、月破，父母发动而化为妻财，妻财化为父母，卦逢六冲，卦变六冲，或者父母爻休囚，又被日辰、月建、动爻冲克，做子女的必须尽快求医，亲自尝药，并且不要远离。

【原文】

占兄弟病者，若得兄爻旺相，或临日月，动爻相生，或兄动化旺化生，不拘病之远近，立许痊安。近病者，兄爻值旬空及动而化空，卦逢六冲，卦变六冲，服药即愈。久病者，兄爻值旬空、月破及动而化空、化破、卦逢六冲、卦变六冲，兄动化鬼、鬼化兄爻，或兄爻休囚，被日、月、动爻冲克，急急服药求神，迟则难调理。

占子孙病者，子孙爻旺相，或临日月，或日、月、动爻生合，或子孙爻化回头生，化旺，不拘病之新久，服药求神即愈。近病者，子孙爻值旬空，及动而化空、卦逢六冲、卦变六冲，不药而愈。出痘者，不宜六冲。久病者，子孙逢旬空、月破及动而化空、化破、卦逢六冲、卦变六冲、子孙动而化鬼、鬼化子孙、父化子、子化父，及日、月、动爻冲克者，速宜服药，迟则难于治矣。

【译文】

占兄弟的病，如果卦中兄弟爻旺相，或者临日辰、月建、动爻相生，或者兄弟发动而化为旺相，或化为回头生，不论病的时间长短，立刻就可以断他痊愈。近病的人，兄弟爻值旬空，及发动而化为旬空，卦逢六冲，卦变六冲，服药就会痊愈。久病的人，兄弟爻值旬空、月破及发动而化空、化破、卦逢六冲，卦变六冲，或兄弟发动化为官鬼、官鬼化为兄弟，或者兄弟休囚，被日辰、月建、动爻冲克，赶快服药求神，错过时机就难以调理了。

占子孙的病，子孙爻旺相，或者临日辰月建，或者日辰、月建、动爻生合，或者子孙爻化为回头生，化为帝旺，不论新病还是久病，只要服药求神，就会痊愈。近病的人，子孙爻值旬空及发动而化为旬空、卦逢六冲、卦变六冲，不用服药就会痊愈。出天花的人，不宜逢六冲卦。久病的人，子孙逢旬空、月破，及发动而化空、化破、卦逢六冲、卦变六冲、子孙发动而化官鬼、官鬼化子孙、父母化子孙、子孙化父母，及日辰、月建、动爻冲克，应当迅速服药，迟了就难治了。

【原文】

占妻妾病者，以财爻为用神。财爻旺相，或临日月，或日、月、动爻相生，或财爻化子孙及化帝旺者，不拘久病近病，治之即愈。近病者，妻财逢旬空及动而化空，或爻逢六冲，卦变六冲，何须服药，即许灾除。久病者，财爻逢旬空、月破及动而化空、化破，卦逢六冲，卦变六冲，或财动化鬼、鬼化财爻、兄动化财、财化兄弟，世有良医，亦难取效。

凡占三党①六亲②及官长、师生、婢仆诸人之病，皆于《用神章》

---

①三党：父族、母族和妻族。

②六亲：六种不同的亲属关系。具体说法很多，在占筮方面，指官鬼、父母、兄弟、子孙、妻财、起卦人。

内以取用神。

占朋友、外人以应爻为用神，理之常也。往往多有不验者，何也?疑因不甚关切，不诚之故耳。

【译文】

占妻妾的病，以妻财爻为用神。妻财爻帝旺，或者临日辰月建，或者日辰、月建、动爻相生，或者妻财爻化子孙及化为帝旺，不论久病还是近病，治疗就会痊愈。近病的人，妻财逢旬空，及发动而化旬空，或者爻逢六冲，卦变六冲，不必服药，马上就可以许他灾病消除。久病的人，妻财爻逢旬空、月破及发动而化为空旬、月破，卦逢六冲，卦变六冲，或者妻财发动而化为官鬼、官鬼化为妻财、兄弟发动化为妻财、妻财化为兄弟，即使有再好的医生，其治疗也难以取得效验。

凡占父族、母族、妻族关系，占六亲关系及首长、师生、婢仆等人的病，都根据《用神章》的内容来选取用神。

占朋友、外人，以应爻为用神，这是常理，但是往往有许多不应验的。为什么呢？我怀疑是因为不太关切，是求占者心不诚的缘故。

【原文】

野鹤曰：客有问于予曰："据尔之言，占卜极易事也。即如占功名，得旺官持世以成名，子孙持世而失望；占疾病，近病逢冲逢空，不药而愈；久病逢冲逢空，灵丹莫救。如若得此显然者，自是不难知矣。倘占疾病不逢六冲，用神不遇旬空，旺不旺而衰不衰，凶不凶而吉不吉；又如占功名，官与子孙皆不持世，六爻乱动，财父同兴，何以决之?"

予曰："尔若垂帘卖卜，每日数卜之占，未必尽得显而易见之卦，凶中藏吉、吉处藏凶者有之，必须奥理深求，细心参悟。尔欲自知趋避者，必然卦不乱占，心无杂念，每遇一事，即刻卜之。神不欺人，占名而名成者，即得官星持世，而不成者，子孙即动于卦中。如若间有卦之恍惚，次早竭诚再卜，再遇恍惚，还可卜之，自然响应。只不可心怀两事而占。一念之诚则应，若占两三事者，则不灵也。又如占疾病，更容易耳！一人有病，一家俱可代占，但有一卦爻逢六冲或卦变六冲，或用神值旬空，及用神动而化空者，即愈之疾；久病而逢此者，难治之灾也。又如防灾虑患，但得子孙持世，便与霹雳同居，管许安然无恙，有何难耶？”

【译文】

野鹤说：有客人问我说：“根据你的说法，占卜是极容易的事。拿占功名来说，旺相的官鬼持世就会成名，子孙持世就会失望。占疾病，近病逢冲逢空，不用药就会痊愈；久病逢冲逢空，即使有灵丹妙药，也没办法救治。只要得到这样显然的卦，自然不难了解。倘若占疾病而不逢六冲，用神也不遇旬空，说旺不旺，说衰不衰，说凶不凶，说吉不吉；又比如占功名，官鬼与子孙都不持世，六爻乱动，妻财与父母一同发动，要怎么决断吉凶呢？”

我说：“你要是垂帘卖卜，每天数次占卦，未必都得到显而易见的卦，凶中藏吉、吉处藏凶的也会有，必须深入研求其中奥妙，细心参悟。你自己要知道所趋所避的时候，一定不会乱占乱断，一定会心无杂念，每遇到一件事，立刻就加以占卜。神不会哄骗人，占名而能够成名的，自会得到官鬼持世的卦；不能成名的，子孙就会在卦中发动。如果偶然遇到吉凶恍惚的卦，就在第二天一早竭尽诚心，再次卜问，再遇到恍惚的卦还可以卜问，这样自然像回音应答响声一样。只是不可心怀两件事而占。是一个念头的诚心就会得到应验，倘若同时占两三件事，卦就不会灵。再比如占疾病，这是更加容易的事。一个人有病，一家人都可以代他占卜，只要有一个卦逢六冲，或者卦变六冲，或者用神值旬空，及用神发动而化为旬空，就痊愈得很快；占久病而遇到这样的卦，则是难治的病。又比如预防灾害，忧虑祸患，只要得到子孙爻持世的卦，那么即使遇到霹雳一样的危险，也可保证安然无恙，有什么难的呢？”

【原文】

客曰：“占有渎之，不敢再三①，何敢连占几日？”予曰：“因此一语，误尽卜卦的人！岂不闻‘三人占听二人之言’？一事既可三处而占，何妨再占？然亦有不可再渎者，以此一事一刻而再占也，须于次日再卜

①占有渎之，不敢再三：这是因为《周易·蒙卦》彖辞说：“初筮告，再三渎，渎则不告。”意思是说第一次占问就告诉，再三占问则成为亵渎，亵渎就不告诉。

可也。又有连日亦不可而再渎者有之。即如占功名，已得子孙持世，我心不悦，必欲求其官鬼持世而后已，此则谓之‘再三渎’也。然予亦有见其‘再三渎’者，未见神之不应也。予因少年辨复功名①，占过七次，竟有六次而得子孙持世。此乃神不厌我多问，屡问而屡报也。又有厌予多问者。即如我问求财，卦已明现有财，我心已知矣，我再问之，神不告矣，而又以我未问之事而告我也。如一日占求财，旺财持世，是我明知辰日得财；次日再占一卦：果于辰日得财否？卦得申金兄动而不得。是何说耶？及至辰日得财，至申日因他事而破财，始悟辰日之得财者，神已告我，我已知矣，此日而再问之，神不告矣，报我申日而破财也。故知‘再三渎’者，神亦不见责，而又报我未问之事也。”

【译文】

客人说：“占卜有亵渎的说法，连再三占都不敢，怎么敢连占几天？”我说：“因为这一句话，误尽占卦的人！难道没有听说‘三个人占卜同一件事，要听从另两个人的意见’这句话吗？一件事既可以在三处占问，怎么会妨碍再次占卜？当然也有因再三占卜而导致亵渎的，这就是为这一件事而一时再占，必须在第二天再卜才行。也有连日占卜而导致亵渎的。拿占功名来说，已经得到了子孙持世，可是自己心里不喜欢，一定要求得官鬼持世才肯停手，这就叫作‘再三渎’了。我也遇到过‘再三渎’的事，但没遇到过神不回应的事。我年轻时为了通过申辩来恢复功名，曾经占问过七次，竟有六次得到子孙持世，这是神不厌烦我多问，屡次占问而屡次告诉。又有厌烦我多问的事。比如我问求财，卦已明白显现出有财，我心里已经知道了，我再卜问，神就不告诉了，而又告诉我没问的事。例如有一天占求财，旺相的妻财爻持世，但是我明知辰日得财，第二天又占一卦，问辰日真的能得财吗？卦中申金兄弟发动，主不得财。这是怎么回事呢？及至辰日得了财，到申日又因为其他事而破财，我这才明白：辰日得财的事，神已经告诉我，我已经知道了，这天再卜问这件事，神就不告诉了，而告诉我申日破财的事。所以知道，即

①辨复功名：科举时代士人因犯法革去功名后，通过申辩来恢复，叫作辨复。辨，通“辩”。

使‘再三渎’，神也不会责怪，而又告诉我没问的事情。”

【原文】

此事极多。予著此书传后贤之秘法者，无他法也。教浅学者凡遇卦之恍惚，心若未明，多占无碍；倘卦中已明现矣，不可再渎。至于占病者，一人有病，一家俱可代占，自有显然之卦。再者，遇事即占，乘此心而未乱。不可多积事情于心，事多心乱，即非一念之诚也。教其深学卜者，后有分占之法及予所辟诸书之谬，与增其奥，宜细味之。此皆予四十余年终食不违、须臾不离以得之也，实先贤之所未传，须宜通前彻尾，细心详悟，自然巧夺天工，欲参天地之化育，测鬼神之隐微而不难矣。

觉子曰：倘遇急事，卦之恍惚者，一刻亦可连占三五卦。

【译文】

这类事情极多。我写这本书传给后世贤人的秘法，没有其他。教浅学的人凡遇到吉凶恍惚的卦，心里如果不明白，多占也没有妨碍；倘若卦中已经明示结果了，那就不可再占，以免亵渎。至于占病，一个人有病，一家人都可以代他占，自有吉凶显然的卦出现。还有遇到事情立刻占卜，趁着心还没有乱。不可在心里多攒事情，事多心乱，就不是一念的诚心了。至于教导那些深入学习卜筮的人，后面有分占的方法，以及我对各种筮书中的谬误的批驳，可以使他们在奥理上有所增益，应当仔细玩味。以上是我四十余年在吃饭的时候也不敢忘记、一会儿也不曾放下，才得到的经验，实在是先辈贤人所没有传授的心得，理应通前彻后地细心领悟。只要这样学习它们，就可以巧夺天工，即使帮助天地的化育，预测鬼神的踪迹也不难了。

觉子说：如果遇到急事，而卦中却吉凶恍惚，那么，即使片刻也可以连占三五卦。

目 录

增删卜易卷之一

增删卜易卷之二

增删卜易卷之三

增删卜易卷之四

增删卜易卷之五

增删卜易卷之一

［清］野鹤老人
［清］李文辉
［清］李我平　撰
孙正治　注

八卦章第一

【原文】

乾为父，震为长男，坎为中男，艮为少男，俱属阳。

坤为母，巽为长女，离为中女，兑为少女，俱属阴。

【译文】

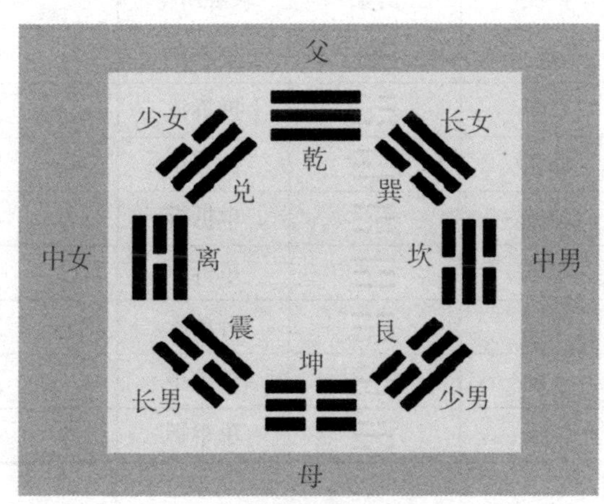

附八卦图

卦象图章第二

（卦由下往上点）

【原文】

乾三连（☰）：连得三爻俱是单，为乾卦。一点“●”为单。

坤六断（☷）：连得三爻俱是拆，为坤卦。两点“●●”为拆。

震仰盂（☳）：初爻得单，二爻、三爻俱是拆，为震卦。

艮覆碗（☶）：初爻、二爻俱是拆，三爻单，为艮卦。

离中虚（☲）：初爻单，二爻拆，三爻又单，为离卦。

坎中满（☵）：初爻拆，二爻单，三爻又拆，为坎卦。

兑上缺（☱）：初爻、二爻俱是单，三爻拆，为兑卦。

巽下断（☴）：初爻拆，二爻、三爻俱是单，为巽卦。

【译文】

附卦象图表

卦名	特征	卦象	求卦所得	点式标记
乾	三连	☰	单单单	· · ·
坤	六断	☷	拆拆拆	: : :
震	仰盂	☳	拆单单	: : ·
艮	覆碗	☶	单拆拆	· : :
离	中虚	☲	单拆单	· : ·
坎	中满	☵	拆单拆	: · :
兑	上缺	☱	拆单单	: · ·
巽	下断	☴	单单拆	· · :

附八卦地支方位图

附占卦法①

【原文】

用钱三文，以乾隆通宝铜钱为佳。一背为单，点一点“●”；两背为拆，点两点“●●”；三背为重，画一圈“○”；三字为交，打一叉“×”。“○”仍算一点，“×”仍算两点。

“●”，此系单爻，为阳；今得“○”，谓之“阳动”，并作一点看。“●●”，此系拆爻，为阴；今得“×”，谓之“阴动”，仍作两点看。凡卦中，但有“○”“×”，谓之动。

凡问事者，问清籍贯名字，所占其事，执钱三文掷于盘内，看系几个字，几个背。见一背者点一点“●”，两背者点两点“●●”，三背者画一圈“○”，三字者打一叉“×”。

【译文】

用三枚铜钱求卦，铜钱以乾隆通宝为最好。求得一个背（有徽章的一面，即字的反面），为奇，点一个点“●”（即阳爻“——”）；求得两个背，为偶，点两点“●●”（即阴爻“— —”）；求得三个

①附占卦法：本章显然非原文，而是后人补充、附入书中的，因为本书问世于康熙年间，而本章却要人用乾隆铜钱来占卜。

背，为重（即阳动爻），画作“○”（即“——○”）；求得三个字，为交（即阴动爻），画作“×”（即“— —×”）。“○”仍算作一点“●”，“×”仍算作两点“●●”。

“●”，这是单爻，属阳；现在得到“○”，叫作“阳动”，都看作一点来。“●●”，这是拆爻，属阴；现在得到“×”，叫作“阴动”，仍看作两点。凡卦中有“○”“×”的，叫作发动。

对所有问事者，要问清籍贯、名字、所占的事情，然后双手握钱三枚，掷在盘中，看其中有几个字，几个背。见三枚钱中有一个背，就点一点“●”；见有两个背，就点两点“●●”；见有三背，就画一个圈“○”；见有三个字，就打一个叉“×”。

【原文】

今点一卦为式（后式自下往上看）：

第六次又得两背，又点两点	●●（— —）	
若第五次得三背者，亦画一圈	○（——○）	上三爻为外卦
若第四次得三字者，打上一叉	×（— —×）	
若第三次得三背者，画上一圈	○（——○）	
若第二次得两背者，平点两点	●●（— —）	下三爻为内卦
若第一次得一背，点一点	●（——）	

【译文】

现在点一卦作为样式（以下样式从下往上看）：

如果第六次又掷得两个背，就平点两点	●●（— —）
如果第五次掷得三个背，也画一个圈	○（——○）
如果第四次掷得三个字，就打一个叉	×（— —×）
如果第三次掷得三个背，就画一个圈	○（——○）
如果第二次掷得两个背，就平点两点	●●（— —）
如果第一次掷得一个背，就点一点	●（——）

上三爻为外卦，下三爻为内卦。

【原文】

初学点卦者，但见一点两点，容易治之，凡见“○”“×”不甚明白，须要细心慢想。假如占得此卦，另用纸一张，点出此卦，将“○”改作一点，“×”改作两点，便知某卦。

今将前卦改此一卦为式。前卦第三爻“○”改作一点，乃是离中虚卦，谓之内卦得离卦。离为火。第四爻“×”改作两点，第五爻“○”改作一点，乃是坎中满卦，谓之外卦得坎卦。坎为水。水在上，火在下，名为水火既济卦。点卦虽则由下点至上，今排卦又要由上而往下。此卦水上火下，所以即是水火既济。

【译文】

初学点卦的读者，只看到一个点两个点的时候，还容易对付，但是遇到“○”或“×”的时候，却往往不太明白。这时须细心地慢慢想。如果占得这样的卦，要另用一张纸，画出卦来，将“○”改作一点“●”，将“×”改作两点“●●”，就知是哪一卦了。

现在将前一卦改一遍作为法式。将前一卦第三爻“○”改作一点“●”，是离中虚卦，叫作内卦得离卦，离为火。第四爻“×”改作两点“●●”，第五爻“○”改作一点“●”，乃是坎中满卦，叫作外卦得坎，坎为水。水在上卦，火在下卦，全卦名为水火既济。点卦虽然由下向上点，而排卦却要从上往下排。这一卦坎水在上，离火在下，所以是水火既济卦。

【原文】

再排一卦为式：

若第六次又得一背者，再又点一点　●（——）

若第五次得三字者，打一叉　×（— —×）

若第四次得一背者，点一点　●（——）

若第三次得两背者平点两点　●●（— —）

若第二次得三背者，画一圈　○（——○）

若第一次得两背者，点两点　●●（— —）

“×”仍算两点，“○”仍算一点。上三爻外卦，即是离中虚，离为火。下三爻内卦，即是坎中满，坎为水。火在上，水在下，卦名火水未济。

【译文】

如果第六次又掷得一个背，就再点一个点 ●（——）

如果第五次掷得三个字，就打一个叉 ×（— —×）

如果第四次掷得一个背，就点一个点 ●（——）

如果第三次掷得两个背，就平点两个点 ●●（— —）

如果第二次掷得三个背，就画一个圈 ○（——○）

如果第一次掷得两个背，就点两点 ●●（— —）

“×”还算作两点“●●”，“○”还算作一点“●”。上三爻为外卦，是离中虚，离为火。下三爻内卦，是坎中满，坎为水。火在上卦，水在下卦，卦名为火水未济。

八宫章第三

【原文】

八宫六十四卦名：

乾宫八卦俱属金（须宜念熟）：乾为天，天风姤，天山遁，天地否，风地观，山地剥，火地晋，火天大有；

坎宫八卦俱属水：坎为水，水泽节，水雷屯，水火既济，泽火革，雷火丰，地火明夷，地水师；

艮宫八卦俱属土：艮为山，山火贲，山天大畜，山泽损，火泽睽，天泽履，风泽中孚，风山渐；

震宫八卦俱属木：震为雷，雷地豫，雷水解，雷风恒，地风升，水风井，泽风大过，泽雷随；

巽宫八卦俱属木：巽为风，风天小畜，风火家人，风雷益，天雷无妄，火雷噬嗑，山雷颐，山风蛊；

离宫八卦俱属火：离为火，火山旅，火风鼎，火水未济，山水蒙，风水涣，天水讼，天火同人；

坤宫八卦俱属土：坤为地，地雷复，地泽临，地天泰，雷天大壮，泽天夬，水天需，水地比；

兑宫八卦俱属金：兑为泽，泽水困，泽地萃，泽山咸，水山蹇，地山谦，雷山小过，雷泽归妹。

【译文】

	八卦归宫	八纯卦	一世卦	二世卦	三世卦	四世卦	五世卦	游魂卦	归魂卦
四阳宫	乾宫金	乾为天	天风姤	天山遁	天地否	风地观	山地剥	火地晋	火天大有
	坎宫水	坎为水	水泽节	水雷屯	水火既济	泽火革	雷火丰	地火明夷	地水师
	艮宫土	艮为山	山火贲	山天大畜	山泽损	火泽睽	天泽履	风泽中孚	风山渐
	震宫木	震为雷	雷地豫	雷水解	雷风恒	地风升	水风井	泽风大过	泽雷随
四阴宫	巽宫木	巽为风	风天小畜	风火家人	风雷益	天雷无妄	火雷噬嗑	山雷颐	山风蛊
	离宫火	离为火	火山旅	火风鼎	火水未济	山水蒙	风水涣	天水讼	天火同人
	坤宫土	坤为地	地雷复	地泽临	地天泰	雷天大壮	泽天夬	水天需	水地比
	兑宫金	兑为泽	泽水困	泽地萃	泽山咸	水山蹇	地山谦	雷山小过	雷泽归妹

附八卦六十四卦图

附八宫六十四卦全图

乾宫八卦全图

乾为天

父母戌土●　———世
兄弟申金●　———
官鬼午火●　———
父母辰土●　———应
妻财寅木●　———
子孙子水●　———

天风姤

父母戌土●　———
兄弟申金●　———
官鬼午火●　———应
兄弟酉金●　———
子孙亥水●　———
父母丑土●●　— —世

天山遁

父母戌土●　———
兄弟申金●　———应
官鬼午火●　———
兄弟申金●　———
官鬼午火●●　— —世
父母辰土●●　— —

天地否

父母戌土●　———应
兄弟申金●　———
官鬼午火●　———
妻财卯木●●　— —世
官鬼巳火●●　— —
父母未土●●　— —

风地观

妻财卯木●　———
官鬼巳火●　———
父母未土●●　— —世
妻财卯木●●　— —
官鬼巳火●●　— —
父母未土●●　— —应

山地剥

妻财寅木●　———
子孙子水●●　— —世
父母戌土●●　— —
妻财卯木●●　— —
官鬼巳火●●　— —应
父母未土●●　— —

火地晋		**火天大有**	
官鬼巳火●	———	官鬼巳火●	———应
父母未土●●	— —	父母未土●●	— —
兄弟酉金●	———世	兄弟酉金●	———
妻财卯木●●	— —	父母辰土●	———世
官鬼巳火●●	— —	妻财寅木●	———
父母未土●●	— —应	子孙子水●	———

坎宫八卦全图

坎为水		**水泽节**	
兄弟子水●●	— —世	兄弟子水●	— —
官鬼戌土●	———	官鬼戌土●●	———
父母申金●●	— —	父母申金●	— —应
妻财午火●●	— —应	官鬼丑土●●	— —
官鬼辰土●	———	子孙卯木●	———
子孙寅木●●	— —	妻财巳火●	———世

水雷屯		**水火既济**	
兄弟子水●●	— —	兄弟子水●●	— —应
官鬼戌土●	———应	官鬼戌土●	———
父母申金●●	— —	父母申金●●	— —
官鬼辰土●●	— —	兄弟亥水●	———世
子孙寅木●●	— —世	官鬼丑土●●	— —
兄弟子水●	———	子孙卯木●	———

泽火革

官鬼未土●● — —
父母酉金● ———
兄弟亥水● ———世
兄弟亥水● ———
官鬼丑土●● — —
子孙卯木● ———应

雷火丰

官鬼戌土●● — —
父母申金●● — —世
妻财午火● ———
兄弟亥水● ———
官鬼丑土●● — —应
子孙卯木● ———

地火明夷

父母酉金●● — —
兄弟亥水●● — —
官鬼丑土●● — —世
兄弟亥水● ———
官鬼丑土●● — —
子孙卯木● ———应

地水师

父母酉金●● — —应
兄弟亥水●● — —
官鬼丑土●● — —
妻财午火●● — —世
官鬼辰土● ———
子孙寅木●● — —

艮宫八卦全图

艮为山

官鬼寅木● ———世
妻财子水●● — —
兄弟戌土●● — —
子孙申金● ———应
父母午火●● — —
兄弟辰土●● — —

山火贲

官鬼寅木● ———
妻财子水●● — —
兄弟戌土●● — —应
妻财亥水● ———
兄弟丑土●● — —
官鬼卯木● ———世

山天大畜

官鬼寅木● ———
妻财子水●● — —应
兄弟戌土●● — —
兄弟辰土● ———
官鬼寅木● ———世
妻财子水● ———

山泽损

官鬼寅木● ———应
妻财子水●● — —
兄弟戌土●● — —
兄弟丑土●● — —世
官鬼卯木● ———
父母巳火● ———

火泽睽

父母巳火● ———
兄弟未土●● — —
子孙酉金● ———世
兄弟丑土●● — —
官鬼卯木● ———
父母巳火● ———应

天泽履

兄弟戌土● ———
子孙申金● ———世
父母午火● ———
兄弟丑土●● — —
官鬼卯木● ———应
父母巳火● ———

风泽中孚

官鬼卯木● ———
父母巳火● ———
兄弟未土●● — —世
兄弟丑土●● — —
官鬼卯木● ———
父母巳火● ———应

风山渐

官鬼卯木● ———应
父母巳火● ———
兄弟未土●● — —
子孙申金● ———世
父母午火●● — —
兄弟辰土●● — —

震宫八卦全图

震为雷

妻财戌土●●　— —世
官鬼申金●●　— —
子孙午火●　———
妻财辰土●●　— —应
兄弟寅木●●　— —
父母子水●　———

雷地豫

妻财戌土●●　— —
官鬼申金●●　— —
子孙午火●　———应
兄弟卯木●●　— —
子孙巳火●●　— —
妻财未土●●　— —世

雷水解

妻财戌土●●　— —
官鬼申金●●　— —应
子孙午火●　———
子孙午火●●　— —
妻财辰土●　———世
兄弟寅木●●　— —

雷风恒

妻财戌土●●　— —应
官鬼申金●●　— —
子孙午火●　———
官鬼酉金●　———世
父母亥水●　———
妻财丑土●●　— —

地风升

官鬼酉金●●　— —
父母亥水●●　— —
妻财丑土●●　— —世
官鬼酉金●　———
父母亥水●　———
妻财丑土●●　— —应

水风井

父母子水●●　— —
妻财戌土●　———世
官鬼申金●●　— —
官鬼酉金●　———
父母亥水●　———应
妻财丑土●●　— —

泽风大过

妻财未土●●　— —
官鬼酉金●　———
父母亥水●　———世
官鬼酉金●　———
父母亥水●　———
妻财丑土●●　— —应

泽雷随

妻财未土●●　— —应
官鬼酉金●　———
父母亥水●　———
妻财辰土●●　— —世
兄弟寅木●●　— —
父母子水●　———

巽宫八卦全图

巽为风

兄弟卯木●　———世
子孙巳火●　———
妻财未土●●　— —
官鬼酉金●　———应
父母亥水●　———
妻财丑土●●　— —

风天小畜

兄弟卯木●　———
子孙巳火●　———
妻财未土●●　— —应
妻财辰大●　———
兄弟寅木●　———
父母子水●　———世

风火家人

兄弟卯木●　———
子孙巳火●　———应
妻财未土●●　— —
父母亥水●　———
妻财丑土●●　— —世
兄弟卯木●　———

风雷益

兄弟卯木●　———应
子孙巳火●　———
妻财未土●●　— —
妻财辰土●●　— —世
兄弟寅木●●　— —
父母子水●　———

天雷无妄

妻财戌土●　———
官鬼申金●　———
子孙午火●　———世
妻财辰土●●　— —
兄弟寅木●●　— —
父母子水●　———应

火雷噬嗑

子孙巳火●　———
妻财未土●●　— —世
官鬼酉金●　———
妻财辰土●●　— —
兄弟寅木●●　— —应
父母子水●　———

山雷颐

兄弟寅木●　———
父母子水●●　— —
妻财戌土●●　— —世
妻财辰土●●　— —
兄弟寅木●●　— —
父母子水●　———应

山风蛊

兄弟寅木●　———应
父母子水●●　— —
妻财戌土●●　— —
官鬼酉金●　———世
父母亥水●　———
妻财丑土●●　— —

离宫八卦全图

离为火

兄弟巳火●　———世
子孙未土●●　— —
妻财酉金●　———
官鬼亥水●　———应
子孙丑土●●　— —
父母卯木●　———

火山旅

兄弟巳火●　———
子孙未土●●　— —
妻财酉金●　———应
妻财申金●　———
兄弟午火●●　— —
子孙辰土●●　— —世

火风鼎

兄弟巳火●　———
子孙未土●●　— —应
妻财酉金●　———
妻财酉金●　———
官鬼亥水●　———世
子孙丑土●●　— —

火水未济

兄弟巳火●　———应
子孙未土●●　— —
妻财酉金●　———
兄弟午火●●　— —世
子孙辰土●　———
父母寅木●●　— —

山水蒙

父母寅木● ———

官鬼子水●● — —

子孙戌土●● — —世

兄弟午火●● — —

子孙辰土● ———

父母寅木●● — —应

风水涣

父母卯木● ———

兄弟巳火● ———世

子孙未土●● — —

兄弟午火●● — —

子孙辰土● ———应

父母寅木●● — —

天水讼

子孙戌土● ———

妻财申金● ———

兄弟午火● ———世

兄弟午火●● — —

子孙辰土● ———

父母寅木●● — —应

天火同人

子孙戌土● ———应

妻财申金● ———

兄弟午火● ———

官鬼亥水● ———世

子孙丑土●● — —

父母卯木● ———

坤宫八卦全图

坤为地

子孙酉金●● — —世

妻财亥水●● — —

兄弟丑土●● — —

官鬼卯木●● — —应

父母巳火●● — —

兄弟未土●● — —

地雷复

子孙酉金●● — —

妻财亥水●● — —

兄弟丑土●● — —应

兄弟辰土●● — —

官鬼寅木●● — —

妻财子水● ———世

地泽临

子孙酉金●● — —

妻财亥水●● — —应

兄弟丑土●● — —

兄弟丑土●● — —

官鬼卯木● ———世

父母巳火● ———

地天泰

子孙酉金●● — —应

妻财亥水●● — —

兄弟丑土●● — —

兄弟辰土● ———世

官鬼寅木● ———

妻财子水● ———

雷天大壮

兄弟戌土●●　— —
子孙申金●●　— —
父母午火●　———世
兄弟辰土●　———
官鬼寅木●　———
妻财子水●　———应

泽天夬

兄弟未土●●　— —
子孙酉金●　———世
妻财亥水●　———
兄弟辰土●　———
官鬼寅木●　———应
妻财子水●　———

水天需

妻财子水●●　— —
兄弟戌土●　———
子孙申金●●　— —世
兄弟辰土●　———
官鬼寅木●　———
妻财子水●　———应

水地比

妻财子水●●　— —应
兄弟戌土●　———
子孙申金●●　— —
官鬼卯木●●　— —世
父母巳火●●　— —
兄弟未土●●　— —

兑宫八卦全图

兑为泽

父母未土●●　— —世
兄弟酉金●　———
子孙亥水●　———
父母丑土●●　— —应
妻财卯木●　———
官鬼巳火●　———

泽水困

父母未土●●　— —
兄弟酉金●　———
子孙亥水●　———应
官鬼午火●●　— —
父母辰土●　———
妻财寅木●●　— —世

泽地萃

父母未土●●　— —
兄弟酉金●　———应
子孙亥水●　———
妻财卯木●●　— —
官鬼巳火●●　— —世
父母未土●●　— —

泽山咸

父母未土●●　— —应
兄弟酉金●　———
子孙亥水●　———
兄弟申金●　———世
官鬼午火●●　— —
父母辰土●●　— —

水山蹇

子孙子水●●　— —
父母戌土●　———
兄弟申金●●　— —世
兄弟申金●　———
官鬼午火●●　— —
父母辰土●●　— —应

地山谦

兄弟酉金●●　— —
子孙亥水●●　— —世
父母丑土●●　— —
兄弟申金●　———
官鬼午火●●　— —应
父母辰土●●　— —

雷山小过

父母戌土●●　— —
兄弟申金●●　— —
官鬼午火●　———世
兄弟申金●　———
官鬼午火●●　— —
父母辰土●●　— —应

雷泽归妹

父母戌土●●　— —应
兄弟申金●●　— —
官鬼午火●　———
父母丑土●●　— —世
妻财卯木●　———
官鬼巳火●　———

【原文】

野鹤曰：昔者，吾友宦游时，以此《全图》相送。友曰："余不知五行，焉能断卦？"予曰："先学点卦，点出卦象，看是何卦，即在《全图》内寻出此卦，照样装排世应、五行、六亲，不用念卦书，即不知五行生克之理，亦能断四宗大事。不管卦中动与不动，即照此《全图》内单看世爻。占防忧虑患者，若得子孙持世，无忧；官鬼持世，忧疑难解，须宜加意防之。占功名者，若得官鬼持世，即许成名；子孙持世，且宜待时。占求财，妻财持世者，必得；兄弟持世者，难求。占疾病者，若得六冲卦，近病不药而愈，久病妙药难调。"

友曰："何以谓之子孙持世？"予曰："子孙与'世'字同在一爻者，即谓子孙持世；倘得官鬼与'世'字同在一爻者，即是官鬼持世。其余兄弟、妻财持世，皆同此说。要知何谓六冲卦者，乾为天、坎为水、艮为山、震为雷、巽为风、离为火、坤为地、兑为泽，此八宫头一卦，皆是六冲卦。再者，天雷无妄、雷天大壮亦是六冲卦。一共十卦，其余不是。”

【译文】

野鹤说：过去，我的朋友宦游时，我曾把这个《全图》送给他。朋友说：“我不懂五行，怎么能断卦?”我说：“先学点卦，点出卦象来，看它是什么卦，就在《全图》里找到这一卦，照样装入，并排出世爻、应爻、五行、六亲，不用念卦书，即使不懂得五行生克的道理，也能决断四件大事。不管卦中发动与不发动，就照这《全图》只看世爻。占预防灾难、忧虑祸患的卦，只要看到子孙持世，就不必忧虑；而官鬼持世，则忧虑和疑虑难以消除，必须着意预防。占功名，只要得到官鬼持世，就许作功名成就；而子孙持世，则应当暂时等待时机。占求财，妻财持世，一定得财；兄弟持世，难以得财。占疾病，得到六冲卦，近病的，不用药也能痊愈；久病的，妙药也难以医治。”

朋友说：“怎么叫作子孙持世?”我说：“子孙与‘世’字同在一爻，就叫子孙持世；如果卦中官鬼与‘世’字同在一爻，就是官鬼持世。其余兄弟、妻财持世，都是同样的道理。要知道什么叫六冲卦，乾为天、坎为水、艮为山、震为雷、巽为风、离为火、坤为地、兑为泽，这八宫的头一卦都是六冲卦。还有天雷无妄、雷天大壮，也是六冲卦。六冲卦共有这十个，其余不是。”

【原文】

或问曰：“求官者若得官鬼持世，求名必成；求财者若得妻财持世，求财必得。倘若官鬼爻与妻财爻，或值旬空月破，或被卦中子孙发动以伤官、兄弟发动以伤财，虽遇官鬼持世、妻财持世，有何益也?”予曰：“尔知五行之理，神早知之。所得之卦，若非凶中藏吉，定是吉中藏凶，此乃神圣引人以知其奥，自然要看旬空月破，生克冲刑。今吾友不知五行之理，神亦早知。如若求名，祷于神曰：‘功名若成，赐我官鬼持世；倘若无望，赐我子孙持世。’如占防忧虑患，祷于神曰：‘目下如有祸者，卦得官鬼持世；若能免祸逃灾者，赐我子孙持世。’所得之卦自然显而易见。若有隐微者，即是神亦欺人，何以为神?

【译文】

有人问："求官者得到官鬼持世，功名必定成就；求财者得到妻财持世，求财必得。倘若官鬼爻与妻财爻，或者值旬空月破，或者被卦中子孙爻发动而伤害了官鬼、兄弟发动而伤害了妻财，即使遇到官鬼持世、妻财持世，又有什么益处呢？"我说："你懂得五行的道理，神早就知道这一点，所得到的卦如果不是凶中藏吉，一定是吉中藏凶。这是神圣引导人了解其中奥妙，自然要看旬空月破，生克冲刑。现在我的朋友不懂得五行的道理，神也早就知道了。如果求功名，向神祈祷说：'功名若成就，请赐我官鬼持世；倘若没有希望，就赐我子孙持世。'比如占防忧虑患，向神祈祷说：'目前如果有祸，就让卦中官鬼持世；倘若能够避免祸患、逃脱灾难，就赐我子孙持世。'这样，所得到的卦自然显而易见。如果有隐微难明之处，就是神也欺哄人，那样的话，神又凭什么为神？

【原文】

况余作此一段简易之法，单欲教其全不知五行之理之士学会点卦，即照此《全图》装排，就知决断四宗大事。倘若稍知五行之理者，不可以为法，务必细看此书卷后何谓空而不空、破而不破；何为墓而不墓、绝而不绝；何为真反吟、假反吟；何为进不进、退不退；何为回头克者生，何为回头克者死；何处可看用神，何处不看用神；何为占此而应彼，何为占远而应近；何为得其法者百占百灵，何为不得其法者屡占不验；何为原神有力不生用神，何为忌神无力能害用神；何处辟诸书之谬，何处增巧验之奇。细观种种秘法，方能决事如神。"

【译文】

况且我创造这一种简易的方法，是专门要教那些全不懂五行道理的人只要学会点卦，按照这个《全图》装入排出，就知道怎样决断四件大事。倘若是略懂五行之理的人，则不可以这样做，而是务必细看本书后文中什么叫旬空而不空、月破而不破；什么是入墓而不墓、遇绝而不绝；什么是真反吟、假反吟；什么是化进神而不进、化退神而不退；什么是遇到回头克却得生，什么是遇到回头克却必死；什么地方可以看用神，什么地方可以不看用神；什么叫占这件事而应验在那件事，什么叫占远期而应验了近期的事；什么是得法者一百次占问一百次灵验，什么是不得其法者屡屡占问而不应验；什么叫原神有力而不生用神，什么叫忌神无力而能害用神；什么地方批驳了各种书中的谬误，什么地方增加了巧得应验的奇异。细看这种种秘法，断事才能像神明一样。”

【原文】

或又问曰：“假令占防灾虑患，若得子孙持世，自是无忧；若得官鬼持世，惊恐必见。倘卦中并不现者，何以决之?”予曰：“一卦不见，再占一卦；再若不见，明日又占。昔人泥其不敢再渎，所以无法。予见《易经》有云：‘三人占听二人之言①。’古人一事既可决于三处，今人何妨再渎?”

予生平以来稍得其奥者，全赖多占之力也。事之缓者，迟迟再占；事之急者，歇歇又占。不拘早晚，不必焚香，深更半夜亦可占之。只要单为此事而占，不可又占他事。但有心怀两三事而占卦者，非一念之诚，决无灵验。

【译文】

又有人问：“比如占预防灾祸，担心忧患，如果子孙持世，自然可以无忧无虑；假如官鬼持世，惊恐必定出现。倘若卦中并不出现这两种情况，应该怎样决断?”我说：“一卦中不出现，就再占一卦；如果还不出现，明天又占。过去的人拘泥，怕导致亵渎，所以没有办法。我看到《易经》有这样的话：‘三个人占问同一件事情，要听从另两个人的意见。”古人一件事既可以取决于三处，现在的人何妨再三?’

我生平以来能够稍微得到占卜的奥秘，全靠多占的作用。事情徐缓的卦，迟一迟再占；事情紧急的卦，歇一歇又占。不论早晚，不必焚香，深更半夜也可以占问。只是要专为这一件事而占，不可以又占其他的事。只要心怀两三件事而占卦，就不属于一个念头的诚心，所以决不会灵验。

---

①三人占听二人之言：《周易》经传中没有这句话，作者所谓《易经》，属于流言，而非指经传本身。

【原文】

假令占功名，或是官鬼持世，或是子孙持世，得其一者，得失已知，不必占矣；不可厌其子孙持世，务必求官鬼持世而后已，此非理也。如占求财，或是妻财持世，或是兄弟持世，得其一者则止，不必再占。倘一事而与众人同其祸福者，各占一卦，决之更易。即如行舟遇暴风，家中防火烛，人人俱可占之，但有一卦若得子孙持世，皆同无患。又如占疾病，病人自占，若不得六冲卦者，一家俱可代占，但有一人得六冲之卦，或系近病，或系久病，吉凶全了然矣。

【译文】

假设占功名，或者是官鬼持世，或者是子孙持世，得到其中的一种，得失就已经知道，不必占了；不可以因为讨厌卦中子孙持世，务必求得官鬼持世才算完，这是不合理的。比如占求财，或者是妻财持世，或者是兄弟持世，得到其中的一种就要停止，不必再占了。倘若一件事情而与众人祸福相同，就每人各占一卦，决断起来更加容易。就拿行船遇到暴风和家中防火来说，人人都可以占问，只要有一卦得到子孙持世，就大家同样没有祸患。又比如占疾病，患者自己占问若没得到六冲卦，一家人都可以代替他占问，只要有一个人占得了六冲卦，或者是近病，或者是久病，吉凶就完全了然了。

【原文】

予又告吾友曰："此法甚善，名为'赛锦囊'。予幼时只会点卦，不知装卦，照此《全图》装排决断。少经离乱，风波颠险，危处叨安，赖此之力。但予还有秘法，一并教尔。凡系自身之祸福者，只宜暗中卜之，照此决断，不可令人在傍；占过之时，吉凶自知，切不可又将此卦而问识者。尔若安心问人，神亦早知，所得之卦，定有深奥。宁可存此卦帖，待事过之后，然后问人。前说防灾虑患及占功名，占求财，乃系题头①。尔今初学占卦，恐尔不知何事当占，今予细写始末，使尔凡遇后事，照此卜之。"

①题头：题目，开头。

【译文】

我又告诉我的朋友："这个方法很好，叫作'赛锦囊'。我年幼时只会点卦，不懂装卦，就是按照这个《全图》装入排出并加以决断的。少年历经离乱，到处风波艰险，在危难处叨得安全，就靠这个办法。但我还有秘法，也一并教给你。凡是为自身的祸福的，只应该在暗中卜问，照这决断，不可以让别人在身旁；占过之后，吉凶自己知道，切不可又拿这卦去问懂卦的人。你要是有心问别人，神也早就知道，所得到的卦一定有深奥之处。宁可保存这个卦帖，等事情过去之后再问别人。前面说到防灾虑患，及占功名、占求财，都属于题目。你现在初学占卦，恐怕你不知道什么事应当占问，现在我细写占卦的过程，让你以后凡遇到事情，都可以照着占筮。"

【原文】

占防忧虑患者，或为国计民生，陈言献策；或为条陈①将相，谏诤君非，恐其事之不行，祸先及己；或为行江漂海，前途虑贼盗风波；或见远方火起，恐灾殃延及其家；或闻瘟疫流行，能为我害；或见飞蝗遍野，能害我苗；或孤行无伴，或庙宿旅眠；家防火烛，宅见妖邪；或随营贸易，或逾险越关；或已入是非之场，心忧祸患；或欲管闲事，恐惹灾非；或入病家，以防沾染；或误服毒物，恐致伤生；或服人参药饵，益于我否？或驭野兽烈马，恐致惊伤；或已定重罪而盼赦；或已得重病以防危；或见远处有可疑之舟；或见外来有可疑之人；或买官房公地，有后患否？或买山场茔地，有是非否？或错买盗物，或立险处，或见邻家有兽头照壁②，冲射我宅，能为害否？或见邻山新葬及开窑盖庙，犯先茔否？

①条陈：本义是分条目陈述，也指分条陈述意见的呈文。在这里是上条陈弹劾别人的意思。

②兽头照壁：照壁是为避免直冲厅堂或卧室而在房屋大门前面设置的一堵不封闭的墙，墙面往往装饰有龙、虎等兽类图案，目的是防止邪祟的侵害。有的只装饰一个兽头，这种照壁称为兽头照壁。

【译文】

占防忧虑患，或者为国计民生，上书陈述意见，献计献策；或者为弹劾将相，劝谏和诤谏君主的过错，恐怕所说的事情不能实行，祸患反而先降落到自己头上；或者为了过江渡海，忧虑前途有贼盗和风波；或者发现远方起火，恐怕灾殃迁延到自己的家；或者听说瘟疫流行，会祸害到我；或者见飞腾的蝗虫漫山遍野，能危害我的禾苗；或者孤身走路而没有伴侣，或者在寺庙或旅店中住宿；或者家中预防火烛引起火灾，宅中发现妖妄和邪祟的活动；或者随着军营做生意，或者穿越险路，越过关隘；或者已经进入是非场中，心中忧虑祸患；或者要管闲事，恐怕惹来灾祸和是非；或者进入病人家，需要预防传染；或者误服了有毒的东西，恐怕伤到性命；或者问服用人参等药饵是否有益于我？或者驾驭野兽或烈马，恐怕它们受惊而伤人；或者已经定了重罪，盼望遇到大赦；或者已经得了重病，要预防危及生命；或者发现远处有可疑的船只；或者看到有可疑的外来人；或者买官府的房屋、公家的土地，问有后患没有；或者买山场上的坟地，看有没有是非？或者错买了人家偷盗来的赃物；或者站立在危险的地方；或者见邻居家有兽头照壁，冲射我的住宅，会不会有害？或者见邻近的山上有新的墓葬，及开凿矿窑，修造寺庙，会不会妨犯祖先的坟茔。

【原文】

以上皆系防灾虑患，但得子孙持世者，安如泰山，当行即行，有吉无凶；若得官鬼持世，忧疑不解，加意防之，即使当行亦勿行也。唯陈言谏诤者，又非此论。若果真为国计民生，捐躯报主，即使官鬼持世，亦宜行之。

前说诸事，以子孙持世而为吉，官鬼持世以为忧。此二者，卦若不现，尽可再占；但有一现者，不必占矣。然又有事之缓急不同。假令江海开舟，倘得官鬼持世，岂有永不开行之理？岂不闻“早开一日以逢凶，迟去半时而免祸”？倘若今日占得官鬼持世，且莫开舟，明日再占，后日又占，但遇子孙持世，即便开行。事之有相似者，悉照此可也。

【译文】

以上都属于防灾虑患一类。占这类事，只要得到子孙持世的卦，就安如泰山，应当做就去做，只有吉祥，没有凶险；倘若得到官鬼持世的卦，忧愁和疑惧就无法消解，要着意预防，即使是应当做的事也不要马上去做。但上书陈言和劝谏诤谏的事不在这个范围。如果真是为了国计民生而捐躯报主，在必要的情况下，即使官鬼持世也应当去做。

前面说的各种事情，以子孙持世为吉，以官鬼持世为凶。这两种情况如果卦中没出现，尽可以再次占问；只要有一次出现，就不必再占问了。但事情又有缓急的不同。比如在江海中开船，即使得到官鬼持世的卦，哪里有总不开船运营的道理？难道没听说过“早开一日就遭遇凶险，晚去半时就避免祸患”这句话吗？倘若今天占得的卦是官鬼持世，那么且不要开船，明天再次占问，后天又占问，只要遇到子孙持世的卦，就马上开船运营。凡类似的事情，都照此办理，就可以了。

【原文】

占功名者，不拘文武，或已仕未仕，但得官鬼持世，盼升即升，候选①即选，入场②必中，童试③必取。挂误④者，官职犹存；黜名⑤者，前程可复。林下⑥久居，定蒙起用；考职考艺，必取其名。纳粟⑦者，名登仕籍；开垦⑧者，加等即升。问缺者，此缺必得；建功者，必建奇功。但不宜子孙持世，一切功名，目前失望，待有机会，下次再占。

予又以占卜秘法告于友曰：“防灾虑患及占功名，只可自己决疑，

---

①候选：等候选拔。古时设有官员选拔制度，士人都有资格等候选拔。

②入场：指进入科举考场。

③童试：又称童子试，分为县试、府试及院试三个阶段。县试在各县进行，由知县主持；府试由府的官员主持；院试由各省学政或学道主持。通过县、府、院三级考试者称为生员，俗称秀才，算是有了功名。

④挂误：贻误；连累。这里指因受连累而失官。

⑤黜名：除名。这里指因过错而被废去功名。

⑥林下：幽僻之境，引申指退隐或退隐之处。

⑦纳粟：缴纳粮米。古代有纳粟求官的制度。

⑧开垦：清初朝廷奖励移民前往四川等地开发，候选州同、州判、县丞及举贡、监生、生员等人，招致 300 户移民实行开垦的，授以官职。

不可代人占卜。自占防患者，独萌一点防患之心；占功名者，独有一点功名之念，自有灵验。恐其他人不知子孙与官鬼之理，既有虑祸之心，又有求名之念，便难决断。”

【译文】

占功名，不论文科还是武科，也不论已经入仕还是没有入仕，只要得到官鬼持世，盼望升迁就升迁，等候入选就入选，进入考场必定考中，参加童子试必定录取。因受牵连而失去官职的，官职会重新得到；被除名的，功名可以恢复。在林下隐居已久的，必定被起用；考核职务或技艺的，必定录取他的姓名。纳粟求官的，名列官籍；开垦边区的，达到标准就提升职务。问官缺的，所占官缺必定得到；问立功的，必定建立奇功。只不宜子孙持世，一切功名皆主目前会失望，只好等有了机会，下次再占。

我又把占卜秘法告诉朋友说：“占防灾虑患及占功名，只可以用于自己决疑，不可代别人占卜。自己占防患，只萌生一点防患的心思；占功名，只有一点功名的念头，这样自然灵验。恐怕其他人不懂得子孙与官鬼相矛盾的道理，既有忧虑祸患的心思，又有求功名的念头，这样就难以决断了。”

【原文】

譬如上书谏言，此人若无官者，未必不欲借此以求名，而防祸之心，亦所不免；有官爵者，既防功名之有失，又虑言出而祸随。又如身有前程者，或已仕，或未仕，目今挂误，事尚未结，既虑失官，又防有罪。此三等之人，皆谓之心怀二念，卦中倘得子孙持世，尔欲许之无事，又恐神报失名；尔若许之碍于功名，又恐神报无忧。所以教尔自占必验，代占不灵；非卦不灵，他心不专于一也。

【译文】

譬如上书提意见，这人要是没有官职，未必没有借这件事来求官的心思，而防祸的心思也在所难免；有官职和爵位的，既要预防功名有闪失，又忧虑话说出来会有祸患随着到来。又比如自身有功名，或者已经进入仕途，或者还没有进入仕途，目前因事受到牵累，事情还没有了结，既要忧虑失去官职，又要防备被定有罪。这三种人，都叫作心怀二念，卦中倘若得到子孙持世，你要许他无事，却又恐怕神意在于丢掉功名；你若许他功名有妨碍，却又恐怕神意在于没有忧患。所以教你自己占问必定应验，而代占则不灵验。不是卦不灵验，是他的心不能专用在一件事情上。

【原文】

又如在任，占地方之惊变及旱涝荒灾，此即谓之防灾虑患。若得子孙持世，盗息民安；若得官鬼持世，诸灾必见。但不可占远年，只可占本岁；虽占本岁，亦不可将此数事一卦而占，须宜每事另占一卦可也。

又如已见惊变，唯恐挂误，此即谓之虑功名之有失，最喜官鬼持世，不宜子孙而持世也。

又如在任无事之时，祷于神曰："我莅此任，将来升否？"若得官鬼持世，一定高迁；子孙持世，必有挂误。

又如未达之士，或才品优长，或武艺过人，占我终能成名否？官鬼持世，食禄①有期；子孙持世，终无可望。

又如或有祖荫，或已援例②，或已立功，凡系已有部属批文、委牌等事，问我将来终能出仕否？官鬼持世，一定飞腾。子孙持世，安心株守。

【译文】

又比如在任上，占地方的变乱及旱涝等荒灾，这就叫作防灾虑患。得到子孙持世，就会盗贼消灭，百姓安乐；得到官鬼持世，则各种灾害必定出现。但不可以占遥远的年份，只可以占本年；即使占本年，也不可将这几件事用一卦来占，必须每件事另占一卦。

又比如已经发生了变乱，唯恐受到牵累，以至失去官职，这就叫作忧虑功名有闪失，最喜欢官鬼持世，而不宜子孙持世。

又比如在任上无事的时候，向神祈祷说："我担任这个职务，将来

①食禄：食用朝廷的俸禄，指做官。

②援例：原意是引用成例，在这里指上奏章根据成例请求官职。

能不能升迁?”如果得到官鬼持世，就一定升迁；子孙持世，则必有因事牵累而丢官的事情发生。

又比如尚未发达的士人，或者才能和品德优良，或者武艺过人，占我到底能不能成就功名?官鬼持世，就有食用俸禄的一天；子孙持世，则终究没有指望。

又比如，或者有祖先的庇荫，或者已经引用成例请求官职，或者已经立下功勋，凡属已经有吏部所属机构的批文、委任牌之类的事，问我将来到底能不能出来做官的，官鬼持世，就一定能够飞黄腾达；子孙持世，则只能安守本分。

【原文】

又如士子①，先占一卦，今科中否?若得官鬼持世，金榜标名；倘得子孙持世，即知今科而无也。改日占下科中否?倘又得子孙持世，又知下科不能。另择一日，再占终身可能中否?若得官鬼持世，终能奋发；倘得子孙持世，改业他图，可免儒巾②之累。孝廉③占会试④，童生占入学，皆同此法。

以上之法，皆秘法也。须要节节问去，卦无不灵。倘若未问目下，先问终身久远之事，殊不知神报近事者多。世人不识此理，胸中多少未决之事，先问终身，神且报尔胸中之疑，而断卦之人，亦不知此神意，竟以终身断之，天壤之隔，全无影响。

【译文】

又比如读书人，先占一卦，现在这一科能不能考中。如果得到官鬼持世，自然金榜标名；倘若得到子孙持世，就知道现在这一科榜上无名。改日占下科中否，倘若又得到子孙持世的卦，就知道下一科也考不

①士子：学子，读书人。

②儒巾：古代读书人所戴的一种头巾。明代通称方巾，为生员的服饰。

③孝廉：孝，对父母孝顺，对兄弟恺悌；廉，清廉。孝廉二字分别是统治阶级选拔人才的科目，始于汉代，在东汉尤为求仕者必由之路，后来往往合为一科。也指被推选的士人；到明清两代，成了对举人的称呼。

④会试：明清两代每三年在京城举行一次的考试，在乡试次年由礼部主持，各省的举人及国子监监生皆可应考，又称礼闱、春闱。取中者为贡士，第一名称会元。

中。另选一天，再占终身有中榜的可能没有。若得到官鬼持世，终究能够奋发；倘若得到子孙持世的卦，不如改变所执行业，另作其他图谋，可以免除儒生头巾的牵累。孝廉占会试，童生占入学，都与这个方法相同。

以上方法，都是秘法，必须一节一节地问下去，卦没有不灵验的。倘若没问眼前，就先问终身和久远的事，殊不知神告诉切近的事的时候多。世人不懂这个道理，胸中有多少没有断决的事，却先问终身，神于是权且告诉你心中所疑虑的事，而断卦的人也不知道这个神意，竟拿这一卦去断终身，所以有天壤般的距离，完全不能应验。

【原文】

问钱粮①可能征收足否？领钱粮，可能全领否？妻财持世丰足，兄弟持世赇赔②。

问买卖经营、开张店面及远处求财，或见贵求财，倘得妻财持世，速宜行之；兄弟持世，须宜止之。占经商贸易，开张店面，若已行久矣，问将来兴发何如？若得妻财持世，愈久愈丰；倘得兄弟持世，从今衰矣。

占囤货者，妻财持世，此货可收；兄弟持世，切不可买。

占放债者，兄弟持世，有借无还；妻财持世，始终两好。

占取债，妻财持世，即使目下不得，终须有还；兄弟持世，改日再占。倘若屡占而得兄弟持世者，如水中以捞月也；若屡占而得官鬼持世者，必要经官。

【译文】

占问钱粮可以征收充足吗？领钱粮，能够全部领到吗？妻财持世就丰足，兄弟持世就失败乃至赔本。

问买卖经营、开张店面及到远处去求财，或者谒见贵人而求财，倘若妻财持世，就应当迅速去求；兄弟持世，则必须停止。占经商贸易，

①钱粮：旧时田赋征收的银钱和粮食，也泛指税收。有时也指朝廷拨下来的款项。

②赇赔：赔付。赇，以物辗转给人。

开张店面，如果已经做了很久了，问将来能否兴旺发财，情况如何？若得到妻财持世，那就时间越久利益越丰厚；倘若得到兄弟持世，那么从今以后就要衰败了。

占囤积货物，如果妻财持世，这货可以收进；兄弟持世，则千万不要买进。

占放债，兄弟持世，有借无还；妻财持世，双方始终要好。

占索取债务，妻财持世，即使眼下得不到，终究有人还债；兄弟持世，则要改日再占。倘若屡次占问都得到兄弟持世，就像水中捞月一样；若屡次占问都得到官鬼持世，必定要经过官府的裁断。

【原文】

占开金银铜铁铅矿，及开煤窑矾山，及买山伐木，园林、盐池、鱼沼，凡系山冈江海以取利者，若得妻财持世，物阜财丰；兄弟持世，破财折本。

占烧丹炼汞①，世无此理，卦不必占，念亦莫起。即使卦得妻财持世，乃应别处之财。曾有人占烧丹，卦得戌土财爻持世，午火子孙发动相生，只谓戌月一定成丹，谁知九月妻妾、子女由数千里而来，异乡团聚。戌土妻财者，而应妻妾；午火子孙者，而应子女，此乃占此应彼。可见《易》为君子谋，非理之求，神不报此而应彼也。

占地下忽见光彩异物，或见黄白奇形，疑其有财者，若得妻财持世，必有金银；兄弟持世，不独无财，反有破财之事。倘得官鬼持世者，必是妖邪怪异。

【译文】

占开金、银、铜、铁、铅矿，及开煤窑或矾山，及买山伐木，园林、盐池、鱼沼，凡属凭山冈或江海来取利的，若得到妻财持世，自然货物盛多，财利丰厚；兄弟持世，则必将破财折本。

占烧丹炼汞，世上没有这个道理，不但卦不必占，念头也不要起。

①烧丹炼汞：指道教的炼外丹之术。这种法术通过对朱砂（丹）、水银（汞）来烧炼丹药，以求长生不老、得道成仙，故称。

即使卦中得到妻财持世，也是应在别处得财。曾经有人占炼丹，卦中得到戊土妻财持世，午火子孙发动相生，只说戌月一定成丹，谁知九月妻妾、子女从数千里外而来，在异乡团聚。这是因为戊土妻财应验于妻妾，午火子孙应验于子女，属于占这件事而应验在那件事上的例子。可见《周易》只为君子谋划，对无理的欲求，神不告诉，所以占这件事而告诉别的事。

占地下忽出现光彩或异物，或者看到金色或白银的奇异形状，疑心那里有财，如果得到妻财持世的卦，必定有金银；兄弟持世的卦，则不但无财可得，反而有破财的事发生；倘若得到官鬼持世的卦，必定是有妖邪怪异。

【原文】

吾告友曰："世人凡有疑难，开口则曰求神问卜，可见欲知未来之吉凶，除卜之外无他矣。予习《周易》有年，所卜之事，感应之理，就如神圣开口说话，真令人毛骨悚然。因尔不知《周易》之妙，不念卦书，不得不送此秘诀，试去行之。尔见其灵，从此自肯念书学卜。此法甚善，尔亦可以传人。缙绅①士民，行商坐贾，无人不可用。须要全不知五行生克之人，方用此法；倘稍知五行者，神必现隐微之卦，须要看用神生克制化，月破旬空，并看后卷求名、求财及疾病章断法，不可以此为法。"

【译文】

我告诉这个朋友："世人凡有疑难，开口就说要求神问卜，可见要知道未来的吉凶，除占卜之外，没有其他方法。我学习《周易》有些年了，所卜问的事，其感应就像神圣开口说话一般，真令人毛骨悚然。因为你不懂得《周易》的奥妙，不读卦书，不得不送这个秘诀。你不妨依此试着占卦。你见它灵验，从此自然肯学习占卜了。这个方法很好，你也可以传授给别人。缙绅、士人、百姓、行商、坐贾，大家都可

---

①缙绅：古代称官僚或做过官的人。原意是插笏（古代朝会时官宦所执的手板，有事就写在上面，以备遗忘）于带，旧时官宦的装束，转用为对官宦的代称。缙，也写作"搢"，插。绅，束在衣服外面的大带。

以用，没有任何妨碍。但必须是完全不懂得五行生克的人，才能用这个方法；倘若是稍微懂得五行的人，神就会呈现吉凶隐微的卦，需要看用神的生克制化、月破旬空，并看后文求名、求财及疾病等章的断法，而不可用这个方法。”

【原文】

吾友拜领而去，一别二十余年。异日相会，友曰：“蒙赐《全图》，真如锦囊。数十年来避凶趋吉，全得此力。许多细事，难以枚举，略以几宗而告之：

“忽有一日，有收放钱粮之差，应当委我，闻他人以财干办，予占一卦，兄弟持世，知有赔累，听伊干之。后果赅赔不已。

“又因地现银矿，众约予开，予占数卦不现兄弟妻财持世，难以决断。屡占，见其兄弟持世，知其无益，决意不行。他人开过年余，费过数千余两后，竟掘出泉流。予得免此浪费。”

【译文】

我的朋友拜谢而去，一别二十余年。有一天相会，他说：“承蒙您赐给我《八宫卦全图》，真像锦囊一样，数十年来得以避凶趋吉，全都得力于它。许多细微的事难以枚举，略把几宗大事告诉您：

“忽然有一天，有收放钱粮的公差，应当委派给我。听说别人花钱谋求这个差事，我就占了一卦，是兄弟持世，知道有赔偿和牵累，就听凭别人谋求。后来那人果然失败，赔偿个没完没了。

“又因为在地下发现银矿，众人约我一起开采。我占了几卦，都不出现兄弟或妻财持世，难以决断。屡次占问，看到卦中兄弟持世，知道这件事没有利益，就决意不做。他人开采过一年有余，费用超过数千两后，竟然掘出了泉流。而我因卜卦而得以避免了这样的浪费。”

【原文】

“又一日，舟泊南昌，忽现西北云汇，疑有风暴。同舟之人俱已占过，不见官鬼子孙持世，亦难决断。末后梢子占得官鬼持世，予即速命开船，湾于避风之处。少刻狂风大作，江上坏船二十余只，又独予得免。

“又因贱荆[1]偶得疯疾，危在旦夕。身原虚弱，医命人参救之。又一医曰：“服人参即死。”予占得震为雷变雷泽妇妹，乃是六冲卦，参药俱不用服，知其近病逢冲即愈。果于申日退灾。”

【译文】

“又一天，船停泊在南昌，忽然发现西北方云彩乌黑，我疑心有风暴。同舟的人都已经占问过，不见官鬼或子孙持世，也难以决断。后来船子占得官鬼持世的卦，我当即命他开船，然后停泊在避风的地方。不一会儿，狂风大作，江上损坏的船有二十余只，又是只有我们这船的人得以幸免。

“又因为妻子偶然得了精神错乱的病症，危在旦夕之间。她的身体本来就很虚弱，医生让用人参救她。另一位医生说：‘服了人参就得死。’我占得震为雷卦，是六冲卦，变卦为雷泽妇妹。于是，人参和其他药品都没有让她服用，因为知道她属于近病，逢冲就会痊愈。果然于申日退了病。”

【原文】

“还有两宗大事，身家性命所系，皆得保全。

“一日解饷十万，行至花山。午月甲子日占，得艮为山。官鬼持世，知其有盗，吩咐梢子传知同行之舟，且莫开行。他船不听，俱已开去。及至巳时，塘兵[2]报曰，前船被盗。后赶上见之，哭声两岸。

“又于巳月壬申日，与众乡人避乱于山。众曰：‘此地不稳，移往灵鸡洞避之。’予占一卦，问此地稳否？占得天雷无妄，午火子孙持世，约众勿迁。有不信者，竟自迁去，后被贼人放火熏洞。洞内之人，俱遭烟死，独予合室保全。

“此数事，无非身家性命之所系也。余今愿领其教，欲识五行生克之理，可得闻欤？”

---

①贱荆：古代对自己妻子的谦称。

②塘兵：驿站的兵卒，负责传送文报、巡逻查夜等。

【译文】

“还有两件大事，关系到身家性命，但都得到了保全。

“一天，我护送十万饷银走到花山。午月甲子日，占得到艮为山卦，卦中官鬼持世，知道这山上有盗贼，就吩咐船夫传信给同行的船，让他们先别开走。其他船不听，都开走了。等到巳时，塘兵报告说，前面的船遇到了盗贼。后来赶去看到了，那里的哭声盈满两岸。

“又在巳月的壬申日，与众多乡人避乱到山上。众人说：‘这里不稳妥，还是转移到灵鸡洞躲避吧。’我占了一卦，问这里是否安稳。占得天雷无妄卦，午火子孙持世，就劝众人不要转移。有不信的，竟自己走了。后来，他们被贼人放火熏洞。洞内的人都被烟熏死了，只有我的全家得以保全。

“这几件事，无不关系到身家性命。我现在愿意领受您的教导，想要懂得五行生克的道理，可以得到您的指教吗？”

【原文】

予曰：“《周易》之道，知天时之旱涝，识地利之丰歉，知时运之兴衰，知疾病之生死，知功名之成败，知财帛之聚散，知祸福之趋避，为人不可不学《易》也！孔子曰：‘假我数年，五十以学《易》，可以无大过矣。’尔今先须要先念《浑天甲子》①、《六亲歌》，占出卦来会装五行六亲，再学动变。卦中必有动爻，动则必变。既知动变，然后再看用神、原神、忌神，知此者即入《周易》之门也；再看《四时旺相章》《五行相生相克章》《五行相冲相合章》《旬空月破生旺墓绝章》，又如升《周易》之堂矣；再看后卷各门各类，占何事，以何法断之。渐渐由浅入深，以得其奥，不须半载工夫，得予数十年之积学也。”

【译文】

我说：“《周易》之道，知道天时的旱涝，识得地利的丰歉，知道时运的兴衰，知道疾病的生死，知道功名的成败，知道财帛的聚散，知

---

①《浑天甲子》：指以天干地支与卦爻相配的系统，这个系统是六爻占卜的基础工具。

道祸福的趋避，为人不可以不学习《周易》啊！孔子说：‘再给我数年时间，从五十岁开始学习《周易》，就可以没有大的过失了。’你现在先念《浑天甲子》和《六亲歌》，占出卦来会装五行六亲，再学习动爻和变爻。卦中必定有动爻，动就一定变。已经知道动和变，然后再看用神、原神、忌神，了解这些就算进入了《周易》的大门；再看《四时旺相章》《五行相生相克章》《五行相冲相合章》《旬空月破生旺墓绝章》，又如同进入《周易》的堂奥了；再看后文的各门各类，占什么事用什么方法决断。渐渐由浅入深，而得到其中的奥秘，不需要半年工夫，就能得到我数十年所积累的学问了。”

【原文】

今予先点一卦，教尔学看用神及五行生克旺衰之理。

凡问事者，先写年月日辰，再照《六神章》中写出六神，然后占卦。即如得乾为天卦，自占吉凶，以世爻为用神。此卦世临戌土，即以此戌土为自己之身。宜于旺相，最怕休囚；宜逢巳午之火相生，忌寅卯之木而相克。又不宜世爻落空，尤不宜世临月破。

【译文】

现在我先点一卦，教你学会看用神及五行生克旺衰的道理。

凡占问事情，先写出年支、月建、日辰，再按照《六神章》写出六神，然后占卦。比如得到乾为天卦：

父母戌土●　———世

兄弟申金●　———

官鬼午火●　———

父母辰土●　———应

妻财寅木●　———

子孙子水●　———

占自己的吉凶，以世爻为用神。这一卦世爻临戌土，就以这戌土为自身。宜于旺相，最怕休囚；适宜逢巳午火相生，忌寅卯木相克。又不宜世爻落旬空，尤其不宜世爻临月破。

【原文】

此世爻戌土有四处生克冲合：

月建能生克冲合，一也。

此卦世爻戌土，若在寅卯月占卦，被寅卯之木伤克，即为世爻受伤，自占吉凶者，谓之休囚不利。若在辰月占卦，辰冲戌土，戌为月破，此谓之世爻逢月破，即如自己身子如破物也，百无所为。若在巳午月占卦，巳午之火乃是官鬼，能生戌土，谓之火旺土相，世爻逢旺相，诸事可为。若在未丑月占卦，此两月土旺之时，亦能帮扶戌土，此世爻戌土亦谓之旺相，亦以为吉。若在戌月占卦，世爻戌土而为月建，此乃旺相以当时也，自占吉凶，诸事亨通。若在申、酉、亥、子月占卦，此戌土皆为泄气之时，谓之世爻休囚无力。此谓之月建能生克冲合世爻戌土之用神也。要知何以谓之用神者，自占吉凶用此世爻为主，不曰世爻而曰用神。占父母以父母为用神。

【译文】

世爻戌土有四处生克冲合：

月建能生克冲合，是第一处。

这一卦世爻为戌土，如果是在寅卯月占卦，被寅卯木伤克，就属于世爻受伤，自己占吉凶，叫作休囚不利。如果是在辰月占卦，辰冲戌土，戌土属于月破，这叫作世爻逢月破，就像自己身子如同破损的东西，百无一用。若是在巳午月占卦，巳午火是官鬼，能生戌土，叫作火旺土相。世爻逢旺相，各种事情都可以做。若在未丑月占卦，这两个月是土旺的时候，也能帮扶戌土，这世爻戌土也叫作旺相，也是吉卦。倘若在戌月占卦，世爻戌土为月建，这属于旺相当令，自己占吉凶，各种事情都亨通。若是在申酉亥子月占卦，这戌土都属于泄气的时候，叫作世爻休囚无力。这叫作月建能生克冲合世爻戌土用神。要知道为什么叫作用神，这是因为自己占问吉凶，以用这世爻为主，不称世爻而称用神。占父母以父母为用神。

【原文】

日辰能生克冲合，二也。

此卦世爻戌土，若在寅卯日占卦，寅卯之木能克戌土，此世爻受日辰伤克，不利之象。若在辰日占卦，辰冲戌土，谓之世爻暗动。若在巳午日占卦，巳午之火即是官鬼，能生戌土，此谓之世爻逢官鬼而生旺，诸事皆吉。若在未丑日占卦，土遇土而帮扶，此戌土亦为得助。若在戌日占卦，谓之世爻临日建，当令得权。若在申酉亥子日占卦，此戌土无克无生，此谓之“日建能生克冲合用神”也。

【译文】

日辰能生克冲合，这是第二处。

这一卦世爻戌土，如果是在寅卯日占卦，那么寅卯木能克戌土，这世爻受日辰伤克，是不利的卦象。如果是在辰日占卦，辰冲戌土，叫作世爻暗动。若在巳午日占卦，巳午火就是官鬼，能生戌土，这叫作世爻逢官鬼而生旺，各种事情都吉。若在未丑日占卦，土遇土为帮扶，这戌土也属于得到扶助。若在戌日占卦，叫作世爻临日建，当令当权。若在申酉亥子日占卦，这戌土没有克也没有生。这叫作“日建能生克冲合用神”。

【原文】

卦中之动爻能生克冲合，三也。

此卦世爻戌土，倘卦中第二爻寅木发动，能克戌土；第四爻午火官鬼发动，能生戌土；第三爻辰土发动，能冲戌土。此谓之“卦中之动爻能生克冲合用神”。

世爻自动变出之爻能回头生克，四也。

世爻发动，动而必变，变出巳午之火，谓之回头生世；变出寅卯之木，谓之回头克世；变出辰土，谓之回头冲世；变出卯木，谓之合世。此谓之“用神自动变出之爻，能生克冲合用神”也。

【译文】

卦中的动爻能生克冲合，这是第三处。

本卦世爻戌土，倘若卦中第二爻寅木发动，就能克戌土；第四爻午火官鬼发动，就能生戌土；第三爻辰土发动，就能冲戌土。这叫作“卦中的动爻能生克冲合用神”。

世爻自己发动，变出的爻能回头生克，这是第四处。

世爻发动，动就必定变，变出巳午火，叫作回头生世爻；变出寅卯木，叫作回头克世爻；变出辰土，叫作回头冲世；变出卯木，叫作合世。这叫作“用神自己发动变出来的爻，能生克冲合用神”。

【原文】

以上四处，若得全来生合用神者，诸占全吉。倘有三处相生，一处相克，亦以吉断。若有两处克，两处生者，须看旺衰，生用之神旺相者，则以吉断，克用神之神旺相者，可作凶推。倘遇三处相克，一处相生，若得相生之爻旺相者，亦可谓之“绝处逢生”，凶中得解；若值休囚者，有生之名，无生之实，与四处俱来克者同断，诸占大凶。

【译文】

以上四处，如果全来生合用神，各种占问全部吉祥。倘若有三处相生，一处相克，也以吉祥论断。若有两处克，两处生，必须看旺相还是衰弱。生用神的爻神旺相，就以吉卦论断，克用神的爻神旺相，就可以作凶卦推论。如果遇到三处相克，一处相生，那么，相生的爻又旺相的，也可以叫作“绝处逢生”，主在凶险中得到解脱；倘若值休囚，则只有相生的名义而无相生的作用，与四处都来克的情形同样决断，各种占问都属于大凶。

【原文】

或问曰：此卦世爻戌土，并无变出寅卯巳午之理。予曰：他爻多有变出回头生克，借此以为法也。

又问曰：卯木能克戌土，又与戌合，还是以之为克？还是以之为合？予曰：《五行相合章》注解极明。

又问曰：此卦乾为天，卦中午火作官星，是也。如何午月午日占卦，亦以此午火作官星？何也？予曰：不拘占得何卦，卦内若以巳午火作官星者，如遇巳午月日占卦，此巳午月日亦作官星；卦中若以巳午之火作财星者，而巳午月日亦作财星。余仿此。

旺相休囚者，《四时旺相章》查之；空破者，《旬空月破章》查之；

冲合者，《五行相冲》《五行相合章》查之；生克者，《五行相生》《五行相克章》查之；原神者，《原神章》查之；用神官星者，在《用神章》查之；暗动者，在《暗动章》查之；回头生、回头克者，在《动变生克章》查之；日辰月建者，在《日辰月建章》查之。

【译文】

有人问道：这一卦世爻戌土，并没有变出寅卯巳午的道理。我说：其他爻多有变出回头生克的现象，借它们说明断卦方法罢了。

又问道：卯木能克戌土，又与戌合，到底是以它们为克，还是以它们为合？我说：《五行相合章》注解得极为明白。

又问道：这一卦乾为天，卦中午火作官星，是这样，可是如何午月午日占卦，也以这午火作官星？为什么？我说：不论占得哪一卦，卦中若以巳午火作官星，如果遇到巳午月日占卦，这巳午月日也作官星；卦中若以巳午火作财星，那么巳午月日也作财星。其余类推。

至于旺相休囚，请到《四时旺相章》去查；旬空月破，到《旬空月破章》去查；冲合，到《五行相冲》《五行相合章》去查；生克，到《五行相生》《五行相克章》去查；原神，到《原神章》去查；用神和官星，在《用神章》查找；暗动，在《暗动章》查找；回头生、回头克，在《动变生克章》查找；日辰月建，在《日辰月建章》查找。

【原文】

占父母者，以卦中之父母爻为用神。此卦辰戌两爻俱是父母，若两爻俱动或俱不动，择其旺者而为用神；如一爻动者，择其动者为用神。父母既临辰戌二土，即以土为父母，宜火相生，怕木相克，忌临月破旬空。亦有四处生克冲合，但宜生多克少为吉。与前世爻参看。

占室舍、车、舟、文章、奏章，皆以父母爻为用神，须在《用神章》细看。

占他人者，以应爻为用神。此卦用临辰土，欲其吉者宜四处相生，欲其衰者宜四处以冲克。

占兄弟者，以兄弟爻为用神。此卦申金兄弟，即用此爻，宜土相生，怕火相克，忌临月破旬空。亦有四处生克，俱是多生少克为吉，克多生少为凶。

又云兄弟爻乃劫财之神。如占兄弟姐妹之否泰者，宜其生旺，不临月破旬空。如占妻妾婢仆及财物者，最宜多克少生，更喜逢空逢破，使其不能动我之财、克我之妻妾婢仆。

【译文】

占父母，以卦中父母爻为用神。这一卦辰戌两爻都是父母，若两爻都发动或都不发动，就选择其中的旺相者为用神；如果有一爻发动，就选择其中发动的为用神。父母既临辰戌二土，就以土为父母，宜火相生，怕木相克，忌临月破和旬空。也有四处生克冲合，但宜以生多克少为吉。用神的看法可以参考前面所讲世爻的看法。

占屋舍、车、船、文章、奏章，都以父母爻为用神，必须在《用神章》细看。

占他人，以应爻为用神。这一卦用神临辰土，希望它吉祥的，适宜四处相生；希望它衰败的，适宜四处冲克。

占兄弟，以兄弟爻为用神。这一卦以申金为兄弟，就用兄弟申金这一爻。适宜土相生，怕火相克，忌临月破和旬空。也有四处生克，都是以生处多克处少为吉，克处多生处少为凶。

又有一种说法：兄弟是劫财的爻神。如果占兄弟姐妹是否塞还是通泰，适宜长生和帝旺，不临月破和旬空；如果占妻妾婢仆及财物，最适合克处多生处少，更喜欢逢旬空月破，使兄弟爻无法劫我的财、克我的妻妾婢仆。

【原文】

占妻妾婢仆及占财物者，以妻财爻为用神。此卦寅木妻财即是用神。忌临旬空月破，宜水相生，怕金相克。亦有四处生克，多生少克为吉，与前同看。凡占金银买卖，皆以妻财为用神，须在《用神章》中细看。

占子孙者，以子孙爻为用神。此卦初爻子水即是用神。忌临月破旬空，喜金相生，怕土相克。亦有四处生克冲合，宜其克少生多，与前同看。占他事者，以子孙爻为用神者亦多，《用神章》中查之。

占功名，以官鬼为用神。此卦午火官星，即用此爻。最忌逢空逢破，怕水相克，宜木相生。亦有四处生克，与前同看。占鬼祟、妖孽、乱臣、贼盗，皆以官鬼爻为用神，须在《用神章》细看。

从前至此所论诸事，后卷俱有细法。恐尔初学不得其门而入，写此以为纲领，引尔以入门也。知此纲领，再细详后卷各章，由浅入深，自入佳境。

【译文】

占妻妾婢仆及占财物，以妻财爻为用神。这一卦寅木妻财就是用神。忌临旬空月破，宜水相生，怕金相克。也有四处生克，生处多克处少为吉，与前面同样看待。凡占金银买卖，都以妻财为用神，必须在《用神章》中细看。

占子孙，以子孙爻为用神。这一卦初爻子水就是用神。忌临月破旬空，喜欢金相生，怕土相克。也有四处生克冲合，适宜克处少生处多，与前面同样看待。占其他事的，以子孙爻为用神的情况也很多，请在《用神章》中查找。

占功名，以官鬼为用神。这一卦午火为官星，就用这一爻。最忌逢旬空逢月破，怕水相克，宜木相生。也有四处生克，与前面同样看待。占鬼祟、妖孽、乱臣、盗贼，都以官鬼爻为用神，必须在《用神章》中细看。

开头到这里所谈论的各种事项，后文都有详细的方法。恐怕你初学得不到门径，写下这些作为纲领，来引你入门。知道了这个纲领，再细看后文的各章，由浅入深，自然渐入佳境。

【原文】

前《八宫全图》皆是静爻，然卦必宜动，动则必变。后篇虽有《动变章》，恐尔不明，再排一变卦为式，尔宜细详。

卦有“○”变出“●●”。“○”为重，重为阳，阳动变阴。卦中有“×”，变出“●”。“×”为交，交为阴，阴动变阳。

即如占得泽天夬，变出天风姤。上三爻外卦，乃是兑卦，兑为泽；下三爻内卦乃是乾卦，乾为天。泽在上，天在下，即是泽天夬。即于

《全图》内寻出泽天夬卦，照样装出世应、五行、六亲，然后再看动爻。

上三爻兑卦，第六爻交动。“×”变出“●”爻，即是兑卦变乾卦，为乾为天。下三爻乾卦初爻重动，“○”变出“●●”爻，即是乾卦变巽卦，为巽为风。天在上，风在下，即是天风姤卦。

【译文】

前面的《八宫全图》都是静爻，但卦必定适宜发动，发动就必定变化。后文虽然有《动变章》，但恐怕你不明白，再排一个变卦为样板，你要仔细揣摩。

卦有“○”，变出“●●”。“○”为重，重为阳爻，阳爻发动就变为阴爻。卦有“×”，变出“●”。“×”为交，交为阴爻，阴爻发动就变为阳爻。

例如，占得泽天夬卦，变为天风姤卦：

兄弟未土×	— —	兄弟戌土●	——
子孙酉金●	——世		
妻财亥水●	——		
兄弟辰土●	——		
官鬼寅木●	——应		
妻财子水○	——	兄弟丑土●●	— —

上三爻外卦是兑，兑为泽。下三爻内卦是乾，乾为天。泽在上卦，天在下卦，全卦为泽天夬，就从《全图》中找出泽天夬卦，照样装上世应爻、五行、六亲，然后再看动爻。

上三爻为兑卦，第六爻为交，为动爻。“×”变出“●”爻，就是兑卦变乾卦，而乾为天。下三爻乾卦初爻为重，为动爻，“○”变出“●●”爻，就是乾卦变巽卦，而巽为风。乾天在上卦，巽风在下卦，即是天风姤卦。

【原文】

再往《全图》内寻出天风姤，以姤卦初爻之丑土，写在前卦初爻发动子水之旁，谓之子水变出丑土；以姤卦第六爻戌土，写在前卦六爻发动之旁，即是未土变出戌土。余爻不动不变，不必写出。

按：六亲者，姤卦之丑土、戌土原是父母，今俱写兄弟者何也？六亲须照前卦，而按前卦泽天夬土为兄弟，所以变卦之丑、戌二土亦写兄弟。余卦仿此。

【译文】

再到《全图》里找出天风姤，把姤卦初爻的丑土，写在前卦初爻发动的子水旁边，表示子水变出了丑土；把姤卦第六爻的戌土，写在前卦六爻发动的未土旁边，表示未土变出了戌土。其余的爻不动不变，不必写出。

按：姤卦六亲中的丑土、戌土本是父母，现在都写作兄弟，这是为什么呢？原来六亲必须依照前卦，而按前卦泽天夬土为兄弟，所以变卦的丑、戌二土也写作兄弟。其余的卦依此类推。

浑天甲子章第四

【原文】

乾在内卦，子水、寅木、辰土；乾在外卦，午火、申金、戌土。

坎在内卦，寅木、辰土、午火；坎在外卦，申金、戌土、子水。

艮在内卦，辰土、午火、申金；艮在外卦，戌土、子水、寅木。

震在内卦，子水、寅木、辰土；震在外卦，午火、申金、戌土。

巽在内卦，丑土、亥水、酉金；巽在外卦，未土、巳火、卯木。

离在内卦，卯木、丑土、亥水；离在外卦，酉金、未土、巳火。

坤在内卦，未土、巳火、卯木；坤在外卦，丑土、亥水、酉金。

兑在内卦，巳火、卯木、丑土；兑在外卦，亥水、酉金、未土。

假令占得天风姤：上三爻是乾卦，即是乾在外卦，午火、申金、戌土；下三爻是巽卦，即是巽在内卦，丑土、亥水、酉金。点卦由下点至上，故装卦五行亦由下而往上。余仿此。

【译文】

乾为内卦，其地支五行从下到上，分别为子水、寅木、辰土；乾为外卦，其地支五行从下到上，分别为午火、申金、戌土。

坎为内卦，其地支五行从下到上，分别为寅木、辰土、午火；坎为外卦，其地支五行从下到上，分别为申金、戌土、子水。

艮为内卦，其地支五行从下到上，分别为辰土、午火、申金；艮为外卦，其地支五行从下到上，分别为戌土、子水、寅木。

震为内卦，其地支五行从下到上，分别为子水、寅木、辰土；震为外卦，其地支五行从下到上，分别为午火、申金、戌土。

巽为内卦，其地支五行从下到上，分别为丑土、亥水、酉金；巽为外卦，其地支五行从下到上，分别为未土、巳火、卯木。

离为内卦，其地支五行从下到上，分别为卯木、丑土、亥水；离为外卦，其地支五行从下到上，分别为酉金、未土、巳火。

坤为内卦，其地支五行从下到上，分别为未土、巳火、卯木；坤为外卦，其地支五行从下到上，分别为丑土、亥水、酉金。

兑为内卦，其地支五行从下到上，分别为巳火、卯木、丑土；兑为外卦，其地支五行从下到上，分别为亥水、酉金、未土。

比如占得天风姤卦：上三爻是乾卦，就是乾为外卦，其地支五行从下到上，分别为午火、申金、戌土；下三爻是巽卦，即是巽为内卦，其地支五行从下到上，分别为丑土、亥水、酉金。

戌土●　　———

申金●　　———

午火●　　———应

酉金●　　———

亥水●　　———

丑土●●　— —世

点卦由下点到上，所以装卦五行也由下往上装。其余依此类推。

六亲歌章第五

【原文】

乾兑金兄土父传，木财火鬼水子然（乾兑宫八卦俱属金）；

坎宫水兄火为财，土鬼金父木子来（坎宫八卦俱属水）；

坤艮土兄火为父，木鬼水财金子路（坤艮宫八卦俱属土）；

离宫火兄水为鬼，土子木父金财助（离宫八卦俱属火）；

震巽木兄水父母，金鬼火子财是土（震巽宫八卦俱属木）。

假令占得乾为天，照乾兑金兄、土父、木财、火鬼装之。所以辰戌二土为父母，申金为兄弟，火为官鬼，木是妻财，水是子孙。余卦仿此。

【译文】

乾兑宫：金为兄弟，土为父母，木为妻财，火为官鬼，水为子孙（乾兑宫八卦都属金）；

坎宫：水为兄弟，火为妻财，土为官鬼，金为父母，木为子孙（坎宫八卦都属水）；

坤艮宫：土为兄弟，火为父母，木为官鬼，水为妻财，金为子孙（坤艮宫八卦都属土）；

离宫：火为兄弟，水为官鬼，土为子孙，木为父母，金为妻财（离宫八卦都属火）；

震巽宫：木为兄弟，水为父母，金为官鬼，火为子孙，土为妻财（震巽宫八卦都属木）。

假设占得乾为天卦：

父母戌土● ——世

兄弟申金● ——

官鬼午火● ——

父母辰土● ——应

妻财寅木● ——

子孙子水● ——

按照乾兑宫金为兄弟、土为父母、木为妻财、火为官鬼装卦。所以辰戌二土为父母，申金为兄弟，火为官鬼，木是妻财，水是子孙。其余卦依此类推。

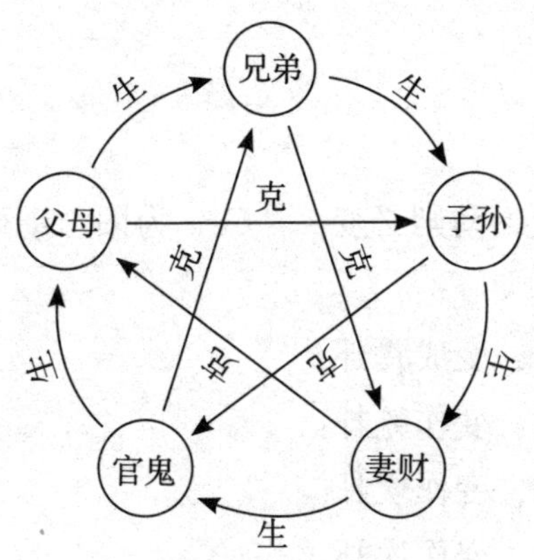

六亲关系图

世应章第六

【原文】

乾为天世在六，天风姤世在初，天山遁世在二，天地否世在三，风地观世在四，山地剥世在五，火地晋世在四，火天大有世退在三。隔世爻两位即是应爻。余卦仿此。

【译文】

乾为天卦，世爻在第六个爻位；天风姤卦，世爻在第一个爻位；天山遁卦，世爻在第二个爻位；天地否卦，世爻在第三个爻位；风地观卦，世爻在第四个爻位；山地剥卦，世爻在第五个爻位；火地晋卦，世爻在第四个爻位；火天大有卦，世爻退居第三个爻位。与世爻隔两位就是应爻。其余卦依此类推。

动变章第七

【原文】

六爻不动则不变，动则必变。“○”为阳，动则变“●●”；“×”为阴，动则变“●”。

假令乾卦初爻动，变成巽卦；

假令坤卦三爻动，变作乾卦；

假令坤卦中爻动，变作坎卦；

假令乾卦上下动，变作坎卦。

【译文】

六爻不发动就不变，发动则必定变化。“○”为阳，发动就变成“●●”；“×”为阴，发动就变成“●”。

就三画卦来说，假设乾卦初爻发动，就变成巽卦：

●　———　　　　●　———

●　———　　　　●　———

○　———　　　　●●　— —

假设三画的坤卦三爻发动，就变作乾卦：

×　— —　　　　●　———

×　— —　　　　●　———

×　— —　　　　●　———

假设三画的坤卦中间的爻发动，就变作坎卦：

●●	— —	●●	— —
×	— —	●	——
●●	— —	●●	— —

假设三画的乾卦上下爻发动，就变作坎卦：

○	——	●●	— —
●	——	●	——
○	——	●●	— —

【原文】

假令占得水天需卦变天水讼，占得水天需为正卦（也称主卦），变出天水讼为变卦。上三爻坎卦，即是"坎在外卦，申金、戌土、子水"，所以四爻申金，五爻戌土，六爻子水。变出乾卦，即是"乾在外卦，午火、申金、戌土"，所以申金变出午火，子水变出戌土，中爻不动则不变。变出之爻安六亲者，仍照正卦而安。余卦仿此。

【译文】

假设占得水天需卦变为天水讼卦，占得的水天需为正卦（也称主卦），变出的天水讼为变卦：

妻财子水	×	— —	兄弟戌土	●	——
兄弟戌土	●	——			
子孙申金	×	— —世	父母午火	●	——
兄弟辰土	○	——	父母午火	●●	— —
官鬼寅木	●	——			
妻财子水	○	——应	官鬼寅木	●●	— —

上三爻为坎卦，就是"坎在外卦，申金、戌土、子水"，所以四爻为申金，五爻为戌土，六爻为子水；变出乾为天卦，就是"乾在外卦，午火、申金、戌土"。所以申金变出午火，子水变出戌土，中间一爻不发动则不变。变出的爻装六亲，仍按照正卦来装。其余的卦依此类推。

用神章第八

【原文】

父母爻：

占父母，即以卦中之父母爻为用神。祖父母、伯、叔、姑、姨父母，凡在我父母之上，或与我父母同辈之亲及师长，妻父母、乳母、拜认之父母，三父①八母②，或仆占主人，皆以父母爻为用神。占天地、城池、墙垣、宅舍、屋宇、舟车、衣服、雨具、绸缎、布匹、杂货，及章奏、文书，及书馆、文契，亦以父母爻为用神。物类亦多，在人通变，一切庇覆我身者是也。

官鬼爻：

占功名、官府、雷霆、鬼神，妻占夫，皆以官鬼爻为用神。占乱臣、贼盗、邪祟，亦以官鬼爻为用神。物类亦多，一切拘束我身者是也。

【译文】

父母爻：

占父母，就以卦中的父母爻为用神。祖父母、伯父、叔父、姑母、姨母的父母，凡在我的父母之上，或者与我的父母同辈的亲人，及老师、长辈、妻子的父母、乳母、拜认的父母，三种父亲八种母亲，或者婢女仆人占主人，都以父母爻为用神。占天地、城池、墙壁、宅舍、屋

①三父：父亲、岳父、师父。

②八母：指八种身份的母亲。一、嫡母，妾的子女称父的正妻为嫡母。二、继母，父的后妻。三、养母，过继儿子称其收养之母为养母。四、慈母，妾所生之子，其母死，其父令别妾抚育，此别妾为此子的慈母。这与后来说的对亲生母亲的爱称不同。五、嫁母，亲生母亲因父死再嫁，称嫁母。六、出母，被父亲休弃的生母。七、庶母，父之妾为庶母。八、乳母，父妾之中曾乳育己者为乳母。

宇、船、车、衣服、雨具、绸缎、布匹、杂货，及章奏、文书，及书馆、文契，也以父母爻为用神。物类也很多，在于人的通达变化，一切庇覆我的都是。

官鬼爻：

占功名、官府、雷霆、鬼神，妻子占丈夫，都以官鬼爻为用神。占乱臣、盗贼、邪祟，也以官鬼爻为用神。官鬼的物类也很多，一切拘束我的都是。

【原文】

兄弟爻：

占兄弟姐妹、族中兄弟、姑姨、姐夫、妹夫及结拜弟兄，皆以兄弟爻为用神。兄弟乃同类之人，彼得志则欺凌，见财则夺，所以占财物以此为劫财之神；占谋事以此为阻隔之神；占妻妾婢仆，以此为刑伤克害之神。占姐夫妹夫以世爻为用神，予屡得验。占表兄弟以兄弟爻为用神而不验，还以应为用神。

妻财爻：

占妻妾、婢仆、下役，凡我驱使之人，皆以财爻为用神。占货财、珠宝、金银、仓库、钱粮，一切使用之财物、什物器皿，亦以财爻为用神。

【译文】

兄弟爻：

占兄弟姐妹，本族中的兄弟、姑姨、姐夫、妹夫，及结拜弟兄，都以兄弟爻为用神。兄弟是同类的人，见别人得志就会加以欺凌，发现财物就会夺取。所以占财物，以它为劫财的爻神；占谋事，以它为阻隔的爻神；占妻妾和婢仆，以它为刑伤克害的爻神。占姐夫妹夫以世爻为用神，我屡次得到应验。占表兄弟，以兄弟爻为用神则不应验，还是要以应爻为用神。

妻财爻：

占妻妾、婢女、仆役，凡属我驱使的人，都以妻财爻为用神。占货物、珠宝、金银、仓库、钱财、粮米，一切使用的财物、什物器皿，也以妻财爻为用神。

【原文】

子孙爻：

占子孙、占女、女婿、侄、甥、门徒，凡在我子孙辈中，皆以子孙爻为用神。占忠臣、良将、医人、医药、僧道、兵卒，皆以子孙爻为用神。占六畜禽兽，亦以子孙爻为用神。子孙为福德之神，为制鬼之神，为解忧之神，又为剥官引职之神，故谓之子孙，乃是福神。诸事见之为喜，独占功名者忌之。

【译文】

子孙爻：

占子孙、占女儿、女婿、侄儿、外甥、门徒，凡在我子孙辈中的，都以子孙爻为用神。占忠臣良将、医生、医药、僧人、道士、兵卒，都以子孙爻为用神。占六畜禽兽，也以子孙爻为用神。子孙为福德之神，为制伏官鬼之神，为解除忧患之神，又为主剥夺或免去官职之神，所以叫作子孙。子孙属于福神，各种事情遇到它都主喜庆，只有占功名的时候忌讳它。

用神、原神、忌神、仇神章第九

【原文】

用神，即前各类之用神也。原神者，生用神之爻也。忌神者，克用神之爻也。仇神者，克制原神，不能生用神，反生忌神而克害用神。

假令金为用神，生金者土也，土为原神；克金者火也，火为忌神。克土生火者木也，木为仇神。不拘占何事，先看何爻为用神；既得用神，须看旺相否？有原神动而生扶否？有忌神动而克害否？

如曾于巳月甲寅日，占往营中贸易，得巽之风水涣卦。断曰：“不可往，必有仇人为害。”或曰：“应爻酉金克世，为忌神，何谓仇人？”余曰：“世为自己，应为他人。应爻生世，即为恩人；应克世，非仇而何？”后果被仇人陷害。勿以仇神即仇人也。

【译文】

用神即前文的各类用神。所谓原神，是生用神的爻；所谓忌神，是克用神的爻；所谓仇神，是克制原神，不能生用神，反生忌神而克害用神的爻。

比如金为用神，生金的是土，所以土为原神；克金的是火，所以火为忌神；克土而生火的是木，所以木为仇神。不论占什么事，先看什么爻为用神；已经有了用神，必须看是否旺相，有原神发动而生扶没有，有忌神发动而克害没有。

比如曾于巳月甲寅日，占去军营中做生意，得到巽为风卦，变为风水风水涣卦：

兄弟卯木● ——世
子孙巳火● ——
妻财未土●● — —
官鬼酉金○ ——应　　子孙午火●● — —
父母亥水● ——
妻财丑土●● — —

断卦说：“不可前往，必定有仇人陷害。”有人问：“应爻酉金克世爻，是忌神，为什么说仇人？”我说：“世爻为自己，应爻为他人。应爻生世爻就是恩人，应爻克世爻，不是仇人是什么？”后来果然被仇人陷害。不要以为仇神就是仇人，两者不可混淆。

【原文】

又如寅月丙子日占防害，得坎之师卦。此人因仇人诈害占之。余曰：“世为自己，属子水；应为仇人，属午火。水能克火，乃是你去克他。这也无妨，但不宜间爻动出土鬼而克水。间爻者，乃中间之小人也，反是此人为害。”彼曰：“然何法治之？”余曰：“戌鬼虽动，有月建制之；世爻虽衰，幸临日建。目下有一势利之人，助尔之仇人生鬼，尔去访寻，若得见势利之人，知尔理直，不肯助他，则事散矣。”彼曰：“何以知之？”余曰：“日辰冲动午火，日辰乃势利之人也。”彼又曰：“即使见此势利之人，未必听我之言。”余曰：“不妨，世爻子水与日辰相比，彼此一定相投。”果依此行，戊寅日消释。应寅日者，戌土忌神被寅木克制，今又见寅木，木旺土衰则息矣。

【译文】

又例如，寅月丙子日占防危害，得到坎为水卦，变为地水师卦：

兄弟子水●●	— —世		
官鬼戌土○	——	兄弟亥水●●	— —
父母申金●●	— —		
妻财午火●●	— —应		
官鬼辰土●	— —		
子孙寅木●●	— —		

这人因为仇人要害他而卜问。我对他说：“世爻为自己，属子水；应爻为仇人，属午火。水能克火，就是你去克他。这也无妨，只是不宜间爻发动，变出属土的官鬼来克水。间爻主中间的小人，应该是这人为害。”他说：“那么用什么办法对付他？”我说：“戌土官鬼虽然发动，但是有月建制伏；世爻虽然衰弱，幸而临于日辰。眼下有一个势利的人在帮助你的仇人作祟。你去寻访，如果能见到这个势利的人，他知道你的理直，不肯帮助他，事情就消散了。”他说：“你凭什么知道的？”我说：“日辰冲动午火，日辰主势利的人。”他又说：“即使见了这个势利的人，他也未必肯听我的话。”我说：“不妨，世爻子水与日辰相比助，彼此一定投合。”他果然依照这话去做了，结果在戊寅日消除了危机。应验在寅日，是因为戌土忌神被寅木克制，现在又出现了寅木。木旺土衰，事情也就平息了。

【原文】

即于辰月戊申日，占父近病，得乾为天卦，变风天小畜。

一人执此卦而问予曰：“近病逢冲即愈。此卦乃系六冲，但予父病之甚。尔再看愈于何日？”予曰：“此卦辰土、未土、戌土三重父母爻，当择其旺者而用之。今辰土父母临月建，即用辰土为用神。目下病重者，乃因申日冲寅木而暗动，木动以克辰土。”彼问曰：“卦中午火发动，寅木虽则暗动，反生午火而生辰土。卜书云：‘忌神与原神同动，则两生也。’今只曰寅木克辰土，不曰午火生辰土，何也?”予曰：“午火虽动，化出未土，午与未合，午火贪合，不生辰土，所以此辰土单受寅木之克，不得午火之生，故此病体沉重。须待丑日冲去未土，而午火无合可贪，午火生土，其灾退矣!”果于丑日起床。

【译文】

就于辰月戊申日，占父亲的近病，得到乾为天卦，变为风天小畜：

父母戌土● ———世

兄弟申金● ———

官鬼午火○ ——— 父母未土●● — —

父母辰土● ———应

妻财寅木● ———

子孙子水● ———

一个人拿着这一卦问我：“近病逢冲就会痊愈，这一卦属于六冲，但我父亲却病得很重。你再看看哪一天痊愈?”我说：“这一卦有辰土、未土、戌土三重父母爻，应当选择其中旺相的为用神。现在辰土父母临月建，就以辰土父母为用神。眼下病重，是因为申日冲得寅木暗中发动而克辰土。”他问：“卦中午火发动，寅木虽然暗动，但是反而生午火，而午火又生戌土。卦书上说：‘忌神与原神同动，则两处相生。’现在只说寅木克辰土，不说午火生辰土，为什么呢?”我说：“午火虽然发动，但化出了未土，而午与未相合，午火贪合，不生辰土，所以这辰土只受寅木的克，不得午火的生，所以病势沉重。要等到丑日冲去未土，使午火无合可贪，那时午火生土，他的病就退了。”果然于丑日他的父亲下床了。

原神忌神衰旺章第十

【原文】

原神虽生用神，须要旺相，方可生得用神。

原神能生用神者有五：原神旺相，或临日月，或日、月、动爻生扶者，一也；原神动化回头生及化进神者，二也；原神长生帝旺于日辰，三也；原神与忌神同动，四也；原神旺动，临空化空，五也。占以临空化空为无用，非也，殊不知动不为空，皆应冲空、实空之日而有用也。故以为吉，能生用神。此五者，乃有力之用神也，诸占皆吉。

【译文】

原神虽然生用神，但必须旺相，否则不能生用神。

原神能生用神的情形有五种：原神旺相，或临日辰月建，或者日辰、月建、动爻生扶，这是第一种；原神发动，化回头生，及化进神，是第二种；原神在日辰上长生或帝旺，是第三种；原神与忌神同时发动，是第四种；原神旺相发动，临旬空或化为旬空，是第五种；占卦以临旬空化旬空为无用，是不对的，发动不为空，都应当在冲空、实空的日子有用，所以为吉，能生用神。这五者，是有力量的用神，对各种事情的占断都吉。

【原文】

即如酉月辛亥日占谒贵①求财，得兑为泽变雷水解卦。

断曰："甲寅日得见，财亦如心。"彼曰："卯木财爻空而且破，又被金克；初爻巳火虽生世，亥日冲散，又化旬空，何以为吉？"予曰："神兆机于动，予从来不言散。正因巳火化空，所以目下不见，待甲寅

①谒贵：拜见贵人。贵人通常指官员。

日出空而相见矣。”寅木之财以生官，官来生世，果于寅日得见，本日得财。

【译文】

例如，酉月辛亥日，占为求财而拜见贵人，得到兑为泽卦，变为雷水解卦：

父母未土●● — —世
兄弟酉金○ —— 兄弟申金●● — —
子孙亥水● ——
父母丑土●● — —应
妻财卯木● ——
官鬼巳火○ —— 妻财寅木●● — —

断卦说：“甲寅日得以见到贵人，财也遂心。”他说：“卯木妻财旬空而且月破，又被金克；初爻巳火官鬼虽然生世爻，但被亥日冲散，又化入旬空，凭什么断为吉?”我说：“神把吉凶朕兆显示于动爻，所以我从来不谈散。正因为巳火化入旬空，所以眼下见不到利，等甲寅日出空就见利了。”寅木妻财来生官鬼，官鬼生世爻，果然于寅日遇到贵人，并在本日得财。

【原文】

原神虽现，又有不能生用神者有六：原神休囚不动，或动而休囚，又被伤克者，一也；原神休囚，又逢旬空月破，二也；原神休囚，动化退神，三也；原神衰而又绝，四也；原神入三墓①，五也；原神休囚，动而化绝、化克、化破、化散，六也。以上见生不生，为无用之原神也，虽有如无。

忌神动而克害用神者有五：忌神旺相，或遇日、月、动爻生扶，或临日月者，一也；忌神动化回头生、化进神者，二也；忌神旺动，临空化空，三也；忌神长生帝旺于日辰，四也；忌神与仇神同动，五也。以上之忌神者，如斧钺之忌神也，诸占大凶。

①三墓：于日辰入墓、墓中发动、发动化为入墓，谓之三墓。

【译文】

原神虽然出现，却不能生用神的情形有六种：原神休囚不动，或发动而休囚，又被伤克，这是第一种；原神休囚，又逢旬空月破，是第二种；原神休囚，发动而化退神，是第三种；原神衰弱而又遇绝，是第四种；原神入三墓，是第五种；原神休囚，发动而化绝、化克、化月破、化散，是第六种。以上原神，看似相生，实际上不生，是无用的原神，即使有也和没有一样。

忌神发动而克害用神的情形有五种：忌神旺相，或者遇到日辰、月建、动爻生扶，或者临日辰月建，是第一种；忌神发动而化回头生、化进神，是第二种；忌神旺相而发动，临旬空或化旬空，是第三种；忌神在日辰上长生或帝旺，是第四种；忌神与仇神一同发动，是第五种。以上的忌神，是像斧钺一样的忌神，各种占断都是大凶。

【原文】

忌神虽动，又有不能克用神者七：忌神休囚不动，动而休囚，被日、月、动爻克者，一也；忌神静临空破，二也；忌神入三墓，三也；忌神动化退神，四也；忌神衰而又绝，五也；忌神动化绝、化克、化破、化散，六也；忌神与原神同动，七也。此忌神者，乃无力之忌神也，诸占化凶为吉。

以上论原神忌神之有力无力者，亦要用神有气；倘若用神无根，谓之“原神有力亦难生，忌神无力何足喜”。

【译文】

忌神虽然发动，又有七种不能克用神的情形：忌神休囚不动，发动而休囚，或被日辰、月建、动爻克制，是第一种；忌神安静而临旬空月破，是第二种；忌神入三墓，是第三种；忌神发动而化退神，是第四种；忌神衰弱而又遇绝，是第五种；忌神发动而化绝、化克、化月破、化散，是第六种；忌神与原神一同发动，是第七种。这样的忌神，属于无力的忌神，各种占断化凶为吉。

以上讨论原神忌神有力无力的情形，也要用神有气；倘若用神无根，叫作“原神有力亦难生，忌神无力何足喜”。

【原文】

如巳月乙未日自占病，得泽风大过变火风鼎卦。

自占病，世爻亥水为用神，被未土忌神动而克水，幸得酉金原神亦动，忌神未土反生原神之酉金，金生亥水，接续相生，化凶而为吉矣。岂知亥水月冲日克，值月破而被克，虽有生扶，生之不起，如树无根，寒谷不回春也。果卒于癸卯日。应卯日者，冲去原神之日也。此谓之“用神无根，原神有力亦难生”。

【译文】

例如，巳月乙未日自己占病，得到泽风大过卦，变为火风鼎卦：

妻财未土×	— —	子孙巳火●	———
官鬼酉金○	———	妻财未土●●	— —
父母亥水●	———世		
官鬼酉金●	———		
父母亥水●	———		
妻财丑土●●	— —应		

占自己的病，以世爻亥水为用神。亥水被未土忌神发动相克，幸而酉金原神也发动，使忌神未土反而生原神酉金，而酉金生亥水，接续相生，就化凶而为吉了。哪知道亥水被月建冲，被日辰克。值月破而被克，即使有生扶也生扶不起来，就像树没有根、寒谷不能回春一样。果然死于癸卯日。应验在卯日，是卯日冲去原神的缘故。这叫作“用神无根，即使原神有力也难以生扶”。

【原文】

又如丑月戊子日自占病，得同人之旅。自占病世为用神。世爻亥水，子日拱之，又得申金原神动而相生，乃不死之症；独疑申金墓于丑月，其不能生乎？

【译文】

又例如，丑月戊子日自己占病，得到天火同人卦，变为火山旅卦：

子孙戌土●　　———应
妻财申金○　　———　　　　子孙未土●●　— —
兄弟午火●　　———
官鬼亥水●　　———世
子孙丑土●●　— —
父母卯木○　　———　　　　子孙辰土●●　— —

自己占病，以世爻为用神。世爻亥水，子日拱它，又得申金原神发动而相生，是不死的病；只疑心申金墓于丑月，难道不能活下去吗?

【原文】

请伊母再占一卦，得离之大有。

母占子，子孙为用神。丑土子孙虽逢月建，不宜动化寅木回头之克，目下无妨，交春木旺土衰，必死。又合前卦亥水世爻得申金原神相生，寅月冲去申金则危矣。果卒于交春之日。

大凡占病，一家俱可代占，合而决之，生死之月日可知矣。故卦宜多占，断祸福而更稳。

前卦申金原神，动而生世，当许申日退灾。因见后卦丑土子孙变寅木之克，寅月必危，始悟寅月冲去申金则危矣。

【译文】

请他母亲再占一卦，得到离为火卦，变为火天大有卦：

兄弟巳火●　　———世
子孙未土●●　— —
妻财酉金●　　———
官鬼亥水●　　———应
子孙丑土×　　— —×　　　　父母寅木●　　———
父母卯木●　　———

母亲占儿子，以子孙为用神。丑土子孙虽然逢月建，但不宜发动而化寅木回头克，眼下无妨，交立春节时木旺土衰，必定死去。又结合前一卦亥水世爻得申金原神相生，寅月冲去申金就危险了。果然死于交立春节。

大凡占病，一家人都可以代占，然后合起来加以决断，生死的月日就可以知道了。所以卦适宜多占，这样决断祸福更稳妥。

前一卦申金原神发动而生世爻，应当许为申日退病。但后一卦丑土子孙变为寅木回头克，主寅月必定危险。由此才悟到，寅月冲去申金，病者就危险了。

五行相生章第十一

【原文】

金生水，水生木，木生火，火生土，土生金。

凡用神原神，宜于逢生：月建生，日建生，动爻生，动化回头生。

即如卯月乙卯日，弟占兄已得重罪，叩问能救否，得地雷复变震为雷。兄弟爻为用神，丑土兄动，日月克之，明现大罪难脱；幸得兄爻丑土化午火父母回头相生。断曰："速速行之。兄化父母，神告显然。"后蒙恩免死。

【译文】

金生水，水生木，木生火，火生土，土生金。

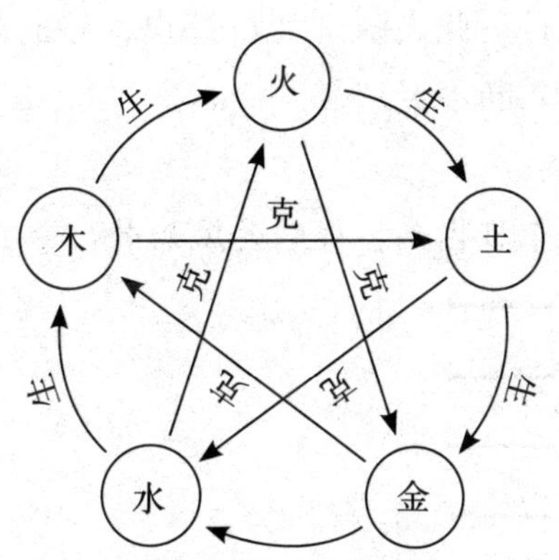

附五行生克关系图

凡用神和原神，适宜逢生，包括月建生，日辰生，动爻生，动爻化回头生。

例如，卯月乙卯日，占兄长已经定了重罪，能否挽救，得到地雷复卦，变作震为雷卦：

子孙酉金●● — —

妻财亥水●● — —

兄弟丑土× — —应　　　父母午火● ——

兄弟辰土●● — —

官鬼寅木●● — —

妻财子水● ——世

以兄弟爻为用神。丑土兄弟发动，日辰月建克它，明白地呈现出大罪难以逃脱的卦象；幸而卦中兄弟丑土化为午火父母，回头相生，所以断卦说："赶快去救。兄弟化父母，神告诉得非常明显。"后来蒙受恩泽，得以免死。

【原文】

又如巳月丙申日占病，得姤卦。医家执此卦而问予曰："某人得病，虽是危灾，予命病人占药，可能救否。此卦月建巳火，应爻午火生世，病必可救，如何服药无灵?"予曰："卦之显然，乃尔错看。占药以子孙为用神，父母为忌神。此卦亥水子孙，月破无根，申日生之而不起，世爻父母以克子孙。此之谓'父母持世，妙药难调'，服药如何有效?非为卦不准，乃尔断不灵。"

【译文】

又例如，巳月丙申日占病，得到天风姤卦：

父母戌土● ——

兄弟申金● ——

官鬼午火● ——应

兄弟酉金● ——

子孙亥水● ——

父母丑土●● — —世

医生拿这一卦问我说："某人得了病，虽然危险，我还是让病人占药，看是否可能得救。这一卦月建为巳火，应爻午火生世爻，病人必定得救，但为什么服药却不灵验?"我说："卦中显然，是你看错了。占药以子孙爻为用神，以父母为忌神。这一卦亥水子孙逢月破，没有根蒂，申日生它也生不起来，世爻父母又来克它。这叫作'父母持世，妙药难调'，服药怎么会有效？不是卦不准，是你断得不灵。"

五行相克章第十二

【原文】

金克木，木克土，土克水，水克火，火克金。

凡忌神仇神宜于逢克：月克，日克，动爻克，动化回头克。此四者，用神原神俱逢一克，他处不见生扶，则为凶兆，占吉事乐极生悲，占凶事须宜急急回避。

如卯月戊辰日，占父官司已拟重罪，得泽地萃卦变天火同人。外卦未土父母，卯月克之，内卦亥、卯、未合成木局，又相克制。月克日刑，全无救助，果至重刑。

【译文】

金克木，木克土，土克水，水克火，火克金。

凡忌神与仇神，适宜逢克：月建克，日辰克，动爻克，动爻化回头克。这四者中，用神与原神都遇到一种克，其他处不遇到生扶，就是凶兆，占吉事则乐极生悲，占凶事必须急速回避。

例如，卯月戊辰日占父亲的官司，已经拟议判为重罪，得到泽地萃卦，变为天火同人卦：

父母未土× — — 父母戌土● ———

兄弟酉金● ———应

子孙亥水● ———

妻财卯木× — — 子孙亥水● ———

官鬼巳火●● — —世

父母未土× — — 妻财卯木● ———

外卦未土为父母，遭卯月克制，内卦亥、卯、未合成木局，又相克制。月建克，日辰刑，完全没有救助，果然被施予重刑。

【原文】

同日妹占兄官事，同此一案，亦拟重罪，得天地否卦变天水讼。申金兄弟为用神，巳火鬼动刑克申金，重罪定矣。幸喜辰日冲动戌土，父母暗动生申金，克处逢生。若有父母可以救之。后因父年八旬，援例恩留免死。

【译文】

同一天，妹妹占兄长官司，同在这一案中，也定了重罪。得到天地否卦，变为天水讼卦：

父母戌土● ———应

兄弟申金● ———

官鬼午火● ———

妻财卯木●● — —世

官鬼巳火× — — 父母辰土● ———

父母未土●● — —

申金兄弟为用神，巳火官鬼发动，刑克申金，重罪已经决定了。幸而辰日冲动父母戌土，父母暗动生助申金，属于克处逢生，说明如果有父母，还可以救他。后来因为父亲年岁已到八十，援引条例，留下性命，免于一死。

【原文】

又如卯月癸亥日，新迁住宅，人口不安，占得水天需变乾卦。申金子孙持世，化午火回头之克，乃自身与子孙同受克。上爻子水财动又化土克，财为妻妾婢仆，乃一家受害之象，速宜迁之。伊曰：“另改门户，能免灾耶?”予曰：“不能。忌回头之克我，夏天火旺之时，必有凶厄。”岂知宅近黄河，逐日欲迁而未迁，午月河决，一家九口，随波逐浪。应午月者，午火当权，克世克子，又冲子水妻财，所以一家被害。

圣人作《易》，令人趋吉避凶，未卜而不知者，是大数也；卜之而神不告，亦大数也。既已卜之，神已告之，明知而故犯者，可尽委之于数乎?

【译文】

又例如，卯月癸亥日，因为新迁入住宅，家中人口不安，占得水天需卦，变为乾为天卦：

妻财子水×	— —	兄弟戌土●	——
兄弟戌土●	——		
子孙申金×	— —世	父母午火●	——
兄弟辰土●	——		
官鬼寅木●	——		
妻财子水●	——应		

申金子孙持世，化为午火回头克，是自身与子孙一同受克；上爻子水妻财发动，又化土回头来克，妻财为妻妾婢仆，是一家受害之象，应当迅速迁居。他说：“另改门户，能免灾吗?”我说：“不能。忌回头克世爻，到夏天火旺的时令，必定有凶祸灾厄。”哪知那宅接近黄河，每天要迁居而终于没有迁，结果午月黄河决口，一家九口都随波逐浪而去。应验在午月，是因为午火当权，克世爻子孙，又冲子水妻财，所以一家都受了害。

圣人作《周易》，是为了让人趋吉避凶，因为没有占卜而不知道，是天数；占卜了而神不告诉，也是天数。既然已经占卜，神也已经告诉，却明知而故犯，可以完全推诿于天数吗?

克处逢生章第十三

【原文】

受此处之克，得彼处之生，即为克处逢生。大凡用神原神，以克少生多为吉；忌神，以克少生多为凶。故忌神宜克不宜生也。

如辰月丙申日，占弟痘症①业已临危，得既济卦变革卦。断曰："月建辰土虽克亥水兄弟，赖申日以生之，又得动爻相生，临危有救。"果于本日酉时，得名医而救活，至己亥日以全生。

【译文】

受这一处的克，得那一处的生，就是克处逢生。大凡用神和原神，以克的少生的多为吉；忌神，以克的少生的多为凶。所以忌神宜受克而不宜得生。

例如，辰月丙申日，占弟弟的痘症已经临危，得到水火既济卦，变为泽火革卦：

兄弟子水●●　— —应
官鬼戌土●　———
父母申金×　— —　　兄弟亥水●　———
兄弟亥水●　———世
官鬼丑土●●　— —
子孙卯木●　———

断卦说："月建辰土虽然克亥水兄弟，但是靠申日来生扶亥水，又得到动爻相生，主临危有救。"果然，于本日酉时被名医救活，到己亥日痊愈。

---

①痘症：又叫天花，由天花病毒引起的一种烈性传染性疾病，古时发病率和死亡率都很高。

动静生克章第十四

【原文】

六爻安静，旺相之爻可以生得休囚之爻，亦可以克得休囚之爻，盖旺相者如有力之人也。

假令春天寅卯月，占得坤卦。? 如占父母，巳火为父母，二爻之卯木当春旺相，能生巳火，即为父母相。巳火父母既逢春木相生，父旺能克子孙，如占子孙，子孙衰矣。春木当令，能克丑未，二土临兄弟，如占兄弟，谓之休囚无气。余仿此。

【译文】

六爻安静，旺相的爻可以生休囚的爻，也可以克休囚的爻，因为旺相的爻如同有力量的人。

假设春天寅卯月占得坤为地卦：

子孙酉金●●　— —世

妻财亥水●●　— —

兄弟丑土●●　— —

官鬼卯木●●　— —应

父母巳火●●　— —

兄弟未土●●　— —

如占父母，以巳火为父母，二爻的卯木当令旺相，能生巳火，也就是父母旺相。巳火父母既逢春天的木相生而旺相，就能克子孙，如果占子孙，子孙就衰弱了。春季木当令，能克丑未土，丑未二土临兄弟，如果占兄弟，就叫作休囚无气。其余依此类推。

【原文】

卦有动爻，能克静爻；即使静爻旺相，亦不能克动爻。

假令寅月占得兑卦变归妹卦。？酉金发动，虽则休囚，动而能克旺相之卯木。卯木当令，能克丑未二土。今既木被金伤，亦难克土，余仿此。静者如坐如卧，动者如行走之人也。

【译文】

卦中有动爻，能克静爻，静爻即使旺相，也不能克动爻。

假设寅月占得兑为泽卦，变为雷泽归妹卦：

父母未土●●　— —世

兄弟酉金○　———　　兄弟申金●●　— —

子孙亥水●　———

父母丑土●●　— —应

妻财卯木●　———

官鬼巳火●　———

酉金发动，虽然休囚，但是能克旺相的卯木。卯木当令，能克丑未二土。现在既然木已被金伤，也就难以克土。其余依此类推。安静的爻如坐如卧，发动的爻如同行走着的人。

动变生克冲合章第十五

【原文】

卦有动爻，动而必变。夫变出之爻，能生克冲合本位之动爻，不能生克他爻，而他爻与本位之爻，亦不能生克变爻。

假令子月卯日占，得坤卦变火地晋。酉金发动，酉为动爻；变出巳火，巳为变爻。变爻之巳火，能回头克本位之酉金，并不能生克他爻。四爻之丑土，动而能生世爻之酉金，不能生变出之酉金，而变出之酉金，亦不能生克他爻。

然则变爻谁能制之？唯日月能生之，克之，冲之，合之。何也？日月如天，能生克动爻、静爻、飞爻、伏爻、变爻，而诸爻皆不能伤日月。《黄金策》曰："爻伤日月，徒受其名。"即如此卦子水月建，能克世爻变出之巳火；卯为日建，能冲变出之酉金是也。余仿此。

【译文】

卦有动爻，发动就必然变化。变出的爻能生克冲合本位的动爻，不能生克其他爻，而其他爻与本位的爻，也不能生克变爻。

假设子月卯日占问，得到坤为地卦，变为火地晋卦：

子孙酉金× — —世　　父母巳火● ———

妻财亥水●● — —

兄弟丑土× — —　　子孙酉金● ———

官鬼卯木●● — —应

父母巳火●● — —

兄弟未土●● — —

酉金发动，就是酉金为动爻。酉金变出巳火，就是巳火为变爻。变爻巳火能回头克本位的酉金，但不能生克其他爻。四爻的丑土发动，能生世爻酉金，但不能生变卦中的酉金，而变卦中的酉金，也不能生克其他爻。

那么谁能制伏变爻呢？只有日辰月建能生它，克它，冲它，合它。为什么？日辰月建如同苍天，能生克动爻、静爻、飞爻、伏爻、变爻，而这些爻都不能伤害日辰月建。《黄金策》说："爻神伤害日辰月建，白白有这个名义。"比如这一卦，子水为月建，能克世爻变出的巳火；卯木为日辰，能冲变出的酉金。其余依此类推。

四时旺相章又第十五

【原文】

正月寅为月建，寅木旺，卯木次之。

二月卯为月建，卯木旺，寅木次之。

正二月木为旺，火为相，其余金、水、土俱为休囚。

三月辰为月建，辰土旺，丑未之土次之。金赖土生，金为相。木虽不旺，还有余气，其余俱作休囚。

四月巳为月建，巳火旺，午火次之。

五月午为月建，午火旺，巳火次之。五月火旺土相，其余俱作休囚。

六月未为月建，未土旺，辰戌之土次之。土生金，金为相。火虽衰，亦有余气存焉，其余俱作休囚。

【译文】

正月以寅木为月建，寅木旺，卯木类似。

二月以卯木为月建，卯木旺，寅木类似。

正月、二月以木为旺，以火为相，其余如金、水、土，都为休囚。

三月以辰为月建，辰土旺，丑未土类似。金靠土生，所以金的状态为相。木虽然不旺，但还有余气。其余都看作休囚。

四月以巳火为月建，巳火旺，午火类似。

五月以午为月建，午火旺，巳火类似。四五月火旺，土相，其余都看作休囚。

六月以未土为月建，未土旺，辰戌土类似。土生金，所以金的状态为相。火虽然弱衰，但也还有余气存在。其余都看作休囚。

【原文】

七月申为月建，申金旺，酉金次之。

八月酉为月建，酉金旺，申金次之。

七月、八月金旺生水，水为相，其余俱作休囚。

九月戌为月建，戌土旺，丑未之土次之。土生金，金为相，其余俱作休囚。

十月亥为月建，亥水旺，子水次之。

十一月子为月建，子水旺，亥水次之。

十月、十一月水生木，木为相，其余俱作衰论。

十二月丑为月建，丑土旺，辰戌之土次之。土生金，金为相。水虽衰，犹有余气，其余俱作休囚。

【译文】

七月以申金为月建，申金旺，酉金类似。

八月以酉为月建，酉金旺，申金类似。七月、八月金旺生水，水的状态为相，其余都看作休囚。

九月以戌土为月建，戌土旺，丑未土类似。土生金，金的状态为相。其余都看作休囚。

十月以亥水为月建，亥水旺，子水类似。

十一月以子为月建，子水旺，亥水类似。十月、十一月水生木，木的状态为相，其余都按衰弱看。

十二月以丑为月建，丑土旺，辰戌土类似。土生金，金的状态为相。水虽然衰弱，但学有余气。其余都看作休囚。

附五行旺相休囚表

五行	天干	地支	季节	旺	相	休	囚	死
木	甲乙	寅卯	春	木	火	水	金	土
火	丙丁	巳午	夏	火	土	木	水	金
金	庚辛	申酉	秋	金	水	土	火	木
水	壬癸	亥子	冬	水	木	金	土	火
土	戊己	辰戌丑未	四季月	土	金	火	木	水

月将章第十六

【原文】

月将即是月建，又为月令。掌一月之权，司三旬之令，一月三十日内当权得令。

操持万卜之提纲，巡察六爻之善恶。

能助卦爻之衰弱，挫爻象之旺强。

制服动变之爻，扶起飞伏之用。

月建乃当权之主帅，万卜以之为纲领。爻之衰弱者，能生之，合之，比之，拱之，扶之，衰而亦旺；爻之强旺者，能冲之，克之，刑之，破之，旺而亦衰。卦有变爻克制动爻者，月建能制服变爻；卦有动爻克制静爻者，月建亦能制服动爻。用神伏藏，被飞神压住者，月建能冲克飞神，生助伏神而为用也。

【译文】

月将就是月建，又叫月令。掌管一个月的权柄，主持三旬的时令，在一个月三十天内当权得令。

操持所有卜筮的总持和纲领，巡察六爻是善还是恶。

能扶助衰弱的卦爻，能挫败强旺的爻象。

能制服发动和变出的爻，能扶起飞神和伏神。

月建是当权的主帅，各种占卜无不以它为纲领。对爻中的衰弱者，能生它，合它，比较它，拱助它，扶起它，使之即使衰弱也等同于旺相；对爻中的强旺者，能冲它，克它，刑它，破它，即使旺相也等同于衰弱。卦有变爻克制动爻的，月建能制服变爻；卦有动爻克制静爻的，月建也能制服动爻。用神伏藏而被飞神压住的，月建能冲克飞神，生助伏神而为用神。

【原文】

爻逢月合而有用，爻逢月破以无功。

月建合爻，则为月合，乃有用之爻也；月建冲爻，则为月破，是无用之爻也。

月建不入爻，亦为有用；月建一入卦，愈见刚强。

卦无用神，即以月建为用，不必寻伏神也。月建入卦，动而作原神者，为福更大；动而作忌神者，为祸更深。不入卦者缓之。

爻值月建，旺相当权，逢空不空，逢伤无害。古有此说，予试不然，在旬内者，毕竟为空。

【译文】

爻逢月建相合就有用，爻逢月建冲破就无用。

月建所合的爻为月合，是有用的爻；月建冲击的爻为月破，是无用的爻。

月建即使不入爻，也还是有用；月建一旦入了卦，就越发强盛。

卦中没有用神，就以月建为用神，不必寻找伏神了。月建入卦，发动而作原神的，为福更大；发动而作忌神的，为祸更重。不入卦的，作用轻微缓慢。

爻值月建，旺相当权，逢旬空也不空，逢伤害也无害。古人有这个说法，我试验的结果不是这样，在旬内的毕竟还是空。

【原文】

如寅月庚戌日占求财，得火天大有。断曰："寅木财爻为用神，财爻克世，此财必得；但目下尚空，要到甲寅日出空可得。"果于甲寅日得之。若以逢空不空，非也。若在旬内，还作空亡，待出旬不为空也。

【译文】

例如，寅月庚戌日占求财，得到火天大有卦：

官鬼巳火● ——应

父母未土●● — —

兄弟酉金● ——

父母辰土● ——世

妻财寅木● ——

子孙子水● ——

断卦说："寅木妻财爻为用神。妻财克世爻，这财必定得到；但眼下还在旬空中，要到甲寅日出空的时候才可以得到。"果然于甲寅日得财。倘若以逢空为不空，就不对了。只要还在旬内，就还作空亡，到出旬之后才不空。

【原文】

逢空亦空，终非落底之空；逢伤亦伤，却有待时之用。

所以用神逢空，勿即指为不空，毕竟为空；但此空者，乃目下旬内之空也，待至出空之日则不空矣。作忌神者，出而为祸；作原神者，出而为福，非比休囚之真空，到底而为空也。

爻值月建，乃为旺矣，或被他爻所克，即谓之逢伤。占病者目下不愈，占事者目下不成，待至冲去伤爻之日，则不受其伤矣，病者必愈，图事必成。故曰："逢伤亦伤，却有待时之用。"

【译文】

逢旬空虽是空亡，但终究不是到底的空；逢伤害也会受伤，却有等待时日的妙用。

所以用神逢空，不要立即指为不空，因为毕竟是空；但这空是眼下旬内的空，等到出空的日子就不空了。作忌神的，出空就能作祸；作原神的，出空就为福，不像休囚的真空，属于到底空。

爻值月建，属于当旺了，或者会被其他爻所克，这叫作逢伤，占病的眼下不愈，占事的目前不成；等到冲去伤害的爻的日子，就不受伤害了，这时生病者必然痊愈，谋事的必然成就。所以说："逢伤也伤，却有等待时日的妙用。"

【原文】

如酉月丙寅日占谒贵，得山风蛊卦变山水蒙。世临月建之官，定得面见；但被午火回头之克，须待子日冲去午火，方得拜谒。果见于丙子日。故曰："逢伤亦伤，却有待时之用。"

【译文】

例如，酉月丙寅日占谒见贵人，得到山风蛊卦，变为山水蒙卦：

兄弟寅木● ——应
父母子水●● — —
妻财戌土●● — —
官鬼酉金○ ——世 子孙午火●● — —
父母亥水● ——
妻财丑土●● — —

世爻临值月建的官鬼，一定能面见贵人；但被午火回头克，必须等到子日冲去午火，才可以拜见。果然在丙子日见面。所以说："逢伤也受伤，却有等待时日的妙用。"

【原文】

日绝、日冲、日克，须察别位有生扶；化绝、化墓、化克，又怕他爻增克制。

爻值月建，或墓于月及日建，冲克者可以敌之，无吉无凶之象，倘得他爻又动相扶者，更为吉兆；只恐他爻又来克制用爻，虽临月建，亦难敌也。

如寅月丙申日，占官之升迁，得艮卦变山雷颐。寅木官星持世，临月建而旺相，虽被申日冲克，喜申、子、辰合成水局以生官，不独无害，定然三月高迁。果于三月升任云南太守。夫应即升者，乃因爻得水局以生扶；应三月者，辰土出空之月也；应云南者，世与官星皆在六爻之故耳。

【译文】

遇绝于日辰、日辰冲、日辰克，必须看别位有没有生扶；化遇绝、化入墓、化克制，又怕其他爻又增加克制。

爻值月建，或者墓于月建及日辰，可以抵敌冲克，属于无吉无凶的卦象，倘若其他爻又发动相扶，就更是吉兆了；只恐怕其他爻又来克制用神，这样即使临月建，也难以抵敌。

又例如，寅月丙申日占官职升迁，得到艮为山卦，变为山雷颐卦：

官鬼寅木●	——世		
妻财子水●●	— —		
兄弟戌土●●	— —		
子孙申金○	——应	兄弟辰土●●	— —
父母午火●●	— —		
兄弟辰土×	— —	妻财子水●	——

卦中寅木官星持世，临月建而旺相，虽然被申日冲克，好在申、子、辰合成水局而生官鬼，不但无害，而且一定在三月份高升。果然于三月升任云南太守。应验升迁，是因为用神得到水局的生扶；应验在三月，是因为三月是辰土出空的月份；应验在云南，是世爻与官星都在六爻的缘故。

【原文】

又如午月丁未日，占弟被论吉凶，得困卦变雷风恒卦。酉金兄爻为用神，午月克之，未日生之，可以相敌；但不宜又动出午火相克，正所谓“最怕他爻增克制”。彼问：“有大害否?”予曰：“午火为月建，动于卦中，谓之‘入卦者更见刚强’，又谓之‘月建作忌神，得祸不浅’，大凶之象。”又问：“凶在何时?”予曰：“酉金兄弟化退神，今岁辰年太岁①相合，自是无妨，恐至申年而无路矣!”果于本年下狱，至申年而被重刑。

【译文】

又如午月丁未日，弟弟被人论罪，占其结果吉凶，得到泽水困卦，变为雷风恒卦：

①太岁：原是古人设想出的一颗反木星的星，后来演变为道教的神明。按照道教的说法，它是一年中的天子、众神煞的尊长，统理于自己的正位，向四处传送阴、阳、风、雨、晦、明六气，运转春夏秋冬四季，以总成一岁之功，地位至尊无上，所以又称岁君。太岁一般以年份的地支为代表。

父母未土●●	— —		
兄弟酉金○	———	兄弟申金●●	— —
子孙亥水●	———应		
官鬼午火×	— —	兄弟酉金●	———
父母辰土●	———		
妻财寅木●●	— —世		

酉金兄弟为用神，午月克它，未日生它，可以相敌；但不宜又动出午火相克，正是所谓“最怕其他爻增加克制”。他问：“有大害没有?”我说：“午火为月建而在卦中发动，叫作‘入卦者就更加刚强’，又称为‘月建作忌神，得祸不浅’，是大凶的卦象。”他又问：“凶在什么时候?”我说：“酉金兄弟化退神，但今年太岁辰土与酉金相合，自然无妨，只恐怕到申年就没有办法了。”果然于本年被下入监狱，到申年被施予重刑。

【原文】

大象吉者从斯而泰，大象凶者出月遭屯。

克少生多者，大象吉也；克多生少者，大象凶也。大象虽凶，在月内还许不碍，出此月而受其殃。

用神遇之得福不轻，忌神逢之得祸不浅。

此言用神临月建，并无他爻以伤克者，凡占皆吉；忌神临月建，而用神休囚无救者，诸占皆凶。

【译文】

大象吉的，从此安泰；大象凶的，出月就会遭难。

克的少，生的多，属于大象吉祥；克的多，生的少，属于大象凶险。大象虽然凶险，但在本月内还是许为不碍事，出了这个月才会遭殃。

用神遇到它，得到的福泽不浅；忌神遇到它，遭遇的祸患不轻。

这是说，用神临月建，没有其他爻来伤克的情形，所有的占问都吉；忌神临月建，用神休囚而无救应，各种占问都凶。

【原文】

生扶忌神，乃助恶而为虐；克制原神，乃邀路①而截粮。

忌神克害用神，得月建克制忌神者，名为有救；若月建反生忌神者，助恶而为虐也。如用神得原神之生，月建又生原神，吉而又吉；倘月建克制原神者，如枭神以夺食②也。

物穷则变，器满则倾；用神衰者，遇时则发。

即如用神临火，冬占不旺，谓之“物穷则变”；又如正月占卦，用神临寅木月建，谓之太旺，若到秋遇月建冲克，不无破败，故谓之“器满则倾”。

【译文】

生扶忌神，类似于助纣为虐；克制原神，类似于拦路截粮。

忌神克害用神，得到月建克制忌神，称为有救应；倘若月建反而去生扶忌神，则属于助纣为虐。如果用神得到原神的生扶，月建又生原神，就会吉而又吉；倘若月建克制原神，则像命理学中的枭神夺食一样，使好事难以成就。

事物到了极致就会变化，器皿装满了就会倾覆；用神衰弱的卦，遇到时令就会发达。

比如用神临于火，在冬季占卜，不旺，叫作“事物到了穷极就发生变化”。又比如正月占卦，用神临寅木月建，叫作太旺，到了逢月建冲克的秋天，一定会有破败的现象，所以叫作“器物装满了就会倾覆”。

【原文】

如寅月丁酉日占开铺面，得艮卦变明夷卦。世临寅木，得令当时，目下开张，即许热闹。独嫌日辰克世，世化回头之克，生少克多，又是六冲卦，六冲不久。彼曰：“或是伙计不同心，或是别有他因?”予曰：“鬼在身边，须防疾病。伙伴从此变心，必受其累。”果于六月痢疾，

①邀路：拦路。

②枭神以夺食：命理学名词。枭本是一种恶鸟，用来指代偏印，即生日主的同性天干。食指食神，是日主所生的同性天干。偏印对食神有克制作用，故比做枭神夺食。

至八月伙计盗尽，鸣之于官，分文不获。此谓之“当时旺相无伤，过时有害”。应六月者，木墓于未；伙计变心者，应爻申金秋天当令而冲世；财被盗尽者，子水财落空亡。

【译文】

例如，寅月丁酉日占开张铺面，得到艮为山卦，变为地火明夷卦：

官鬼寅木○　　———世　　　　子孙酉金●●　— —
妻财子水●●　— —
兄弟戌土●●　— —
子孙申金●　　———应
父母午火●●　— —
兄弟辰土×　　— —　　　　官鬼卯木●　———

世爻临寅木，在当时得令，眼下开张，可以许为热闹。只嫌日辰克世爻，而世爻又化为回头克。生的少，克的多，又是六冲卦，而六冲主不能长久。他说：“是伙计不与我同心，还是另有其他原因?”我说：“官鬼在身边，必须防止疾病。伙伴从这时开始变心，以后必定受他的牵累。”果然于六月患痢疾，到八月伙计盗尽了财物。虽然告了官，但是分文也没有得到。这叫作“当时旺相不受伤，过了当时才有害”。应验在六月，是因为木墓于未；伙计变心，是因为应爻申金秋天当令，并冲世爻；财物被盗尽，是子水妻财落空亡的缘故。

【原文】

逢绝不绝，逢冲不散。

日生月克，兼看生扶；日克月生，兼查冲克。

月将当权，岂能衰绝？旺相如刚，岂能冲散？

月克日生，遇帮扶而愈旺；月生日克，逢克制而亦衰。

如午月戊辰日，占妹临产吉凶，得火地晋卦。酉金兄爻为用神，月令克之，日建生之，许之无碍，卯日卯时必生。果于次日卯时生，母子平安。应卯时者，酉金与辰日相合。《黄金策》曰：“若逢合住，必待冲开。”此月克而日生，无增克制帮扶也。

【译文】

遇到衰绝而不会衰绝，遭遇冲击而不会散气。

日辰生而月建克，兼看生扶的爻；日辰克而月建生，兼查冲克的爻。

月将当权，怎么会衰绝？旺相如金刚，怎么会冲散？

月建克而日辰生，遇到帮扶就越发强旺；月建生而日辰克，遇到克制，也会衰弱。

例如，午月戊辰日占妹妹临产吉凶，得到火地晋卦：

官鬼巳火●　　———

父母未土●●　— —

兄弟酉金●　　———世

妻财卯木●●　— —

官鬼巳火●●　— —

父母未土●●　— —应

酉金兄弟爻为用神，月令克它，日建生它，许她无碍，卯日卯时必定生产。果然于次日卯时生产，母子平安。应验在卯时，是酉金与辰日相合的缘故。《黄金策》说：“倘若遭逢合住，必须等待冲开。”这是月建克而日辰生，没有增加克制或帮扶的情形。

【原文】

又如未月甲午日占子痘，得天泽履变风泽中孚卦。申金子孙为用神，月生日克，可以相敌，但不宜爻中动出午火，又来克之。幸得午与未合，目下不碍；防丑日冲去未土，火来伤金，则危矣。果卒于丑日。

【译文】

又例如，未月甲午日占儿子的天花，得到天泽履卦，变为风泽中孚卦：

兄弟戌土●　　———

子孙申金●　　———世

父母午火○　　———　　　　兄弟未土●●　— —

兄弟丑土●●　— —

官鬼卯木●　　———应

父母巳火●　　———

申金子孙为用神，月建生，日辰克，可以相敌，但爻中动出午火，又来克它，却很不相宜。幸而有午火与未土相合，眼下可以无碍，但要防备丑日冲去未土，火来伤害金，那时就危险了。果然死于丑日。

【原文】

李我平曰：诸书皆以月将当权，逢空不空，遇伤无害。此书以增克制，空亦为空，伤亦为伤，明彻之极，实可为法。《易冒》以“日克月生，得生之八；月克日生，得生之七”。七分八分，何以决疑？即如此章所存占验，占产不增克制，危而即安；占痘叠见逢伤，命之不保。一死一生，七分耶，八分耶？

【译文】

李我平说：各种书都以为月建当权，逢旬空也不算落空，遇伤害也没有危害。这本书认为，只要增加克制的势力，逢旬空也会落空，遭到伤害也会受伤害，真是明白透彻极了，实在可以作为断卦的法式。《易冒》以为，“日辰克而月建生，只能得八分生扶；月建克而日辰生，只能得到七分生扶”。七分也好，八分也罢，怎么能使人无疑？比如这一章所存的占验实例，占生产，只要不增加克制的势力，就可以转危为安；占天花，只要遇到重重伤害，命就保不住。一个死一个生，是七分呢，还是八分呢？

日辰章第十七

【原文】

子水，丑土，寅木，卯木，辰土，巳火，午火，未土，申金，酉金，戌土，亥水。

日辰为六爻之主宰，司四时之旺相。

日辰即本日之日辰，又为日建。前章言月令司三旬之令，令于春则生，令于秋则杀，春夏秋冬各令其时；独日辰不然，四时俱旺，操生杀之权，与月建同功。

冲旺相之静爻，即为暗动；冲衰弱之静爻，则为日破。

爻之旺而静者，冲之则为暗动，愈得其力；爻之衰而静者，冲之则为日破，更加无用。冲空即起，冲合即开。

【译文】

子属水，丑属土，寅属木，卯属木，辰属土，巳属火，午属火，未属土，申属金，酉属金，戌属土，亥属水。

日辰是六爻的主宰，主四季都旺相。

日辰即本日的日辰，又叫日建。前章说月令司三旬的号令，号令于春季则生，号令于秋季则杀，春夏秋冬四季都要号令；但是日辰不是这样，它四季都旺，操生杀的权柄，与月建同一功用。

旺相的静爻被冲，就等于动爻；衰弱的静爻逢冲，就属于日破。

对当旺而安静的爻，冲击它就是暗动，暗动则越发得力；对衰弱而安静爻，冲击它就是日破，日破则更加无用。冲击旬空的爻就会提起，冲击合住的爻就会开解。

【原文】

爻之衰弱，能生扶拱合，如时雨以滋苗；爻之强旺，能克害刑冲，似秋霜之杀草。

爻遇旬空，日辰冲起而为用，谓之“冲空则实”；爻逢合住，遇日建以冲开，谓之“合处逢冲”是也。但凶神合住喜逢冲，吉神合住不宜冲也。爻之衰弱，日辰能生之，合之，旺之，同类者比之，扶之；爻之强旺者，能刑之，冲之，克之，绝之，墓之。

爻旺而动，冲之愈动；爻衰而动，冲之则散。

他书有云：“爻逢月建，日冲而不散。”是明知当令，不畏日冲；及至讲论祸福，不拘旺相休囚，一概俱以散论，又最重者散。独予屡试偏不应乎散。神兆机于动，动则必验，并不见其散也。旺相者冲之愈强，休囚无气者，间乎有散，亦百中仅一二也。

【译文】

对衰弱的爻能生扶拱合，就像及时的雨滋润禾苗；对强旺的爻能克害刑冲，就像秋天的霜杀死草木。

爻遇到旬空而被日辰冲起，有用，叫作“冲空则实”。爻被合住，遇到日辰冲开，叫作“合处逢冲”，就是例子。但凶神合住喜欢逢冲，吉神合住却不宜冲。衰弱的爻，日辰能生它，合它，使它强旺，同类者能比助它，扶持它；强旺的爻能刑它，冲它，克它，使它绝，使它入墓。

爻旺相而发动，冲它就越加发动；爻衰弱而发动，冲它就会散去。

其他书有一种说法：“爻逢月建，日冲也不会散。”这是明知它当令，不怕日辰的冲击。但是到了讲论祸福，却不管旺相休囚，一概以散推论，并且最重视的就是散，这有很大的问题。我屡次试验，偏偏不应验于散。神把吉凶的机缄兆示于发动，发动就必定应验，并没有看到什么散。旺相的爻，冲它就越发强旺；休囚无气的爻，偶尔有散的，但也只有百分之一二罢了。

【原文】

逢月破而不破，遇冲克以无伤。

爻临日建，月冲不破，月克无伤；动爻之克，亦不为害；化回头之克亦不为殃。似此之强，如山如冈，似与月建同权，中天日丽，旺相之极。

生多克少，锦上添花；生少克多，寡不敌众。

爻临日建，卦中又有动爻生扶者，如锦上添花；爻临日建，而月建动爻同来克者，似寡不敌众。即如酉月卯日占卦，爻临卯木，谓之“逢破不破”，假使爻中有动出申酉之金，或卯爻动化申酉，谓之“寡不敌众”，破亦为破，伤亦为伤。余仿此。

【译文】

逢月破却不破，遇冲克却无伤。

爻临日建，月建冲也不破，月建克而无伤，动爻的克也不能为害，化回头克也不属于祸殃。它是这样强，以至如山如冈，与月建有同等权力，像中天的太阳，旺相到了极点。

生者多而克者少，锦上添花；生者少而克者多，就会寡不敌众。

爻临日辰，卦中又有动爻生扶的，如同锦上添花；爻临日辰，而月建和动爻同时来克的，类似寡不敌众。比如酉月卯日占卦，爻临卯木，叫作“逢月破而不破”。假使爻中又动出申酉金，或者卯木发动，化为申酉金，叫作“寡不敌众”，月破还是月破，伤也还是伤。其余依此类推。

【原文】

如申月戊午日占病，得天山遁卦，变天风姤。世爻午火临日辰，本主旺相，不宜申金月建生亥水，回头克世。卒于亥月。

【译文】

例如申月戊午日占病，得到天山遁卦，变为天风姤卦：

父母戌土● ———

兄弟申金● ———应

官鬼午火● ———

兄弟申金● ———

官鬼午火 × — — 世子孙亥水● ———

父母辰土●● — —

世爻午火临日辰，本来旺相，但申金月建生亥水，而亥水回头克世爻。结果死于亥月。

【原文】

又如巳月丁亥日，占仆何日回，得夬卦变履卦。亥水财爻为用神。亥为月破，虽值日建，破而不破，又值四重土以伤之。谚云“双拳不敌四手”，不独难望归期，犹防不测。果于午月卯日得信，中途已遭害矣。

此章当与《月建章》参看。

【译文】

又例如，巳月丁亥日占仆人哪天回来，得到泽天夬卦，变为天泽履卦：

兄弟未土×	— —	兄弟戌土●	——
子孙酉金●	——世		
妻财亥水●	——		
兄弟辰土○	——	兄弟丑土●●	— —
官鬼寅木●	——应		
妻财子水●	——		

亥水妻财爻为用神。亥为月破，虽然值日辰，月破而不破，但是又值四重土伤它。谚语说“双拳不敌四手”，不但难以指其归来的日期，还要防备不测的事情发生。果然于午月卯日得到音信，仆人已经在中途被害了。

这一章应当与《月建章》互相参看。

【原文】

李我平曰：《易冒》以爻临日辰，莫能散之，莫能空之，谓“逢散而不散，逢空而不空”也。然“动逢日冲谓之散”，既作日辰，宁又有日辰来冲乎？旬空者，乃旬内之所无也；既是旬空，岂又有临日辰之事？故知该书之不足据如此。

【译文】

李我平说：《易冒》以为，爻临日辰，没有能使它消散的，没有能使它落空的，说是“逢散而不散，逢空也不空”。然而“发动逢日冲叫作散”，既作日辰，怎么会又有日辰来冲呢？旬空是旬内所没有的日子，既然是旬空，怎么会又有临日辰的事呢？所以知道该书是这样的不足为据。

增删卜易卷之二

[清] 野鹤老人
[清] 李文辉
[清] 李我平　撰
孙正治　注

六神章第十八

附逐日六神表

	甲乙日	丙丁日	戊日	己日	庚辛日	壬癸日
上爻	玄武	青龙	朱雀	勾陈	螣蛇	白虎
五爻	白虎	玄武	青龙	朱雀	勾陈	螣蛇
四爻	螣蛇	白虎	玄武	青龙	朱雀	勾陈
三爻	勾陈	螣蛇	白虎	玄武	青龙	朱雀
二爻	朱雀	勾陈	螣蛇	白虎	玄武	青龙
初爻	青龙	朱雀	勾陈	螣蛇	白虎	玄武

【原文】

诸书无不以青龙为吉，白虎为凶。《天玄赋》曰：“身旺龙持多吉庆。”《碎金赋》曰：“龙动家有喜，虎动家有丧。”《卜筮元龟》曰：“螣蛇、白虎忧尊长。”《卜筮大全》曰：“畏口衔刀之白虎，喜赴水之青龙。”《阐奥章》：“占疾病，螣蛇主死，白虎主丧。”此皆不以五行，径以六神而断生死。唯《千金赋》曰：“虎兴而遇吉神，不害其吉；龙动而逢凶曜，难掩其凶。”此正理也。

然则六神而不验耶？非也，乃附和之神也。卦之吉者逢青龙而更吉，卦之凶者逢虎蛇而更凶。且玄武主盗贼，朱雀主是非，无不验也。至于家宅坟茔，尤不可少。

【译文】

各种占卜书，无不以青龙为吉，以白虎为凶。《天玄赋》说：“世爻旺相而有青龙临持，多有吉庆。”《碎金赋》说：“青龙发动，家中有喜事；白虎发动，家中有丧事。”《卜筮元龟》说：“遇到螣蛇和白虎，忧虑家中的长辈。”《卜筮大全》说：“畏惧口中衔刀的白虎，喜欢进入水中的青龙。”《阐奥章》说：“占疾病，螣蛇主死，白虎主丧。”这都是不根据五行，径直凭六神来断生死。只有《千金赋》说：“白虎兴起而遇到吉祥的爻神，不妨碍它的吉祥；青龙发动而遭逢凶恶的爻神，难以掩盖它的凶险。”这才是正理。

那么是不是六神不灵验呢？不是。它们只是附和之神，不能自主吉凶，但也有相当的作用。比如吉卦逢青龙就更吉，凶卦逢白虎、螣蛇就更凶。而且玄武主盗贼，朱雀主是非，没有不应验的。至于占家宅和坟茔，更是缺少它们不得。

【原文】

如戊子日占生产，得山地剥变风地观卦。子水子孙化绝变鬼，本日落草①而亡，却是青龙临子孙，亦可谓之喜耶？

【译文】

例如，戊子日占生孩子，得到山地剥卦，变为风地观卦：

①落草：又称落地，指婴儿分娩出来。

妻财寅木●	——		
子孙子水×	— —世	官鬼巳火●	——青龙
父母戌土●●	— —		
妻财卯木●●	— —		
官鬼巳火●●	— —应		
父母未土●●	— —		

卦中子水子孙化绝，而变爻又为官鬼，所以孩子本日落地就死了，但卦中却是青龙临子孙。莫非这也可以叫作喜事吗?

【原文】

又如申月甲辰日占兄病，得屯之震。子水兄爻为用神。卦中忌神、原神同动，土动生申金，申金动而生子水，月建又生子水。至戊申日沉病复起。岂可谓之“蛇动主死，虎动主丧”耶?

【译文】

又例如，申月甲辰日占兄长的病，得到云雷屯卦，变为震为雷卦：

兄弟子水●●	— —		
官鬼戌土○	——应	父母申金●●	— —白虎
父母申金×	— —	妻财午火●	——螣蛇
官鬼辰土●●	— —		
子孙寅木●●	— —世		
兄弟子水●	——		

卦中以子水兄弟爻为用神。忌神、原神同时发动，其中戌土发动而生申金，申金发动而生子水，月建又生子水。结果到戊申日沉疴复起。可见，怎么可以简单地说“螣蛇发动主死，白虎发动主丧”呢?

【原文】

又如辰月己巳日占会试，得观之否。青龙加未土，文章持世，动化回头之生，日建五位作官星，共来生世，首唱无疑。

【译文】

又例如，辰月己巳日占会试，得风地观卦，变为天地否卦：

妻财卯木● ———
官鬼巳火● ———
父母未土× — —世 官鬼午火● ———青龙
妻财卯木●● — —
官鬼巳火●● — —
父母未土●● — —应

卦中青龙临未土，文书爻持世，发动而化回头生，日建入第五爻而为官星，一同来生世爻，被首先唱名，没有疑问。

【原文】

又如未月戊辰日，占官事①罪之轻重，得巽之涣。世临卯木，既墓于未月，又遇酉金鬼动，冲克世爻，加临白虎，谓之“白虎衔刀②”，主罪之凶极。彼问：“凶在何时？”余曰：“酉金化午火，目下无碍，秋后防之。”果至秋典刑③。

以上二卦，所谓“逢龙更吉，遇虎加凶”也。

【译文】

又例如，未月戊辰日，占职务上的事情罪名轻重，得到巽为风卦，变为风水涣卦：

兄弟卯木● ———世
子孙巳火● ———
妻财未土●● — —
官鬼酉金○ ———应 兄弟午火●● — —白虎
父母亥水● ———
妻财丑土●● — —

卦中世爻临卯木，既墓于未月，又遭到酉金官鬼发动而冲克，并且官鬼酉金临白虎，叫作“白虎衔刀”，主罪名，并且凶险到了极点。他问：“凶在什么时候？”我说：“酉金化午火，眼下无碍，秋后必须预

①官事：指公家的事、官府的事或官员职务上的事。

②白虎衔刀：指白虎临属金的爻，主凶上加凶。

③典刑：法律规定的刑罚。

防。”到秋后，果然被依法处死。

以上两卦，正是所谓“吉逢青龙则更吉，凶遇白虎愈加凶”。

六合章第十九

【原文】

子与丑合，寅与亥合，卯与戌合，辰与酉合，巳与申合，午与未合。

相合之法有六：日月合爻者，一也；爻与爻合者，二也；爻动化合者，三也；卦逢合，四也；六冲变六合，五也；六合卦变六合，六也。

日月合爻者，假令丑月占得坎卦，世爻子水与月建作合是也。爻与爻合者，假令占得天地否卦，世应二爻俱动，卯与戌合是也。但有一爻不动，亦不为合。爻动化合者，假令占得天风姤，世爻丑动化出子水作合是也。卦逢六合者，即如天地否卦，内外六爻自相和合是也，不动亦是。六冲卦变六合者，假令占得乾为天，乃是八纯六冲卦，若外卦三爻俱动，乃是乾之泰卦，谓之“六冲变六合”是也。六合卦变六合者，即如占得旅卦，变贲卦是也。

【译文】

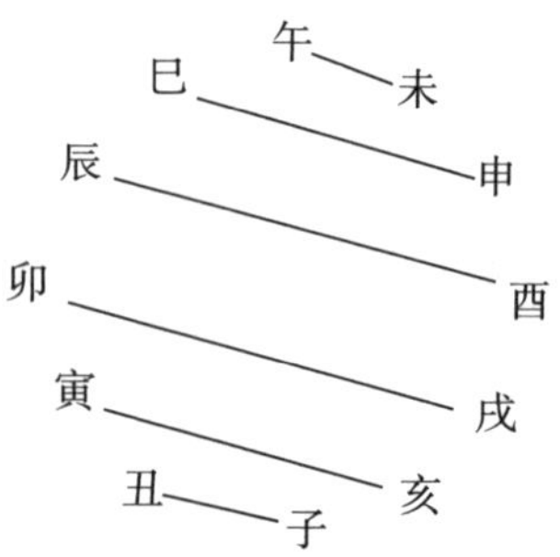

附地支六合图

子与丑相合，寅与亥相合，卯与戌相合，辰与酉相合，巳与申相合，午与未相合。

相合的方法有六种：日辰月建合爻，是第一种；爻与爻合，是第二种；爻发动化为相合，是第三种；卦逢六合，是第四种；六冲变六合，是第五种；六合卦变六合，是第六种。

所谓日辰月建合爻，比如丑月占得坎为水卦，世爻子水与月建丑土作合。所谓爻与爻合，比如占得天地否卦，世应二爻都发动，卯木与戌土相合；但有一爻不发动，就不算相合。所谓爻发动化合，比如占得天风姤卦，世爻丑土发动，化出子水作合。所谓卦逢六合，比如天地否卦，内外六爻各自相和合就是，不发动也是。所谓六冲卦变六合，假使占得乾为天卦，这是八个纯卦之一，属于六冲卦，如果外卦三爻都发动，就是乾为天卦变地天泰卦，叫作“六冲卦变六合卦”。所谓六合卦变六合，比如占得火山旅卦，变山火贲卦。

【原文】

爻之合者，静而逢合，谓之“合起”；动而逢合，谓之“合绊”。

爻与爻合，谓之“合好”；爻动化合，谓之“化扶”。

爻静，或与日、月、动爻合者，得合而起，即使爻值休囚，亦有旺相之意；爻动，或与日、月、动爻合者，谓之“动逢合而绊住”，及不能动之意。爻动与动爻相合，乃得他来合我，与我和好相助之意；爻动化出之爻回头相合者，谓之“化扶”，得他扶助之意。

凡得诸合，诸占皆以为吉。占名名成，占利利就，占婚必成，占身发迹，占宅兴旺，占风水聚气藏风，占求谋遂心合意。

然必用神有气，相宜；用若失陷，无益。

卜书曰：“万事若得三六合，诸事必得久远，有始有终。但宜吉事逢之，事之必就；不宜凶事逢之，事之难结。”

【译文】

爻遇到相合，安静而逢合，叫作“逢合而兴起”；发动而逢合，叫作“逢合而绊住”。

爻与爻相合，叫作“合好”；爻发动化合，叫作“化为相扶”。

爻象安静，或者与日辰、月建、动爻相合，遇合而起，即使值休囚，也有旺相的意思；爻象发动，或者与日辰、月建、动爻相合，叫作“动逢合而绊住”，有无法动作的意思。爻发动与动爻相合，属于他来合我，有与我和好相助意思；爻象发动，化出的爻回头相合，叫作“化为相扶”，有得他扶助的意思。

凡得到各种相合，各种问占都吉，占功名功名就成就，占财利财利就得到，占婚姻必成，占身命主发迹，占住宅主兴旺，占风水主聚气藏风，占谋求主称心如意。

然而必须用神有气，用神如果失陷，就没有益处。

卦书说：“凡事只要得到三合六合，各种事情必定得以久远，有始有终。但是适宜吉事遇到它，主吉事必然成就；不宜凶事遇到它，主凶事难以了结。”

【原文】

如丑月戊申日，占岁考①，得坎之困卦。断曰：“世爻子水，丑月合之，申日作父母而生世，卦中申金又动，兼是六冲变六合，卦之全美，上卷无疑。”果考一等，即于子科高发。后探之，前试考过四等，所以卦得六冲变合，先否后泰之象。

【译文】

例如，丑月戊申日占岁考，得到坎为水卦，变为泽水困卦：

兄弟子水●●　— —世

官鬼戌土●　———

父母申金×　— —　　　　妻财亥水●　———

妻财午火●●　— —应

官鬼辰土●　———

子孙寅木●●　— —

断卦说：“世爻子水，丑月合它，申日作为父母来生世爻，卦中申金又发动，又是六冲卦变为六合卦，卦象圆满，考中上等无疑。”

---

①岁考：明代提学官和清代学政，每年对所属府、州、县生员、廪生举行的考试，目的是区别优劣，酌定赏罚。

果然考中了一等，并且就在子年这一科高中。后来探听出来，这以前的考试，曾经考过四等。所以得六冲变合的卦，属于先否塞后通泰的卦象。

【原文】

又如戌月丁卯日占讼事，得泰卦。予曰："虽系爻逢六合，不宜戌月冲世，卯日克世，而应爻暗动，月建生之。彼之得志，官事必输。"果被杖责，卯木克世之故耳。用神受克，六合亦无益矣，所以凡得诸合，若世爻失陷，难以吉断。

【译文】

又例如，戌月丁卯日占讼事，得到地天泰卦：

子孙酉金●●　— —应

妻财亥水●●　— —

兄弟丑土●●　— —

兄弟辰土●　———世

官鬼寅木●　———

妻财子水●　———

我论断说："虽然爻象遇到六合，但是不宜戌土月建来冲世爻，卯日克世爻，并且应爻暗动，月建生它。卦象主对方得志，官司必输。"果然被杖责，这是卯木克世爻的缘故。用神受克，六合也无益了，所以凡得各种相合，只要世爻或用神失陷，就难以作吉卦决断。

【原文】

如申月丙子日占出门，得明夷之小过。世动被子日合住，必有事绊，不能动身。伊曰："因何而阻？"予曰："卦中子动变鬼，防儿女少安。"彼曰："正因小女多病，男家催促成婚，今欲往外求取，以备妆奁。"予曰："所得何病？"彼曰："血枯成痨。"予曰："卯木子孙，申月绝之，子日刑之，且又动而变鬼，恐嫁之不及矣！"卜后因病沉，此人未去，女死辰日。夫应不去者，世动而逢合也；女死辰日者，卯木子孙变辰土之故耳。此乃爻之遇合之验也。

【译文】

例如，申月丙子日，占出门顺利与否，得到地火明夷卦，变为雷山小过卦：

父母酉金●●　— —

兄弟亥水●●　— —

官鬼丑土×　— —世　　妻财午火●　——

兄弟亥水●　——

官鬼丑土●●　— —

子孙卯木○　——应　　官鬼辰土●●　— —

这一卦世爻发动，但被子日合住，必定有事情绊住，无法动身。他问："因为什么事受阻?"我说："卦中子孙发动，变为官鬼，防儿女欠安。"他说："正因为小女儿多病，男方家催促成婚，现在要到外地求取，好准备妆奁。"我问："得的是什么病?"他说："血枯成痨。"我说："卯木子孙在申月遇绝，子日又刑它，而且又发动而变官鬼，恐怕来不及出嫁了。"

占断后，因为女儿病重，此人没去，女儿死于辰日。应验为不去，是世爻发动而逢合的缘故。女儿死于辰日，是卯木子孙变为官鬼辰土的缘故。这属于爻遇合而应验的例子。

【原文】

予又验其六冲卦变六合者，如未月丁巳日，占已悔婚还可成否，得离卦变火山旅。断曰："此卦从来难以吉断。因得屡验六冲变合，散而复聚，离而必合，此婚一定还成。"果于次年三月仍复成婚。

【译文】

我还有六冲卦变六合卦应验的例子：

例如，未月丁巳日，占自己悔婚还可不可以再成，得到离为火卦，变为火山旅卦：

兄弟巳火● ——世

子孙未土●● — —

妻财酉金● ——

官鬼亥水● ——应

子孙丑土●● — —

父母卯木○ —— 子孙辰土●● — —

断卦说："这一卦从来难以吉断，因为六冲变合屡次应验为散而复聚，离而必合，这桩婚姻一定还会成就。"果然于第二年三月仍旧成婚。

【原文】

诸合皆以用神旺者为吉，独此六冲卦变六合者，不看用神，径以吉断。占婚姻，先吴越而后朱陈①；占夫妻，先参商②后必合好；占功名，始则艰难，终须荣显；占求谋，先难后易；占身命，先困后亨；占风水，巧处奇逢；占家宅，先颓后盛；占妻儿，抛散者终须会合；占田园，卖出者，仍旧归来。

【译文】

各种相合都以用神旺相为吉，只有这六冲卦变六合，不看用神，径直以吉卦论断。占婚姻，先像吴越两国一样敌对，后来却朱陈两姓世代通婚一样亲近；占夫妻，先像参宿和商宿一样不肯同时出见，后来必定合好；占功名，开始艰难，但终会荣显；占谋求，先困难，后容易；占身命，先困顿，后安宁；占风水，奇异地得到绝妙好地；占家宅，先颓败，后兴盛。占妻子儿女，虽已离散，终究要团聚；占田园，虽已卖出，仍会回到手中。

---

①吴越而后朱陈：先敌对后通婚。吴越：春秋时吴越两国相邻而世代为敌，引申为邻近而敌对的关系。朱陈：表示两家结成姻亲。典出唐代白居易《朱陈村》诗："徐州古丰县，有村曰朱陈……一村唯两姓，世世为婚姻。"

②参商：参星与商星。参指西官白虎七宿中的参宿，商指东官苍龙七宿中的心宿。参宿在西，心宿在东，二者在星空中此出彼没，不能并见，因此以这两个星宿比喻人与人之间的不和。

【原文】

爻逢六合，已为吉兆；动而又变六合，始终佳祥。

占风土，百代簪缨①；占宅舍，千秋基业；占婚姻，白头相守；占伙计，管鲍②雷陈③；占功名，仕路亨通；占财帛，聚相如山；占兄弟，累世同居。占学艺，始终成就；占修炼，指日丹成。

宜合吉，不宜合凶。

以上诸占，用神临日月者，吉之而又吉也。唯占讼狱不利，冤仇难解；及占忧疑怪事，终不开心。占孕胎安，占产难生。再若用神受克，更为凶兆。

【译文】

爻逢六合已经是吉兆，发动而又变六合卦，主始终相合。

占风土，百代都是高官显宦；占宅舍，属于千秋基业；占婚姻，主白头互相守候；占伙计，像管仲和鲍叔牙、雷义与陈重一样情深义重；占功名，仕路亨通；占财帛，聚集得像山一样；占兄弟，世代同居；占学习技艺，始终有成就；占修炼，指日修成金丹。

宜合的事吉，不宜合的事凶。

各种占问，用神临日辰月建的，吉上加吉。只有占讼案不利，主冤仇难以消解；还有占忧疑怪异的事，终究不会开心。占胎孕，胎儿安和；占生产，难产。如果用神再受克，就更加凶兆。

---

①簪缨：古代达官贵人的冠饰。后遂借以指高官显宦。

②管鲍：指管仲和鲍叔牙。他们是春秋时期齐国人，彼此交谊，相知很深。鲍叔牙推荐管仲做了齐国的相国，从而辅佐齐桓公成就了霸业。但管仲临死的时候，却否定了齐桓公让鲍叔牙接替相国之位的提议，对此鲍叔牙非常理解。因此，后人常用“管鲍之交”比喻知交。

③雷陈：指雷义与陈重。雷义，字仲公，豫章鄱阳人。举茂才，让于陈重，刺史不答应，雷义于是佯狂，被发而去，不肯应命。乡人都说：“胶漆自谓坚，不如雷与陈。”

【原文】

如卯月甲寅日占风水，得困之节。余曰："占祖茔必有其故，自葬后何事不亨？今日之念因何而起？明以告我，方敢决断。"彼曰："自葬之后，功名屡困；年近五旬，尚无子息，是以问之。因此茔之有碍否？"予曰："龙①自右脉而来，水亦从左而绕，源流水不归漕之故耳。"彼曰："何以知之？"予曰："亥水子孙化申金生之，申为源流，寅日冲之。若能使水归漕，不生旁流者，明年起用，再拜丹墀②，申年定生麟种③。"彼问："长远否？"予曰："六合化六合，万载安然。"

【译文】

例如，卯月甲寅日占风水，得到泽水困卦，变为水泽节卦：

父母未土●●　— —

兄弟酉金●　———

子孙亥水○　———应　　　兄弟申金●●　— —螣蛇

官鬼午火●●　— —

父母戌土●　———

妻财寅木×　— —世　　　官鬼巳火●　———青龙

我说："占祖坟必有缘故，埋葬以后什么事不亨通？今天这念头为什么事而起？请明白地告诉我，才敢决断。"他说："自从埋葬以后，功名屡屡困顿；年纪已经接近五十，却还没有儿子，所以占问。是不是因为这块坟地有妨碍？"我说："龙从右脉而来，水从左面而环绕，是源流水不归漕的缘故。"他问："凭什么这样说？"我说："亥水子孙化为申金回头生，申为源流，寅日冲申。只要能使水归入漕，不产生其他流，明年就会被起用，再次在赤色的台阶上被授予官职；申年一定会生下麒麟一样的优秀儿子。"他问："长远吗？"我说："六合卦化六合卦，一万年都安然无恙。"

---

①龙：指龙脉。风水学把绵延的山脉称为龙或龙脉。

②丹墀：指宫殿的赤色台阶或赤色地面。古代帝王常常在这里封官拜将。

③麟种：麒麟是古代传说中的一种动物，像鹿，全身有鳞甲，有尾。古代以其象征祥瑞，也用来比喻杰出的人物。

【原文】

古法：子与丑合，丑中有土，土克子水，谓之“合中带克，克三合七”。巳与申合，巳火克申金，谓之“克七合三”。

右非通论。余得验者，子丑作合，若于辰戌丑未月日占之，而子水并无他处生扶者，即言克不言合；若有生扶，仍以合论。所以子水逢丑月、戌土遇卯月、申金逢巳月，再遇动爻克者，克而又克，何能言合耶？其“克三合七”“克七合三”之说，有问凶吉者，以此答之，何以决人之疑？

【译文】

古法以为：子与丑合，因为丑中有土，而土克子水，所以称为“合中带克，克有三分，合有七分”；巳与申合，巳火克申金，说是“克有七分，合有三分”。

以上不是通达的议论。我得到应验的是：子丑相合，如果是于辰戌丑未月日占卦，而子水并无其他处生扶，就只论克不论合；如果有生扶，就仍按相合推论。所以子水逢丑月、戌土遇卯月、申金逢巳月，再遇动爻相克，属于克了又克，怎么能说相合呢？“克有三分，合有七分”“克有七分，合有三分”的说法，如果有问凶吉的，用这话回答他，怎么能消除别人的疑问？

【原文】

如丑月庚辰日占子病，得剥卦。子水子孙，与月建作合，卦无生扶，言克不言合也；又加日辰克制，辰日又冲动戌土以克子水，只恐难过辰时。果如期而卒，此乃合中遇克，病之不救，岂可谓之克三合七耶？

【译文】

例如，丑月庚辰日占儿子的病，得到山地剥卦：

妻财寅木●　　———

子孙子水●●　— —世

父母戌土●●　— —

妻财卯木●●　— —

官鬼巳火●●　— —应

父母未土●●　— —

子水子孙与月建相合，卦中无生扶，所以论克不论合。再加上日辰克制，辰日又冲动戌土来克子水，只恐怕难过辰时。果然在辰时死去。这是合中遇克，有病不能救应，怎么可以说“克有三分，合有七分”呢？

【原文】

又有三合者：申、子、辰合成水局，巳、酉、丑合成金局，寅、午、戌合成火局，亥、卯、未合成木局。

【译文】

附三合成局图

还有三合成局的：申、子、辰合成水局，巳、酉、丑合成金局，寅、午、戌合成火局，亥、卯、未合成木局。

【原文】

此三合者有四：一卦之内，有一爻动而合局者，一也；若两爻动，一爻不动，亦成合局者，二也；有内卦初爻、三爻、动而变出之爻成三合者，三也；又有外卦四爻、六爻、动而变出之爻成三合者，四也。

然此三合者，有凶有吉。如占功名，合成官局，谓之官旺；合成财局，财旺生官；倘合成子孙局者，乃伤用之神也。如人求财，合成财局者，谓之财库；合成子孙局者，谓之子局生财；倘若合成兄弟局者，乃破财、耗财、阻隔之神也。如占祖茔、家宅，宜父母爻而合局也。如占婚姻夫妇，宜财官旺而合局也。凡占求谋喜庆之事，宜于成局，永远坚牢；若占官讼、忧疑而合局者，终身锢结，其心难于消释。但三合其局者，必要世爻在局者为美。若不在于局内，须要局生世爻为吉；局克世爻为凶。

【译文】

三合有四种情况：一卦当中，有一爻发动而合局，是第一种；两爻发动，一爻不动，也成合局，是第二种；有内卦初爻、三爻发动，而与变出的爻成就三合，是第三种；又有外卦四爻、六爻发动，而与变出的爻成就三合的，是第四种。

这些三合成局，有凶的也有吉的。比如占功名，合成官鬼局，叫作官星旺相；合成妻财局，叫作财星旺相而生官星；倘若合成子孙局，则属于伤用神之神。比如人求财，合成妻财局，叫作财库；合成子孙局，叫作子孙局生财；倘若合成兄弟局，则属于破财、耗财的阻隔之神。如果占祖茔、家宅，适宜父母爻合局；如果占婚姻夫妇，适宜妻财、官鬼旺相而合局。凡占谋求、喜庆的事，宜于成局，主久远坚牢；如果占官讼、忧愁疑惧的事，却遇到了合局，主终身禁锢缠缚，心事难于消解。三合成局必须有世爻在局内才理想。倘若世爻不在于局内，必须局生世爻才吉；局克世爻则为凶。

【原文】

三爻若有两爻动，不成其局，须待后之补凑合成其局，谓之“虚一待用”。一爻明动，一爻暗动，亦作两爻动。三合局中有一空破者，待填实之日月成之。有一爻入墓者，待冲开之日成之。

凡得三合，名利、婚姻、家宅、风水，用神旺者，无不为吉。必要世爻在局内为美。若不在于局内，须要局生世爻为吉，局克世爻为凶。如占财，财局生世利于我，财局生应利于他。占出行，用神在三合之内，被合而留；占行人，用神在三合之内，被合不回。

又有内卦外卦而成三合者，须分内外。如占家宅，若居外宅，不宜外卦克内；若居内宅，须宜内卦生外。又如占彼此之形者，内卦为我，外卦为他，外卦合局而生内卦者为吉，克内卦者为凶。

【译文】

三爻中如果只有两爻发动，就不能成局，必须等待后来补凑齐全，才能会合成局，叫作“虚一待用”。一爻明动，一爻暗动，也作两爻发动看。三合局中有一爻空破的，要等到填实的日月才能成局；有一爻入墓的，要等到冲开的日才能成局。

凡得到三合成局的，无论占名利、婚姻还是家宅、风水等，只要用神旺，没有不吉祥的。世爻必须在局内才理想；如果世爻不在于局内，就必须局生世爻才吉，局克世爻则凶。比如占财，妻财局生世爻，有利于我；妻财局生应爻，有利于他人。占出行，用神在三合局内，主被因人因事合住而留下；占行人，用神在三合局内，主行人被合住，无法归来。

又有内卦和外卦成三合局的，这种情况要区分内外卦。比如占家宅，如果住的是外宅，就不宜外卦克内卦；如果住的是内宅，则应该内卦生外卦。又比如占彼此的形势，内卦为我，外卦为他人，以外卦合局而生内卦为吉，以克内卦为凶。

【原文】

如卯日丁巳日，上下两村因争田水厮打，得离之坤卦。断曰：“内卦为我村，亥、卯、未合成木局；外卦为外村，巳、酉、丑合成金局。金来克木，幸衰金不克旺木，不足忧也。况系六冲变六冲，有人解散，必不成讼。”后果劝散。

或问：“彼此之势，必以世应为主，如何不言世应?”予曰：“若无内外合局者，须看世应。今彼此两村即内外两卦，人众同心，彼此合局，神之妙用，灵验显然，故弃世应而不用也。若非卦化六冲，未有不成非也。”

【译文】

例如，卯日丁巳日，因上下两村争田水厮打，占得离为火卦，变为坤为地卦：

兄弟巳火○	———世	妻财酉金●●	— —
子孙未土●●	— —		
妻财酉金○	———	子孙丑土●●	— —
官鬼亥水○	———应	父母卯木●●	— —
子孙丑土●●	— —		
妻财卯木○	———	子孙未土●●	— —

断卦说："内卦为我村，亥、卯、未合成木局；外卦为外村，巳、酉、丑合成金局，金来克木，但所幸衰金无法克旺木，不值得忧虑。何况是六冲变为六冲的卦，主有人调解，一定不会成讼。"后来果然被劝解散去。

有人问："彼此的形势，必须以世爻和应爻为主，为什么不谈世应？"我说："如果没有内外卦合局，要看世应；现在彼此两村，就是内外两卦。众人同心一意，彼此会合成局，神的妙用，显然灵验，所以放弃世应而不用。若不是化为六冲卦，没有不铸成大错的。"

【原文】

又如巳月丁酉日占功名，得乾卦变水天需卦。此公向蒙大部①考过，才能第一，后因他故，而未得用。今有选才能之缺，意欲递呈；又因督剿之官亦讨才能，随营补用，故不敢递。予曰："尔已祷告，指此缺而问神，神许之而必得。旺官生世，再无他去之理。只因寅、午、戌三合官局，内少'寅'字，须待寅日具呈，管许必得此缺。"果于寅日递呈，特简题用。此应虚一以待用也。

【译文】

又例如，巳月丁酉日占功名，得乾为天卦，变为水天需卦：

①大部：指吏部。吏部为六部之首，掌管全国官吏的任免、考课、升降、调动等事务，其长官吏部尚书古称天官冢宰，故吏部有大部之称。

父母戌土○ ———世 子孙子水●● — —
兄弟申金● ———
官鬼午火○ ——— 兄弟申金●● — —
父母辰土● ———应
妻财寅木● ———
子孙子水● ———

这人曾经在吏部考课中，考过才能第一，后来因其他缘故而没有被任用。现在有选择人才补充官缺的机会，想要递交呈文。但又因为督剿官也在选拔人才，以便在军营中补充任用，怕被督剿官截留，所以不敢递交。我说："你已经祷告，指着一定官缺而问神，神也已经许你必得。旺的官鬼生世爻，完全没有被别人夺去的道理。只是因为寅、午、戌三者合为官鬼局，其中缺少'寅'字，必须等到寅日递交呈文，才能管保得到这个官缺。"果然于寅日递交呈文，被特别选出来准备任用。这是三合成局，虚一待用而应验的例子。

【原文】

又如寅月丙辰日占选期，得乾之小畜卦。予曰："此卦以古法断之，午火官星一爻独发，当许午月。若以动而逢合，必待冲开，许子丑之月。今予不以此断。午火明动，戌爻暗动，三合而少'寅'字，借月建以成三合，本月必选。"果于本月选于闽中。夫应选于闽者，世动于六爻，又是官临午火之故耳。此乃明动暗动合成局也。

【译文】

又例如，寅月丙辰日占被选为官的时间，得到乾为天卦，变为风天小畜卦：

父母戌土● ———世
兄弟申金● ———
官鬼午火○ ——— 父母未土●● — —
父母辰土● ———应
妻财寅木● ———
子孙子水● ———

我说："这一卦如果按照古法来断，那么午火官星一爻独发，应当许为午月为选拔人才之期；若以动爻而逢合，必须等待冲开为依据，则应当许为子月或丑月。不过我现在不依据这些来断卦。午火明动，戌土暗动，三合而少'寅'字，借月建而凑成三合局，所以本月必定入选。"果然在本月入选于福建。应选于福建，是世爻发动于第六爻，而官鬼临午火的缘故。这是明动和暗动会合成局的例子。

【原文】

又如辰月丁亥日占辨复，得萃之革卦。内卦亥、卯、未合成财局，生世爻巳火之官。世爻巳火，驿马加临，亥日冲之而暗动，莫惜所费，未月定蒙题允，即得美缺。后至未月，果遂题复，得补楚中。应未月者，乃实空之月也。

【译文】

又例如，辰月丁亥日，占通过申辩而恢复功名，得到泽地萃卦，变为泽火革卦：

父母未土●●　— —
兄弟酉金●　———应
子孙亥水●　———
妻财卯木 ×　— —　　子孙亥水●　———
官鬼巳火●●　— —世
父母未土 ×　— —　　妻财卯木●　———

内卦亥、卯、未合成妻财局，生世爻巳火官鬼。世爻巳火有驿马加临，又有亥日冲击，使巳火暗动。所以不要吝惜费用，未月必定被批准，并且马上就能得到美缺。后来到未月，果然批复，得以补缺到楚地。应验在未月，是因为未填实了旬空。

六冲章第二十

【原文】

子午相冲，丑未相冲，寅申相冲，卯酉相冲，辰戌相冲，巳亥相冲。

相冲之法有六：日月冲爻者，一也；卦逢六冲，二也；六合卦变六冲，三也；六冲变六冲，四也；动爻变冲，五也；爻与爻冲，六也。

冲者，散也。凡占凶事，宜于冲散，占吉事而不宜。亦必兼看用神而言。用神旺，虽冲不碍；用神失陷，凶而又凶。六合卦变六冲者，用神若旺，始吉终凶，图事虽成，有始而无终也。

爻冲有五：爻遇月冲为月破；爻遇日冲为暗动；休囚而遇日冲，谓之“日破”；动爻自化回头冲，如逢仇敌；爻遇爻冲，谓之“相击”。

【译文】

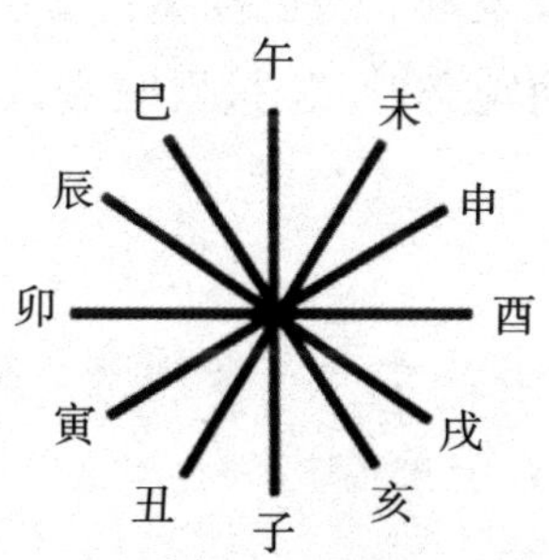

附地支六冲图

子与午相冲，丑与未相冲，寅与申相，卯与酉相冲，辰与戌相冲，巳与亥相冲。

相冲的方法有六种：日月冲爻，是第一种；卦逢六冲，是第二种；六合卦变六冲，是第三种；六冲变六冲，是第四种；动爻变冲，是第五种；爻与爻冲，是第六种。

所谓冲，就是冲散。凡占凶事，适于冲散，占吉事则不适宜。还必须兼看用神来论断。用神旺的，即使冲也不碍事；用神失陷的，则凶上加凶。六合卦变六冲卦的，用神若旺，开始吉祥而终局凶险，图谋的事情即使成了也有始无终。

爻的相冲有五种：爻遇月建冲的，为月破；爻遇日辰冲的，为暗动；休囚而遇日辰冲的，叫作“日破”；动爻自己化回头相冲的，如同遇到了仇敌；爻遇到爻相冲，叫作“相击”。

【原文】

如亥月壬子日，占子遇害否，得雷天大壮变地天泰卦。此人之子，闻传言被人辱骂，赶去厮打，其父卜之。予曰：“六冲变六合，必有人劝解。父爻持世而克子，乃尔之责子也，不受他人之害。”少刻，果有人请去论理，其子理亏，父执棍而击之，亦被劝住。其父与子向众赔礼而回。然厮打不成者，乃六冲之变合也。父击子而被劝者，乃因日辰子水冲克世爻，不能以击子也。

他书最重者，动而逢冲曰散，散犹空也，如全无之象，纵有生扶，不可救也。野鹤曰：此卦午火世动，冬令休囚之机，动遇子日冲之，何尝见散，何尝全无？世爻发动，身已动矣；父动克子，已击子矣。予尝论之：“神兆机于动，动则必验。”只看旺衰以言重轻，不可以散而如无也。

【译文】

例如，亥月壬子日占儿子会不会遇害，得雷天大壮卦，变地天泰卦：

兄弟戌土●●　— —
子孙申金●●　— —
父母午火○　———世　　　兄弟丑土●●　— —
兄弟辰土●　———
官鬼寅木●　———
妻财子水●　———应

这人的儿子听说他被别人辱骂，就赶去要和人厮打。他的父亲来占问这件事结果如何，我说："六冲卦变为六合卦，必定有人劝解。父母爻持世而克子孙，是你责打儿子，不会被别人伤到。"不一会儿，果然有人请他前去论理。儿子理亏，父亲拿棍子责打他，也被劝住了。父子向众人赔了礼才回去。厮打没成，是六冲卦变六合卦的缘故；父亲责打儿子而被劝解，是日辰子水冲克世爻，主父亲没有力量责打儿子的缘故。

其他书最重视发动而逢冲，说是一冲就散，而散和空亡一样，和完全没有一样，纵使有生扶也不可能得救。野鹤说：这一卦午火世爻发动，值休囚的冬令，发动而遇到子日冲它，哪里有散的道理？哪里和完全没有一样？世爻发动，已经动身了；父母发动克子孙，已经责打儿子了。我曾经说过："神把吉凶的机缄兆示于发动，发动就一定应验。"只能根据旺衰来判断力量的大小，不可把散看得和没有一样。

【原文】

如巳月戊戌日占财，得风雷益。辰土财爻持世，因值旬空，戌日冲空则实，本日即得。已如其卜。

【译文】

例如，巳月戊戌日占财，得到风雷益卦：

兄弟卯木● ———应

子孙巳火● ———

妻财未土●● — —

妻财辰土●● — —世

兄弟寅木●● — —

父母子水● ———

辰土妻财爻持世，因为值旬空，戌日冲空就会填实，所以本日就能得财。结果和论断的一样。

【原文】

又如午月丙辰日，占出外贸易财如何，得恒之豫卦。世爻酉金化卯相冲，乃是反吟之卦。幸辰日合之，冲中逢合，又得戌土为财，暗动生世，虽则反复不常，却有财利。果然此人去而复返者三，尽在中途发财。前曰“爻动化冲如逢仇敌”，乃是化回头之克也。此卦世爻酉金化卯，冲世而不克世，又得辰日冲动戌财生世，所以为吉。

【译文】

又例如，午月丙辰日，占出外贸易求财如何，得到雷风恒卦，变为雷地豫卦：

妻财戌土●●　— —应

官鬼申金●●　— —

子孙午火●　———

官鬼酉金○　———世　　兄弟卯木●●　— —

父母亥水○　———　　子孙巳火●●　— —

妻财丑土●●　— —

世爻酉金化为卯木相冲，属于反吟卦。幸而辰日与它相合，属于冲中逢合；又得戌土作为妻财暗动而生世爻，虽然有反复无常之象，却有财利可得。果然，这人去而复返达到三次，都是在中途发财。前文说“用神发动而化为相冲，如同遇到仇敌”，说的是化为回头克。这一卦世爻酉金化为卯木，冲世爻而不克世爻，又有辰日冲动戌土妻财而生世爻，所以为吉卦。

【原文】

又如酉月庚子日占文书，得讼之睽卦。寅木父爻为文书，动而生世，文书必妥。但嫌申金财动，冲克文书，须待寅日反冲去申金，文书必发。果于寅日领。

古以爻冲爻亦谓之散，旺相之爻，能冲散衰弱之爻。此卦申值秋天，不为不旺，旺金冲寅，而寅木不见散也。

【译文】

又例如，酉月庚子日占文书，得到天水讼卦，变为火泽睽卦：

子孙戌土● ——

妻财申金○ —— 子孙未土●● — —

兄弟午火● ——世

兄弟午火●● — —

子孙辰土● ——

父母寅木× — —应 兄弟巳火● ——

寅木父母爻为用神，发动而生世爻，文书必定妥贴。只嫌申金妻财发动，冲克文书，必须等到寅日冲去申金，文书才能到手。果然于寅日领到文书。

古人把爻象相冲也叫作散，这是指旺相的爻能冲散衰弱的爻。这一卦申金值秋季，不是不旺。旺金冲击寅木，而寅木并没有散。

【原文】

又如子月己巳日，占以财博艺，得坤卦。断曰："世克应爻，乃为我胜，但因巳日冲动亥水之财，反生应爻，艺虽精，不能取胜。幸得卦逢六冲，必不终局。"果输不多，因他事而冲散矣。

古以六冲卦诸占不吉，予屡试之，用神失陷，实不为吉；用若得地①，须以用神断之。惟占病有远近之分，不用用神：近病逢冲即愈，久病逢冲则死。及占风水，六冲飞砂走石，亦非久远之象。其余必兼用神而言。

【译文】

又例如，子月己巳日占以钱财博艺，得到坤为地卦：

子孙酉金●● — —世

妻财亥水●● — —

兄弟丑土●● — —

官鬼卯木●● — —应

父母巳火●● — —

兄弟未土●● — —

①得地：指本身生旺或得到日辰月建的生助。

断卦说："世爻克应爻，属于我胜他，但因为巳日冲动亥水妻财，妻财反而去生应爻卯木，所以技艺虽然精湛，却无法取胜。幸而卦逢六冲，必定不能终局。"果然输得不多，就被别的事冲散。

古人以为，六冲卦各种占问都不吉。我屡次试验，发现如果用神失陷，确实不吉；但用神要是得地，就不能以六冲为凭，而必须凭用神论断。只有占病有远病近病的区别，不看用神：近病逢冲就痊愈，久病逢冲就死人。还有占风水，六冲卦主飞沙走石，也不是可以久远的卦象。其余占题，必须兼看用神来论断。

【原文】

又如酉月乙未日，占子久出不归，生死如何，得坤卦。世持子孙，以临月建，未日生之，虽是六冲卦，此子必归。果于子年建卯月得意而回。此应静而逢冲之验也。

【译文】

又例如，酉月乙未日，占儿子出门，久而不归，生死如何，得到坤为地卦：

子孙酉金●●— —— —世

妻财亥水●●— —— —

兄弟丑土●●— —— —

官鬼卯木●●— —— —应

父母巳火●●— —— —

兄弟未土●●— —— —

世爻持子孙而临月建，得未日生扶，虽然是六冲卦，但儿子一定会回来。果然于子年卯月得意而回。这是静而逢冲卦应验的例子。

【原文】

又有丑月甲寅日，占延师训子，得天地否变乾卦。以应为用神，世应相合，应临戌父，巳火生之，可称饱学。独嫌卦变六冲，合而变冲，不久之兆。彼问曰："因何事而不久？"予曰："子水子孙值旬空，卦中未土父动，防子孙灾变。"后果两月其子得病，辞师未久而子死矣。

【译文】

又例如，丑月甲寅日，占请老师教导儿子，得到天地否卦，即为乾卦：

父母戌土●———应

兄弟申金●———

官鬼午火●———

妻财卯木×— —世　　父母辰土●———

官鬼巳火×— —　　　妻财寅木●———

父母未土×— —　　　子孙子水●———

以应爻为用神，世应两爻相合。应爻临戌土父母，巳火生它，主可以称为饱学的人。只嫌卦变六冲。六合卦变为六冲，是不能长久的征兆。他问："因为什么事而不能长久?"我说："子水子孙值旬空，卦中未土父母发动，须防子孙有灾变。"两个月后，他的儿子果然得了病，他因此辞去了老师。不久儿子就死了。

【原文】

凡得六合变六冲者，诸占先合后离，先亲后疏，先浓后淡，始荣终悴，初好后违，先亨后否，得而复失，成而后败，事就而又变也。唯占官非、盗贼、结绝事者宜之。

又如午月丙子日占开典铺，得大壮变巽卦。断曰："世临午火，月建当时，日冲不散；又化未土，乃为化合。得助得扶，堪称吉卦；不宜六冲又变六冲，用神虽旺，必开不久。"果未经一载，因财东之事，抄没其家，而铺面收矣。

【译文】

凡得到六合变六冲的卦，各种占问都是先和合而后分离，先亲密而后疏远，先浓厚而后淡薄，开始荣华而最终憔悴，起初亲好而后来睽违，先亨通面后否塞，先得到而后又失去，先成功而后又败，事情先成就而又发生变故。只有占官司、是非、盗贼、了结的事情，才是适宜的。

又例如，午月丙子日占开典当铺，得到雷天大壮卦，变为巽为风卦：

兄弟戌土×	— —	官鬼卯木●	——
子孙申金×	— —	父母巳火●	——
父母午火○	——世	兄弟未土●●	— —
兄弟辰土●	——		
官鬼寅木●	——		
妻财子水○	——应	兄弟丑土●●	— —

断卦说："世爻临午火，值月建，所以日辰虽冲而不散；又化为未土，属于化合，既得助又得扶，可以称为吉卦。但是卦逢六冲，又化为六冲，所以用神虽然旺，却一定开不长久。"果然没到一年，就因为财东被抄没而收了铺面。

【原文】

凡得六冲变冲，乃内外变动，交相冲击，必主上下不和，至亲反目，彼此怀奸，始终不就。若用神再受克者，大凶之兆；用神旺相者，亦不久长。

如申月乙卯日，父子七人俱蒙拿问，得巽卦变坤卦。此系卦变，巽木化坤土，名为"化去"。化去不克，当主无妨；只因世爻变鬼，卯木化酉金，木被金克，巳火子孙又化亥水，父子两爻皆被其伤。六冲变冲，乱冲乱击，果俱受刑。

占法皆以六冲卦宜于官事，喜其冲散，然必看事之大小，又宜兼用神而言。此卦六冲变冲，亦可谓之官事逢冲而散耶？

【译文】

凡六冲变六冲的卦，内外卦都发生变动，交相冲击，主上下之间不和睦，至亲之间反目成仇，彼此都怀有奸诈，所占事终究不成。倘若用神再受克制，更是大凶的朕兆；用神即使旺相，事情也不会长久。

例如，申月乙卯日，父子七人都被捉拿问罪，占得巽为风卦，变为坤为地卦：

兄弟卯木○	———世	官鬼酉金●●	— —
子孙巳火○	———	父母亥水●●	— —
妻财未土●●	— —		
官鬼酉金○	———应	兄弟卯木●●	— —
父母亥水○	———	子孙巳火●●	— —
妻财丑土●●	— —		

这属于卦变。巽木化为坤土，称为“化去”。化去而不克，应当主无妨；但是由于世爻变为官鬼，卯木化为酉金，木被金克，巳火子孙又化为亥水，父子两爻都被伤害。六冲变冲，是乱冲乱击的卦，果然都受了刑。

占法都以为六冲卦适于问官司，喜欢官司被冲散，但是必须看事情的大小，又应该兼看用神来决断。这一卦六冲卦又变六冲，难道也可说官司逢冲就消散吗?

三刑章第二十一

【原文】

寅刑巳，巳刑申；子刑卯，卯刑子；丑戌相刑，未辰相刑。

又云辰、午、酉、亥谓之自刑者，予屡试之，或因用神休囚，又兼他爻之克，内有兼犯三刑者，则见凶；而独犯三刑，得验者少，占过数十年，只验得一卦。

【译文】

寅木刑巳火，巳火刑申金；子水刑卯木，卯木刑子水；丑土戌土相刑，未土辰土相刑。

附地支三刑图

还有称辰、午、酉、亥为自刑的。我屡次试验，或者是因为用神休囚，又兼其他爻克制，其中有兼犯三刑的，则主凶险；只犯三刑的，则应验的很少。占过几十年，只应验了一卦。

【原文】

如寅月庚申日，占子痘症，得风火家人变离卦。断曰："巳火子孙既当春令，子孙旺相，许之可治。"后死于寅日寅时，始悟月建在寅，日建在申，与巳爻子孙共作三刑。独此一卦无他爻之伤也。至于子卯、辰戌丑未，亦有验者，皆附和而为凶也。

【译文】

例如，寅月庚申日占儿子出天花，得到风火家人卦，变为离为火卦：

兄弟卯木●	——		
子孙巳火○	——应	妻财未土●●	— —
妻财未土×	— —	官鬼酉金●	——
父母亥水●	——		
妻财丑土●●	— —世		
兄弟卯木●	——		

断卦说："巳火子孙既然在春季当令，子孙旺相，许他的病可以治疗。"但后来却死于寅日寅时。这才领悟到，月建在寅，日建在申，与巳爻子孙一起构成了三刑。只有这一卦没有其他爻的伤害。至于子卯相

刑、丑戌相刑、辰未相刑，虽然也有应验的，但都只是附和为凶罢了。

六害章第又二十一

【原文】

全无应验，删之不录。

【译文】

完全不应验，删去，不予录入。

暗动章第二十二

【原文】

静爻旺相，日辰冲之为暗动；静爻休囚，日辰冲之为日破。

暗动者，有喜有忌。用神休囚，得原神暗动以相生，忌神明动于卦中，得原神暗动而生用神，此谓之喜也；用神休囚无助，若遇忌神暗动，克害用神，此皆谓之忌也。

占以暗动，福来而不知，祸来而不觉。

又曰："吉凶之应于动，有急缓之应。"则缓非此论也，何尝不知不觉？报应亦非缓也。

【译文】

安静的爻旺相，日辰冲它就是暗动；安静的爻休囚，日辰冲它则为日破。

暗动的爻有喜有忌。用神休囚，得到原神暗动而相生，或忌神明动于卦中，而原神暗动而生用神，这叫作喜；用神休囚无助，若遇到忌神暗动而克害用神，这叫作忌。

占卜遇到暗动的，福庆来临而不知道，祸患来到而不觉得。

又说："吉凶应验于发动，有的急，有的缓。"这个说法不妥，因为，哪里是不知不觉呢？况且应验也不缓慢。

【原文】

即如寅月己未日占女痘，得坤之师卦。酉金子孙虽则春令休囚，得日辰生之；二爻巳火动而克金，得未日冲动丑土。火动生土，土动生金，花虽密以全生。彼曰："目下甚危。"予曰："不妨，今日未申时有救。"果于申时遇名医救治。何尝缓也！

【译文】

例如，寅月己未日占女儿出天花，得到坤为地卦，变为地水师卦：

子孙酉金●●　— —世
妻财亥水●●　— —
兄弟丑土●●　— —
官鬼卯木●●　— —应
父母巳火×　— —　　兄弟辰土●　——
兄弟未土●●　— —

酉金子孙虽然在春令休囚，但是得到日辰的生扶；二爻巳火发动而克酉金，而酉金则得到未日冲动的丑土的生扶。火发动就生土，土发动就生金，所以天花虽然出得密，性命却可以保全。他说："眼下很危险。"我说："不妨，今日未申时有救。"果然于申时得到名医的救治。哪里缓啊！

动散章第二十三

【原文】

占以日辰而冲动爻，谓之冲散，又以爻动冲动爻，亦能冲散。予屡试之，旺相者冲之不散，有气者冲之不散，休囚者间有冲散，亦千百中之一二也。其故何也？神兆机于动，动必有因，虽则今日受制，后逢值日而不散矣。

【译文】

占书以日辰冲动爻为冲散，又以为动爻冲动爻也能冲散。我屡次试验，旺相的爻逢冲也不会散，有气的爻逢也冲不散，休囚的爻偶然有冲散的，也只是千百当中的一两个。这是什么缘故呢？神把机缄兆示于发动，发动必有原因，所以虽然今日受制伏，以后值日的时候还是有用。

【原文】

如丑月丁酉日，占父出外一载无音，得风水涣变坎卦。卯木父爻动而生世，又化子水回头生，许之在外平安。世空者速至，交春即归。果于二月得意而回。此非卯动，酉日冲之？何尝散也？

【译文】

例如，丑月丁酉日，占父亲外出一年无音讯，得到风水涣卦，变为坎为水卦：

父母卯木○　——　　官鬼子水●●　— —
兄弟巳火●　——世
子孙未土●●　— —
兄弟午火●●　— —
子孙辰土●　——应
父母寅木●●　— —

卯木父母爻发动而生世爻，又化子水回头生，许父亲在外面平安。占例以世爻逢空主迅速到来，所以断为一交春令就会回来。果然在二月得意而回。难道这不是卯爻发动，酉日冲它？哪里有散这回事？

【原文】

李我平曰：《黄金策》以空亡为重，冲散为轻，《易冒》最重冲散。细阅占验，多因错误。有卯月丙寅日占子病，得渐之观。

占病遇子孙而变鬼，百无一生，明系申金子孙变鬼，误作寅日冲散。

又如《进退章》中，申月占卦，酉爻发动，遇卯冲之，亦谓之散，往往错误如此。

【译文】

李我平说：《黄金策》以空亡为重，以冲散为轻，而《易冒》最重视冲散。细读其中占验的卦例，多半是因为弄错了。有一例，是卯月丙寅日占儿子的病，得风山渐卦，变为风地观卦：

官鬼卯木●　——应
父母巳火●　——
兄弟未土●●　— —
子孙申金○　——世　　官鬼卯木●●　— —
父母午火●●　— —
兄弟辰土●●　— —

占病而遇到子孙变官鬼，一百人当中没有一个能活下来的。卦中明明是申金子孙变官鬼，却误作被寅日冲散了。

又例如《进退章》中，申月占卦，酉金爻发动，遇卯木冲它，也说是散。书中往往有这种错误。

卦变生克墓绝章第二十四

【原文】

卦变者，变生、变克、变墓、变绝、变比和。予得验者，凡遇卦化克者，不论用神之衰旺，皆以凶推。

此乃巽变坎卦：巽木变坎水，谓之化生，水回头以生木也，即以吉断。

【译文】

所谓卦变，有变相生、变相克、变入墓、变遇绝、变比和几种情形。我得到应验的情形是：凡遇卦化相克，不论用神是衰弱还是旺相，都按凶险推论。

这是巽为风变为坎为水的卦：

兄弟卯木○	———世	父母子水●●	— —
子孙巳火●	———		
妻财未土●●	— —		
官鬼酉金○	———应	子孙午火●●	— —
父母亥水●	———		
妻财丑土●●	— —		

巽木变坎水，叫作“化生”，即化出的水回头生木。按吉祥决断。

【原文】

此乃震卦化乾卦：震木变乾金，谓之化克，金回头以克木也，即以凶推。

【译文】

这是震为雷化为乾为天的卦：

妻财戌土×	— —世	妻财戌土●	——
官鬼申金×	— —	官鬼申金●	——
子孙午火●	——		
妻财辰土×	— —应	妻财辰土●	——
兄弟寅木×	— —	兄弟寅木●	——
父母子水●	——		

震木变为乾金，叫作“化克”，即化乾金而回头克震木。按凶险推论。

【原文】

又有化克而不克者，不可不知。如兑金变震木。兑金变震木，谓之化去。正卦为我，我去克他，不为凶也，此则谓之化克而不克。

【译文】

又有化克而其实不克的，不可以不知道。例如兑金化为震木的卦：

父母未土●●	— —世		
兄弟酉金○	——	兄弟申金●●	— —
子孙亥水●	——		
父母丑土●●	— —　应		
妻财卯木○	——	妻财寅木●●	— —
官鬼巳火●	——		

兑金变为震木，叫作“化去”。正卦为我，我去克他，所以不是凶卦。这就是“化克而不克”。

【原文】

如震木变兑金。震木变兑金，谓之“化来”。他来克我，回头之克，即为凶兆，诸占大凶。

【译文】

例如震木变为兑金的卦：

妻财戌土●● — —世
官鬼申金× — — 官鬼酉金● ——
子孙午火● ——
妻财辰土●● — — 应
兄弟寅木× — — 兄弟卯木● ——
父母子水● ——

震木变为兑金，叫作“化来”。他来克我，并且是回头克，为凶兆，无论问什么，都主大凶。

【原文】

卯月辛巳日，来人不言所事，占得巽卦变乾卦。问之所占何事，伊曰：“代卜长辈功名。”予曰：“功名须要亲占，代占难取用神，从不敢断，幸此卦显而易见。巽木化乾金，即为化回头来克，为绝卦也，不必问名，寿亦不久。”果于午月削职，七月而终。

【译文】

卯月辛巳日，来人不说所要占问的事而占，占得巽为风卦，变为乾为天卦：

兄弟卯木● ——世
子孙巳火● ——
妻财未土× — — 子孙午火● ——
官鬼酉金● ——应
父母亥水● ——
妻财丑土× — — 父母子水● ——

我问他占问什么事，他说：“代长辈占功名。”我说：“功名必须亲自占卜，代占难以取用神，从来不敢决断，幸而这一卦显而易见。巽木化乾金，为卦化回头克，为绝卦，不但不必问功名，连寿命也不久。”果然于午月被削去官职，于七月寿终。

【原文】

又如午月丙寅日占主病，得离卦变坎卦。离火变坎水回头来克，但因午月火旺，许之冬令必危。果卒于九月丁亥日。此皆不看用神之衰旺也。

【译文】

又例如，午月丙寅日占主人的病，得到离为火卦，变为坎为水卦：

兄弟巳火○	———世	官鬼子水●●	— —
子孙未土×	— —	子孙戌土●	———
妻财酉金○	———	妻财申金●●	— —
官鬼亥水○	———应	兄弟午火●●	— —
子孙丑土×	— —	子孙辰土●	———
父母卯木○	———	父母寅木●●	— —

离火变为坎水回头来克，但由于午月火旺，断他冬令必定危险。果然死于九月丁亥日。这都是不看用神衰旺的卦。

【原文】

古以占家宅、坟茔、大事者忌之，尽属揣摩之论，非留心于占验。予存四十年之占验，无一卦不关心也，但遇一人，占得有疑之卦，数年存意探之。

如卯月乙酉日占索房价，得坎变坤卦。予疑此卦坎水变坤土回头之克，对伊而曰：“房价事小，此卦甚凶，今年诸事，须宜谨慎。”后于巳月覆舟而死。占此应彼，神预告其凶，令人早知趋避也。古以占大事忌之，此卦岂非占小事而应大凶耶？

【译文】

古人以为，占家宅、坟茔，占大事，忌大象回头克。这完全是揣摩出来的说法，而非从占验中得到的结论。我保存了四十年的占验实例，没有一卦不关心，只要遇到一人占得有疑问的卦，就多年用心探索。

例如，卯月乙酉日占索要房价，得到坎为水卦，变为坤为地卦：

兄弟子水●●	— —世		
官鬼戌土○	———	兄弟亥水●●	— —
父母申金●●	— —		
妻财午火●●	— —应		
官鬼辰土○	———	妻财巳火●●	— —
子孙寅木●●	— —		

我对这一卦的坎水变坤土回头克有疑虑，就对他说："房价是小事，而这一卦很凶险，今年的各种事务，必须谨慎。"他后来于巳月因翻船而死。占这件事而应验在那件事，神预先告诉凶险，令人早早地知道所趋所避。古人以为占大事忌大象回头克，这一卦难道不是占问小事而应验了大凶吗？

【原文】

李我平曰：《易冒·墓绝章》云："日月当令非真。"却不知凶事将来，神机早兆。日月当时虽旺，过时则有亏消。即如此篇占主病，午月得离变坎，目今夏火虽炎，冬来岂不绝耶？

《易冒·反伏章》云："日月从往则轻，空破从往则重。"又曰："半从往，半从来，半凶半吉。"种种拟议，皆非经验。卦体如人之根本，卦变克绝，如树连根出土，目前枝叶虽青，能保长不朽乎？当时虽旺，过时而衰；空破虽虚，填实则应。且"半凶半吉"之论，难作后人之法。此书只以回头克者为凶。

【译文】

李我平说：《易冒·墓绝章》说："日辰月建当令，不是真的墓绝。"却不知道凶事要来，神机早就有征兆了。日辰月建当时虽然旺相，但是过了时令就有消损。比如本篇中占主人的病那一卦，午月得到离为火卦，变为坎火水卦，目前是夏天，火虽有炎炎之势，但当冬天到来时，难道不遇绝吗？

《易冒·反伏章》说："日辰月建从以往就轻，旬空月破从未来就严重。"又说："半从以往，半从未来，半凶半吉。"种种拟议，都不属于经验之谈。卦体如同人的根本，卦变相克与化绝，如同树连根拔出土外，目前枝叶虽然还青，能保证久不枯朽吗？当时虽然旺，过时就衰弱了；旬空、月破虽然空虚，填实就会应验。况且"半凶半吉"的议论，难以作为后人的法式，所以本书只以回头克的卦为凶。

【原文】

余见《易冒·反伏章》中之占验，明是回头之克，误作反复休囚。

有寅月甲子日，占母病，得坤变巽卦。坤土化巽木，此非回头之克耶？伊书则曰：“虽化旬空，休囚之反吟亦凶。”既曰空破则重，不曰亦凶，且又牵扯亥水冲破巳火，所以凶也。既得卦变，止观卦象，不看用神；即使爻吉，泉竭根枯，亦能久耶？

【译文】

我看《易冒·反伏章》中的占验，发现明明是回头克，却被误认作反吟休囚了。

例如，寅月甲子日占母病，得到坤为地卦，变为巽为风卦：

子孙酉金×	— —世	官鬼卯木●	———
妻财亥水×	— —	父母巳火●	———
兄弟丑土●●	— —		
官鬼卯木×	— —应	子孙酉金●	———
父母巳火×	— —	妻财亥水●	———
兄弟未土●●	———		

坤土化为巽木，这难道不是回头克吗？书中却说：“虽然化为旬空，但休囚而又反吟的，也凶。”既说旬空月破就重，不说也凶，又牵扯到亥水冲破巳火，所以凶。既然得到卦变，就只考察卦象，不看用神。即使爻象吉，泉源已涸竭，根株已经枯槁，还能长久吗？

【原文】

如寅月癸酉日，占长子病，得震之兑。此非震木化兑金回头之克耶？此二卦竟未看出土遭木克，木被金伤，犹以震为长男，占长子所以不吉；殊不知卦变回头之克，少女亦难保也。

此二卦，前系土遭木克，后为木被金伤，竟未看出，何也？今以彼之占验，而谓彼之错误，无他说也。

【译文】

如寅月癸酉日，占长子的病，得震为雷卦，变为兑为泽卦：

妻财戊土●●　— —世
官鬼申金×　— —　　　官鬼酉金●　——
子孙午火●　——
妻财辰土●●　— —应
兄弟寅木×　— —　　　兄弟卯木●　——
父母子水●　——

震木化为兑金，这不是回头克吗？从这两卦竟没看出土受木克，木被金伤，还以为震为长男，占长子所以不吉呢。殊不知卦变回头克，少女也难保啊！

这两卦，前一卦为土遭到木克，后一卦为木被金伤，作者竟没看出来，这是怎么回事？现在以他的占验来说明他的错误，他应该没有别的话说了吧？

反伏章第二十五

【原文】

卦有卦变，爻有爻变。卦变者，内外动而反吟者，同一卦也，如乾卦变坤卦是也。爻变者，内外动而反吟者，非同一卦也，如升之观是也。又有外卦反吟而内卦不动者，如观之坤是也。又有内卦反吟而外卦不动者，如巽之观是也。

内卦反吟，内则不安；外卦反吟，外则不宁；内外反吟者，内外不安之象也。皆主成而败，败而成，有而即无，无而即有，得而失，失而得，来而去，去而来，聚而散，散而聚，动而思静，静而思动。

【译文】

卦有卦变，爻有爻变。卦变，指内外卦同时发动而反吟，而内外是同一卦，比如乾为天卦变坤为地卦就是。爻变，指内外卦同时发动而反吟，而内外不是同一卦，比如地风升卦变风地观卦就是。还有外卦反吟而内卦不发动的，比如风地观卦变坤为地卦就是。又有内卦反吟而外卦不发动的，如巽为风卦变风地观卦就是。

内卦反吟，内部就不安；外卦反吟，外部就不宁；内外卦都反吟，是内外部都不安的征兆。凡反吟，都主成而又败，败而又成，有而又无，无而又有，得而复失，失而复得，来而又去，去而又来，聚而复散，散而复聚，动中思静，静中思动，等等。

【原文】

占功名者，用爻旺相，迁而又迁，升往他乡，仍复升来；用神失陷，或降或升，或得或失。

占财物，聚散不常，卖买经营，兴废往来不定。

占坟茔宅舍，欲迁不迁，或迁之而再迁，或日下就有迁移之事。

占已经久远之事者，目前就有变动。

占天时，晴而即雨，雨而又晴。

占婚姻，反复难成。

占疾病，愈而又病。

占盗贼官非，见而又见。

占出行，则行至中途亦返，即使到彼，一事无成。

占行人，外卦反吟者，用神旺相必归，不然亦移他处。在外之人而占家宅者，内卦反吟，家庭人口不安。

占彼此之形势者，内卦反吟，我乱他定；外卦反吟，他乱我定。

【译文】

占功名，用神旺相的，调任了又调任，升到他乡又升回来；用神失陷的，或降职或升迁，或得到或失去。

占财物，聚散无常。卖买经营，兴盛或败落，或往或来，都不一定。

占坟茔或宅舍，要迁移又不迁移，或者迁移而又移迁，或者当下有迁移的事。

占已经久远的事，目前就有变动。

占天时，晴了又雨，雨了又晴。

占婚姻，反复难成。

占疾病，痊愈后又复发。

占盗贼或官司是非，出现了又出现。

占出行，走到中途也会返回；即使到了目的地，也一事无成。

占行人，外卦反吟的，用神旺相，必定归来，不然也会转到其他地方。在外地的人占家宅，内卦反吟，主家庭人口不安。

占彼此的形势，内卦反吟，我扰乱，他安定；外卦反吟，他扰乱，我安定。

【原文】

以上用神旺相，不变冲克者，虽则反吟，事之必成，第恐用神而化回头之冲克者，即是卦变大凶之象。

如卯月壬申日，占随官上任，得比之井。断曰："世临官鬼，值月建而旺，随去必成。因系内卦反吟，必有反复。不宜世爻绝于申日，又化回头冲克，此行不吉，不去者为上。"反因官府掣签得缺，近于贼营，辞而不去；及至官员赴任后，忽又因他故而随去矣。至七月城破，与官一同被害。与同官被害者，世爻与官鬼同受酉金之冲克也；不去而又去者，卦得反吟之故也。

【译文】

以上用神旺相而不变冲克的，虽然反吟，事情却必成，就怕用神化回头冲克，这是卦变大凶的征兆。

例如，卯月壬申日占随官员上任，得到水地比卦，变为水风井卦：

妻财子水●● — —应

兄弟戌土● ——

子孙申金●● — —

官鬼卯木× — —世　　子孙酉金● ——

父母巳火× — —　　妻财亥水● ——

兄弟未土●● — —

断卦说："世爻临官鬼，值月建而旺相，随去的事必定成行。但因为属于内卦反吟，所以必有反复。可惜世爻绝于申日，又化回头冲克，这次出行不吉，以不去为上策。"他回去后，因为在官府抽签得到官缺，职务接近贼人的营垒，推辞而不去；但是官员赴任后，忽然又因其他缘故而随去了。结果到七月，因为城池被攻破，他与官员一同被害。与官员一同被害，是世爻与官鬼同受酉金冲克的缘故；不去而又去了，是卦得反吟的缘故。

【原文】

又如卯月己亥日占升迁，得临变中孚。断曰："世临卯木月建之官，又长生于亥日，世与官星同临旺地，许之即升。"果于本月闻报，由江右升任山东；未及一载，复任江西。应本月升者，卯官而值月令；升山东者，官临卯木；复任江西者，外卦反吟，去之而复返也。

【译文】

又例如，卯月己亥日占升迁，得到地泽临卦，变为风泽中孚卦：

子孙酉金×	▅▅ ▅▅	官鬼卯木●	▅▅▅▅▅
妻财亥水×	▅▅ ▅▅应	父母巳火●	▅▅▅▅▅
兄弟丑土●●	▅▅ ▅▅		
兄弟丑土●●	▅▅ ▅▅		
官鬼卯木●	▅▅▅▅▅世		
父母巳火●	▅▅▅▅▅		

断卦说："世爻临卯木月建而值官鬼，又长生于亥日，世爻与官星同样临于旺地，所以许你马上升迁。"果然于本月听到回报，由江右升任到山东；但不到一年，又回任到江西。应验在本月升迁，是由于卯木官鬼值月令；升任到山东，是由于官鬼临卯木；又回任到江西，是由于外卦反吟，主去而复返。

【原文】

伏吟者，有内外而伏吟也，如无妄而变大壮是也。内外伏吟者，内外忧虑呻吟之象。亦有内卦动变伏吟，内则呻吟；外卦动变伏吟，外则不宁。诸占皆不如意，动如不动，焦恼呻吟。

【译文】

伏吟，有内外卦同时伏吟的。例如天雷无妄卦变为雷天大壮卦：

妻财戌土○	———	妻财戌土●●	— —
官鬼申金○	———	官鬼申金●●	— —
子孙午火●	———世	子孙午火●	———
妻财辰土×	— —	妻财辰土●	———
兄弟寅木×	— —	兄弟寅木●	———
父母子水●	———应	父母子水●	———

内外卦伏吟，是内外都忧虑呻吟的征兆。也有内卦发动变伏吟的，这样就会内部呻吟；外卦发动变伏吟，则主外部不宁。卦遇伏吟，各种占问都不如意，动也如同不动，并且有因焦虑和懊恼而呻吟之状。

【原文】

占名者，久困宦途，淹留仕路。占利者，财源耗散，本利消乏。占坟茔宅舍，欲迁而不能，守之而不利。占婚姻，忧而不乐。占疾病，久病呻吟。占口舌官非，事之难结。占出行，难于移动。占行人，在外忧郁。占彼此之形势者，内卦为我，外卦为他，内伏吟我心不遂，外伏吟他意不安。

然伏吟而较反吟者，反吟有冲有克，用神受克，得祸不轻。伏吟之卦，用神旺相，冲开之年月，其志则伸；用神休囚，冲开之年月，忧郁则已。

【译文】

占功名，长久地困在宦途，淹留在仕路。占财利，财源耗散，资本和利润都匮乏。占坟茔和宅舍，要迁移而不能迁移，守着却不利。占婚姻，忧郁而不快乐。占疾病，久病呻吟。占口舌官非，事情难以了结。占出行，难以动身。占行人，在外面忧郁难解。占彼此的形势，内卦为我，外卦为他，内卦伏吟则我心不顺遂，外卦伏吟则他意不安宁。

但伏吟和反吟相比，反吟有冲有克，如果用神受克，祸患不轻。伏吟的卦，只要用神旺相，到冲开的年月，意志就会伸张；倘若用神休囚，到冲开的年月，忧郁就会停止。

【原文】

如申月癸巳日，占父外任平安，得姤之恒。断曰："巳火日辰生父母，当许在任平安；独嫌卦得伏吟，乃是不宁之象，任上必有事故，不得意以呻吟也。"彼曰："闻地方苗獞之变，可有碍否?"予曰："日建生父，他事无虑。"又问："何时归来?"予曰："伏吟欲归而不能。辰年可归。"

后知苗獞作祟，地方不宁，惊险异常。寅年占卦，辰年裁缺而归，午年又补四川。应辰年者，戌父化戌父、冲开戌父之年也；应裁缺者，巳日冲起亥水暗动以克官也；应午年又补官者，占时遇巳日扶起午火之官，当以亥水克之而不尽，今午火官星值年，依然旺矣。

【译文】

例如，申月癸巳日，占父亲在外面任职是否平安，得到天风姤卦，变为雷风恒卦：

父母戌土○	———	父母戌土●●	— —
兄弟申金○	———	兄弟申金●●	— —
官鬼午火●	———应		
兄弟酉金●	———		
子孙亥水●	———		
父母丑土●●	— —世		

断卦说："巳火日辰生父母，应当许父亲在任上平安；但是得到的是伏吟卦，是不宁的征兆，任上必有事情发生，所以不得意而呻吟。"他问："听说那地方苗族和壮族发动事变，有碍吗?"我说："日建生父母，其他事不必忧虑。"又问："什么时候能回来?"我说："遇到伏吟卦，现在就是要回来也做不到。到辰年才能回来。"

后来知道，苗壮两族作祟，那地方不安宁，惊险异常。寅年占卦，到辰年其父被裁缺归来，午年又补缺去了四川。应验在辰年，是因为戌土父母化为戌土父母，又是冲开戌土父母的年份；应验为裁缺，是由于巳日冲起亥水暗动而克官鬼；应验为午年又补官缺，是由于遇巳日扶起午火官鬼，当日亥水虽然克它，但没有克尽，而现在午火官星值年，依然旺相。

【原文】

李我平曰：《易林补遗》有曰："爻有伏吟不吉，术者未闻；卦有反吟最凶，卜家谁觉？"不看用神之衰旺，竟以反吟为畏途。今野鹤此论法，比之"井卦世逢冲克事反伏，身受其殃；临之中孚世官得地，虽反伏，官连迁转"，教人之法，何等透彻明快！

【译文】

李我平说：《易林补遗》有这样的话："爻有伏吟不吉，掌握卦术者没听说过；卦有反吟最凶，卜问的人家谁有觉察？"不看用神的衰旺，竟以反吟卦为畏途。现在野鹤老人的说法，与"井卦世爻逢冲克，主事情反复，亲受它的祸殃；临卦变为中孚卦，世爻为官鬼而得地，虽然伏吟，官运却亨通"的说法相比，何等透彻明快！

旬空章第二十六

【原文】

甲子旬中戌亥空，甲戌旬中申酉空；
甲午旬中辰巳空，甲辰旬中寅卯空；
甲申旬中午未空，甲寅旬中子丑空。

何谓旬空？如甲子至癸酉日为一旬，此十日之内，并无戌亥，所以爻逢戌亥为空亡，又名旬空。余仿此。

旬空之法，诸书之论太烦，有真空、假空、动空、冲空、填空、无故自空，有散而空、墓空、绝空、害空、安空、破空。野鹤曰：旺不为空，动不为空，有日建动爻生扶者，亦不为空。动而化空、伏而旺相，皆不为空。月破为空，有气不动亦为空，伏而被克亦为空，真空为空。真空者，"春土夏金秋是木，三冬逢火是真空。"

【译文】

附六甲旬空表

旬名	六　旬　干　支									旬空
甲子	甲子	乙丑	丙寅	丁卯	戊辰	己巳	庚午	辛未	壬申	癸酉	戌
甲戌	甲戌	乙亥	丙子	丁丑	戊寅	己卯	庚辰	辛巳	壬午	癸未	申
甲申	甲申	乙酉	丙戌	丁亥	戊子	己丑	庚寅	辛卯	壬辰	癸巳	午
甲午	甲午	乙未	丙申	丁酉	戊戌	己亥	庚子	辛丑	壬寅	癸卯	辰
甲辰	甲辰	乙巳	丙午	丁未	戊申	己酉	庚戌	辛亥	壬子	癸丑	寅
甲寅	甲寅	乙卯	丙辰	丁巳	戊午	己未	庚申	辛酉	壬戌	癸亥	子

甲子旬中戌与亥逢空，甲戌旬中申与酉逢空；

甲午旬中辰屯巳逢空，甲辰旬中寅与卯逢空；

甲申旬中午与未逢空，甲寅旬中子与丑逢空。

什么叫旬空？譬如甲子日到癸酉日为一旬，这十天内没有戌亥，所以爻逢戌亥为空亡，叫作旬空。其余依此类推。

旬空这一法，各种书中的议论过于烦琐，有什么真空、假空、动空、冲空、填空、无故自空，有散而空、墓空、绝空、害空、安空、破空，等等。野鹤说：旺相的爻不为空，发动的爻不为空，有日建动爻生扶的也不为空。发动而化旬空，虽在伏藏中却旺相，都不为空。只有月破的为空，有气不动的也为空，伏藏而被克的也为空，真空的为空。所谓真空，即所谓“春天的土，夏天的金，秋天的木，冬季有三个月遇到火，这些都是真正的空”。

【原文】

余初学卜，凡遇旬空，无法而断，欲以之为到底全空，却又应乎填实之日而不空；以之为不空，却又到底全空。后得多占之法，凡遇旬空，命之再占，卦吉者许之出旬而不空，卦得凶者许之空矣。

如辰月乙卯日占求财，得家人之贲。丑财持世遇旬空，虽有巳火，又化回头之克，不能生丑土之财。此财既无生扶，当主难求。又因三月之丑土财还有气，古法有气不为空。不敢径断，命之再占。

【译文】

我刚学占卜的时候，一遇到旬空就不能决断吉凶。要以它为到底全空吧，却又应验于填实的日子而不空；以它为不空吧，却又到底全空。后来得到多占的方法，凡遇旬空，就让对方再次占问，得到吉卦就许他出旬而不空，得到凶卦就许他真空。

例如，辰月乙卯日占求财，得到风火家人卦，变为山火贲卦：

兄弟卯木● ———

子孙巳火○ ———应　　父母子水●● — —

妻财未土●● — —

父母亥水● ———

妻财丑土●● — —世　旬空

兄弟卯木● ———

卦中丑土妻财持世，遇到旬空，虽然有巳火相生，但巳火又化为回头克，无法生丑土妻财。这妻财爻既无生扶，应当主难求；但三月的丑土妻财还有气，古法认为有气不为空，因而不敢决断，让他再占一卦。

【原文】

又得睽之损。因得此卦，合前卦而决之，径断曰："财无气矣，不必劳心。"彼问何故，予曰："前卦丑土，虽空而有气；后卦子水财空，伏于五爻未土之下。伏而又空，空而被克，知其无财而无疑也。"后果毫厘未获。

【译文】

又得到火泽睽卦，变为山泽损卦：

父母巳火● ———

伏妻财子水　旬空　兄弟未土●● — —

子孙酉金○ ———世　兄弟戌土●● — —

兄弟丑土●● — —

官鬼卯木● ———

父母巳火● ———应

得到这一卦，于是与前一卦合起来决断。我径直地断卦说："妻财无气了，不必费心。”他问是什么缘故，我说：“前一卦的丑土虽然落空，但是还有气。后一卦子水妻财旬空，伏藏在五爻未土下面。伏藏而又旬空，而又被克，就可以知道无财无疑了。”果然，后来一毫一厘也没有得到。

【原文】

又如子月辛亥日，占远行求财，得大畜。世逢寅木，子月亥日俱作财神而生世，又喜应爻为地头，世应相生，乃全美之卦。独因世值旬空，若执古法断者，无故自空，大凶之兆，敢许之而远去耶？

【译文】

又例如，子月辛亥日占远行求财，得到山天大畜卦：

官鬼寅木●　　———

妻财子水●●　— —应

兄弟戌土●●　— —

兄弟辰土●　　———

官鬼寅木●　　———世　旬空

妻财子水●　　———

世爻逢寅木，月建子和日辰亥都作妻财生世爻，又好在应爻为地头，而世应相生，是圆满美好的卦。只因为世爻值旬空，如果执着于用古法决断，那就是无故自空，是大凶的征兆，怎么敢许他有财，而让他去远方求取呢？

【原文】

命之再占，又得明夷之丰。断曰：“此卦与前卦相同，此行大有可得。世爻丑土化午火回头相生，目下月破，尔到地头已出月矣，出月而不为破。以前卦决者，开春寅卯月，乃世爻出空之月也，逢子亥财生，满心如愿。”彼曰：“去得成否？”予曰：“甲寅日世爻出空之后，准行无疑。”果于乙卯日起程。后到彼地寅卯月间，诸事遂心，满载而归。

【译文】

让他再占一卦，又得到地火明夷卦，变为雷火丰卦：

父母酉金●●　— —

兄弟亥水●●　— —

官鬼丑土×　— —世　　　妻财午火●　———

兄弟亥水●　———

官鬼丑土●●　— —

子孙卯木●　———应

断卦说："这一卦与前一卦相同，都是说这次求财大有所获。世爻丑土化为午火回头相生，眼下虽然月破，到了地头却已经出月了，而出月就不为破。依前卦决断，开春寅卯月是世爻出空的月份，逢亥子水妻财相生，如意满愿。"他问："去得成吗?"我说："甲寅日世爻出空之后，准能去成，没有疑问。"果然于乙卯日起程。到那个地方的时候，正是寅卯月间，各种事情都遂心称意，结果满载而归。

【原文】

野鹤曰：多占之法，损去许多疑惑。不然，只以前卦决断者，无故自空，如入深渊大壑；旺财生世，腰缠万贯之征，许之占耶？阻之去耶？

又如寅月辛卯日，占父何日回，得观之否卦。此卦父遇真空，日月伤克，虽则动不为空，疑其伤之太重，予不敢断。问之去了几时，彼曰："父开店于某处，离此三百多里，常去常来。昨月信回，这两日要到，不知起身否?"

【译文】

野鹤说：多占这种方法，减少了许多疑惑。不然的话，若只凭前一卦决断，那么前一卦属于无故自空，如落入了深渊大壑一般；而当旺的妻财生世爻，则是腰缠万贯的征兆。在这种卦象面前，是许他所占之事如愿呢，还是阻止他前去呢？

又例如，寅月辛卯日，占父亲哪一天回家，得到风地观卦，变为天地否卦：

妻财卯木●　　———
官鬼巳火●　　———
父母未土×　　— —世　　　官鬼午火●　　———　旬空
妻财卯木●●　— —
官鬼巳火●●　— —
父母未土●●　— —应　旬空

这一卦父母爻遇真空，为日辰土月建所伤克。虽说发动的爻不算空亡，但是疑心它受伤太重，我不敢直断。问他去多久了，他回答："父亲在某处开店，离这里三百多里路，常去常来。上个月有信回来，说这两天要到，不知起身了没有?"

【原文】

予命之再占，得履变中孚卦。此卦又是父动逢空，幸得日月生父，较前卦不同。又喜父动克世，克世者速至，许甲午、乙未日必到。果于未日返家。

或曰："此卦日月生父，许之必来是也。前卦真空，何以无凶?神无二理，此卦若是，前卦为非。"予曰："前卦何尝不是?未父持世，目下旬空，出空而见父也。决课之人，要知来人之念。伊父远涉天涯，存亡未审，必存吉凶之念而问。若遇真空，必不归也。今乃往来熟道，所问者何日而回，许至未日必到。犹伊问曰：'我父何日归家?'犹神告曰：'尔父未日即至。'我初得见，我亦动疑，故命之再占。若再得凶卦，即以凶断也；既得吉卦，合而决之，参悟神之意矣。"

【译文】

我让他再占一卦，得到天泽履卦，变为风泽中孚卦：

兄弟戌土●　　———
子孙申金●　　———世
父母午火○　　———　　兄弟未土●●　— —　旬空
兄弟丑土●●　— —
官鬼卯木●　　———应
父母巳火●　　———

这一卦又是父母爻发动而逢旬空，幸而得日辰月建生扶父母，这一点与前一卦不同。又好在父母发动克世爻，克世主行人速回，所以许他甲午、乙未日必到。果然于未日返回家中。

有人说：“这一卦日辰月建生父母爻，许他必定回来是对的。前一卦真空，为什么不凶？神没有第二个道理，这一卦要是对，那前一卦就不对。”我说：“前一卦有什么不对？未土父母持世，眼下虽然旬空，但出了旬就会见到父亲。断卦的人要懂得来人的心念。他父亲远涉天涯，存亡未卜，必然心存吉凶的念头而占问。这样的话，若遇到真空，一定不会归来。现在是常往常来的熟道，问的是哪一天回来，所以许他未日必到。犹如他问：‘我父亲哪一天归家？’神说：‘你父亲未日就到。’我刚看到卦时，也产生疑问，所以让他再占。若再得凶卦，就以凶断了；既得吉卦，要合起来决断，就参悟到神的旨意了。”

【原文】

予曾于午月己丑日占阴晴，得临之师卦。初爻巳火父动，当应巳日必雨，及至癸巳日是满天红日。值狄友在座，亦知易理，命之卜今日雨否。

【译文】

我曾于午月己丑日占阴晴，得到地泽临卦，变为地水师卦：

子孙酉金●●　— —

妻财亥水●●　— —应

兄弟丑土●●　— —

兄弟丑土●●　— —

官鬼卯木●　——世

父母巳火○　——　　官鬼寅木●●　— —

初爻巳火父母发动，应当断巳日一定下雨。但是到了癸巳日，竟是满天红日。当时正值姓狄的朋友在座，他也懂得易理，就请他占今日下不下雨。

【原文】

午月癸巳日，得既济变泽火革卦。予曰：“今日申时有雨。”狄曰：“申父虽动，日月克之，况巳与申合，合住父爻不雨，雨从何来？”予曰：“不然，定有大雨。”果于申酉时，雷雨交作。

次日狄曰：“不以月伤日合而断大雨，何其神乎！”予曰：“非独昨日之卦也。丑日占过，原应巳日必雨。犹我而问神曰：‘前卦应今日之雨，今果雨否？’犹神而曰：‘今日申时有雨，不在乎克与合也。’前卦而断行人，亦犹彼曰：‘我父何日而归？’亦犹神曰：‘未日必到，不在乎空而真也。’凡卜易卦，必与鬼神合其机，勿胶柱而鼓瑟。予得多占之法，虽不能合鬼神之机，亦能参悟鬼神之机也。”

【译文】

午月癸巳日，占得水火既济卦，变为泽火革卦：

兄弟子水●●　— —应

官鬼戌土●　——

父母申金×　— —　　　兄弟亥水●　——

兄弟亥水●　——世

官鬼丑土●●　— —

子孙卯木●　——

我说：“今日申时有雨。”姓狄的朋友说：“申金父母虽然发动，但是日辰月建克它，况且巳与申合，合住父母爻就是不下雨，雨从哪里来？”我说：“不是这样，一定有大雨。”果然于申酉时雷雨交作。

第二天，姓狄的朋友说：“不根据月建克、日辰合而断大雨，多么神奇啊！”我说：“我根据的不只有昨天的卦。丑日也占过，从那一卦就知道巳日一定下雨。犹如我问神说：‘前一卦应验于今日的雨，今天确实下雨吗？’犹如神告诉我说：‘今日申时有雨，不在乎克与合。’前一卦断行人，也好像他问：‘我父亲哪天回家？’也好像神回答说：‘未日必到，不在乎空亡，也不在乎真空。’凡占卦，必须合乎鬼神的机缄，不要胶柱鼓瑟。我得到多占的方法，即使不能完全合乎鬼神之机，也能在相当程度上参悟到鬼神之机。”

【原文】

李我平曰：空亡之说，鬼神不测之妙，似有似无，又有实有、到底全空，又有填实不空，此以多占两卦合而决之，真为泄尽鬼神之机也！

天地之理，皆从空而生，谓之悬空以待。凡人遇空，不可即以为空，须视其所占之事或近或远。如在旬内，则为空也，然亦有冲空之日、实空之时；事在一旬之外，许其出空之日而应之。若占远大之事，尚无定期，非出旬可以成者，大象不吉，乃可谓到底空也；大象若吉，太岁月建亦可填之。然又不如多占两卦，实为妙法。

【译文】

李我平说：空亡的说法，有鬼神莫测的奥妙。似乎有，又似乎无，又有实有和到底全空的说法，又有填实不空的说法。这里多占两卦合起来决断，真是泄尽了鬼神不测之机！

天地间的道理，一切都从空产生，叫作悬空以待。凡遇到旬空，不可径直认作空无，必须看所占的事或近或远。比如在旬内，就是空，但也有冲空的日子、实空的时候。事情在一旬之外，许为出空的日子应验。倘若占远大的事，还没有定期，不是出旬就可以成就的，而大象又不吉，才可以说到底空。大象若吉，太岁和月建也可以填实它。但又不如多占两卦合起来参看，这才是真正的妙法。

生旺墓绝章第又二十六

【原文】

长生、沐浴、冠带、临官、帝旺、衰、病、死、墓、绝、胎、养，余得验者，只验生、旺、墓、绝，其余不验，不必用之。

金长生在巳，旺在酉，墓在丑，绝在寅；

木长生在亥，旺在卯，墓在未，绝在申；

火长生在寅，旺在午，墓在戌，绝在亥；

水土长生在中，旺在子，墓在辰，绝在巳。

且如主事爻属木，若在亥日占卦，即是主事爻长生于亥日；若在卯日占卦，木旺于卯；若在未日占卦，木墓于未；若在申日占卦，木绝于申。其余仿此。

又如主事爻属木，动而变出亥水者，谓之化长生；动而变出卯木者，谓之化旺；动而化出未土者，谓之化墓；动而变出申金，谓之化绝。余仿此。

【译文】

长生、沐浴、冠带、临官、帝旺、衰、病、死、墓、绝、胎、养，我得到应验的，只有其中的长生、帝旺、墓、绝，其余不应验，不必用它们。

金长生在巳，帝旺在酉，墓在丑，绝在寅。

木长生在亥，帝旺在卯，墓在未，绝在申。

火长生在寅，帝旺在午，墓在戌，绝在亥。

水土长生在申，帝旺在子，墓在辰，绝在巳。

附五行生旺墓绝表

	长生	沐浴	冠带	临官	帝旺	衰	病	死	墓	绝	胎
金	巳	午	未	申	酉	戌	亥	子	丑	寅	卯
木	亥	子	丑	寅	卯	辰	巳	午	未	申	酉
火	寅	卯	辰	巳	午	未	申	酉	戌	亥	子
水	申	酉	戌	亥	子	丑	寅	卯	辰	巳	午
土	申	酉	戌	亥	子	丑	寅	卯	辰	巳	午

比如主事的爻属木，要是在亥日占卦，就是主事的木长生于亥日；要是在卯日占卦，就是木帝旺于卯日；若是在未日占卦，就是木入墓于未日；要是在申日占卦，就是木遇绝于申日。其余依此类推。

又比如主事的爻属木，发动而变出亥水，叫作化为长生；发动而变出卯木，叫作化为帝旺；发动而化出未土，叫作化为入墓；发动而变出申金，叫作化绝。其余依此类推。

【原文】

觉子曰：金虽长生在巳，须宜金爻旺相，或日、月、动爻生扶，再遇巳日占卦，或是卦中动出巳爻，或是金爻动而化出巳火，皆谓之“遇长生”。倘若金爻休囚无气，再遇巳午火多者，烈火煎金，论克不论生也。金爻虽墓于丑，若得未土冲动，或卦中土多生金，论生不论墓也。土爻虽绝于巳，必须休囚无气，又逢巳爻，谓之绝也。若土爻旺相，或得日、月、动爻生扶，再遇巳爻者，火反能生土，论生不论绝也。巳爻虽长生于寅，倘日、月、动爻及变出之爻又逢申金者，谓之三刑，论刑不论生也。

【译文】

觉子说：金虽然长生在巳，但是必须金爻旺相，或者日辰、月建、动爻生扶，再遇到巳日占卦，或者是卦中动出巳爻，或者是金爻发动而化出巳火，都称为遇到长生。只要金爻休囚无气，再遇多个巳午火出现，烈火煎金，就论克而不论生。金爻虽然墓于丑，但只要被未土冲动，或者卦中土多生金，就论生而不论墓。土爻虽然绝于巳，但必须休囚无气，又逢巳爻，才叫作遇绝；只要土爻旺相，或者有日辰、月建、动爻生扶，再遇到巳爻，则火反而能生土，就论生而不论绝。巳爻虽然长生于寅，但是只要日辰、月建、动爻及变出的爻又逢申金，就叫作三刑，只论刑而不论生。

【原文】

古以土爻长生在申，又曰土长生在寅，无处考证。予以天时考之，常见土临父母，有申日雨者，亦有子日雨者；又见土临子孙，有申日晴者，亦有子日晴者，故知土长生于申，旺于子，实知土寄生于申而无疑也。

曾于午月己卯日占妻病，得震之丰。辰土财爻为用神。近病逢冲即愈，许之当愈于辰日，不然酉日必愈。后因连日昏沉，竟于子日起床。许辰日愈者，辰土逢值之日也；许酉日者，辰与酉合，动而逢合之日也；今愈子日，辰土财爻旺于子也。

【译文】

古人以为土长生在申，又说土长生在寅，对此无处考证。我根据天时考察，常见土临父母爻，有申日下雨的，也有子日下雨的；又见土临子孙爻，有申日晴的，也有子日晴的。我由此知道，土长生于申，帝旺于子。从此确切地知道土寄生于申，再也没有疑问。

曾于午月己卯日占妻子的病，得到震为雷卦，变为雷火丰卦：

妻财戌土●●　— —世
官鬼申金●●　— —
子孙午火●　———
妻财辰土×　— —应　　　父母亥水●　———
兄弟寅木●●　— —
父母子水●　———

卦中以辰土妻财爻为用神。因为近病逢冲就痊愈，许他应当在辰日痊愈，假如辰日没有痊愈，那么酉日一定痊愈。后来因为连日昏沉，竟在子日下床。许为辰日痊愈，是辰土逢值日的缘故；许酉日痊愈，是辰与酉合，是发动而逢合的缘故；现在痊愈于子日，是辰土妻财爻旺于子日的缘故。

【原文】

李我平曰：生旺墓绝之论，金生在巳，木生在亥，水生在申，火生在寅，四大长生理之正也。唯土寄生，未得实考。法云：“火土长生寅上排，明知子上是胞胎。”此即土寄生于寅。今五行家“戊土生寅，己土生酉”，《易冒》虽曰“唯土之长生不一，申中有坤，土生于申，若分阴阳，则戊土生于寅，己土生于酉”，亦未得其实据。此专以天时考证者，土寄生于申，万古之不易也。

【译文】

李我平说：生旺墓绝的说法，金长生在巳，木长生在亥，水长生在申，火长生在寅，这是四大长生的正理。只有土的寄生，没得到翔实的考证。古法说：“火和土的长生从寅上推排，因为明确地知道子上是胞胎。”这就是说土寄生于寅。现在五行家说：“戊土长生在寅，己土长生在酉。”《易冒》中说：“只有土的长生处不是一处。申中有坤土，所以长生于申。如果分阴阳，就是戊土长生于寅，己土长生于申。”此书虽然这样说，却没有切实的根据。这里专以天时来考证，可以使土寄生于申的说法万古不变。

各门类题头总注章第又二十六

【原文】

后章分门各类，当用字眼，恐其烦絮，不便全写，只用题头。即如后有用神宜旺，不可指定旺于四时，但得用神临日月或遇日、月、动爻、变爻生扶，或用爻遇长生、逢帝旺，皆谓之旺。

用神化吉：凡用神原神动化回头生，化长生，化帝旺，化扶助，化日月，皆为化吉。

用神化凶：凡用神原神动化回头克、化绝、化墓、化空、化鬼、化退神，皆为化凶。

岁君：即当年太岁。岁五者，岁者太岁，五者，卦之第五爻。

五位：母卦之第五爻为君位，《易》曰“九五之尊①”者是也。

身：即世爻。古用卦身，予试不验而不用。凡后有遇“身”字，即是世爻，非卦身世身也。

【译文】

这以后的各章，分门别类，应当用字眼，但恐怕它们烦琐絮叨，不便全写，所以只用题头。比如后文有用神宜旺，不可指定是旺于四季，举凡用神临日辰月建，或者遇日辰、月建、动爻、变爻的生扶，或者用爻遇到长生、逢帝旺，都叫作旺。

用神化吉：凡用神、原神发动化回头生，化长生，化帝旺，化扶

①九五之尊：指乾卦的第五爻。乾卦象征君王，其第五爻属阳，又为君位，故称。

助，化日辰月建的，都属于化吉。

用神化凶：凡用神、原神发动化回头克，化绝，化入墓，化旬空、化官鬼、化退神，都属于化凶。

岁君：即当年太岁。所说的“岁五”，岁指太岁，五指卦的第五爻。

五位：指母卦的第五爻君位，即《周易》所说的“九五之尊”之位。

身：指世爻。古人用卦身，我试验过，不应验，所以不用。凡后文遇“身”字的，就指世爻，而不是卦身或世身。

【原文】

三墓者：用爻入日墓、入动墓、动而化墓，以上谓之三墓。非古之世墓、身墓、命墓①也。

主象：即定事吉凶之爻。古法以卦中世爻为主象，又名主事爻。占父母兄弟，即父母兄弟为主事爻，余仿此。

老阴②之为少阳，曰变；老阳之为少阴，曰化。古言变者，如物消而长，退而进也；化者犹物成而败，退而进也。予试不验。化进神、化生旺者，虽化亦吉；变鬼变回头克者，虽变亦凶。后各章凡言变者即是化，爻化即是变。

【译文】

三墓：用神入日辰之墓、入动爻之墓、发动而化入墓，叫作三墓，而不是指古人所说的世爻入墓、卦身入墓、本命入墓。

主象：就是决定事情吉凶的爻。古法以卦中的世爻为主象，又称主事爻。占父母或兄弟，就父母或兄弟为主事爻。其余依此类推。

老阴发动而为少阳，叫作变；老阳发动而为少阴，叫作化。古人说，变像事物消而又长，退而又进；化像事物成而又败，进而又退。我试过，这种说法不应验。化进神、化生旺的，即使化也吉；变鬼、变回

①世墓、身墓、命墓：世墓指世爻入墓，身墓指卦身入墓，命墓指本命即人的生年地支入墓。

②老阴：老阴、老阳、少阴、少阳为四象。其中老阴、老阳又称太阴、太阳。四象指阴阳配比的四种情况，如春为少阳，夏为老阳，秋为少阴，冬为老阴。在爻，交为老阴，重为老阳，不动的阴爻为少阴，不动的阳爻为少阳。

头克的，即使变也凶。后文各章凡说变，都指化。爻化就是变。

各门类应期总注章第又二十六

【原文】

静而逢值逢冲，

且如主事爻临子水不动，后逢子日午日应之。余仿此。

动而逢合逢值。

且如主事爻临子发动，后遇丑日子日应之。余仿此。

太旺者逢墓逢冲，

且如主事爻临午火，又遇巳午月日占卦，或卦中巳午爻太多，后逢亥子日应之；又有戌日应之，乃火之入墓也。

【译文】

安静的，需要逢值逢冲，

比如主事的爻临子水而不安静，后来逢子日或午日应验。其余依此类推。

发动的，盼望逢合逢值。

比如主事的爻临子水而发动，后来遇到丑日或子日应验。其余依此类推。

太旺的，宜于逢墓逢冲，

比如主事的爻临巳午火，又是于巳午月或巳午日占卦，或者卦中巳午爻太多，后来逢亥子日应验；还有戌日应验的，因为戌是火入墓的日子。

【原文】

衰绝者遇生遇旺。

且如主事爻属金，占卦于巳午月日，即是休囚无气，后逢土月日，或到秋令当时，则旺矣。余仿此。

入三墓俱喜冲开，

且如主象临午火，入墓于戌，后逢辰日则应之。余仿此。

遇六合亦宜相击。

且如主事爻与日月合，或动与爻合，或动而化合，或凶或吉，必待冲开之日月应之。且如主象临子，与丑作合，后逢午未日应之。余仿此。

【译文】

衰绝者，喜欢遇生遇旺。

比如主事的爻属金，于巳午月或巳午日占卦，属于休囚无气；后来逢土月或土日，或者到秋令得时，就变旺了。其余依此类推。

入三墓都喜欢冲开，

比如主象临午火，入墓于戌土，后来逢辰日应验。其余依此类推。

遇六合也宜相冲。

比如主事的爻与日辰月建相合，或者发动而与其他爻相合，或者发动而化合，或凶或吉，必须等到冲开的日辰或月份应验。比如主象临子水，与丑相合，后来逢午未日应验。其余依此类推。

【原文】

月破喜逢填合，

且如子月占卦，主事爻临午火，乃为月破，后逢未日应之，谓之“破而逢合”；又有逢午日应之，填实之日则不破矣。

旬空最爱填冲。

《旬空章》注解极明。

大象吉而受克，须待克神受克；

假令用神临辰土，得日月生扶，乃为大象吉也，倘被寅卯克害，后逢申酉日冲克克神则吉。余仿此。

大象凶而受克，须防克者逢生。

即如前说，用神临辰土，既无日、月、动爻之生，乃为大象凶也，再逢寅卯克制者，后逢寅卯亥日则凶。

原神来助来扶，须看用神旺衰；忌神来克来冲，观乎元气兴衰。

以上二条，《原神忌神章》注解极明。

【译文】

月破喜欢逢填实与逢合，

比如子月占卦，主事的爻临午火，属于月破，后来逢未日应验，叫作“破而逢合”；还有逢午日应验的，因为填实的日子就不破了。

旬空最爱填实或逢冲。

《旬空章》注解得极为明白。

大象吉而受克，必须等待来克的势力受克；

假设用神临辰土，得到日辰月建的生扶，属于大象吉祥；如果被寅卯木克害，后来又遇到申酉日冲克来克的爻神，则吉。其余依此类推。

大象凶而受克，必须防止来克势力逢生。

如前文所说，用神临辰土，既无日辰、月建、动爻相生，就属于大象凶险，后来又逢寅卯亥日则凶。

原神来相助相扶，必须看用神的旺衰；忌神来相克相冲，必须观察元气的兴替。

以上两条，《原神忌神章》注解极为明白。

【原文】

化进神逢值逢合；

且如申动化酉，乃为进神，为祸为福，有应申月日，有应巳月日。

化退神忌值忌冲。

即如酉动化申，有应申月日，有应寅月日。

间有应于独发独静，

《独发章》内详之。

【译文】

化进神，逢值逢合时应验，

比如申金发动而化为酉金，是化进神，为祸或者为福，也有应验在申月或申日的，有应验在巳月或巳日的。

化退神，逢值逢冲时为忌。

比如酉金发动而化为申金，有应验在申月或申日的，也有应验在寅月或寅日的。

偶尔有应验于独发独静的，

《独发章》内详谈。

【原文】

间有应于变爻动爻。

且如爻临戌土，变出酉金，有应戌日，也有应此日。

勿谓爻之不验，远近当分；

远事定之以年月，近事应之于时日。间有占远应近、占近应远、占月应年、占日应时，不可不知。

倘遇卦之不明，再占是法。

卦之恍惚者，再占一卦，不可妄断。

【译文】

间或有应验于变爻动爻的。

比如爻临戌土，变出酉金，有应验在戌日的，也有应验在酉日的。

不要说爻不应验，而应当区分日期是远是近；

遥远的事以年月定应期，切近的事以时日定应期。偶尔有占远事而应验于近事、占近事而应验于远事、占月而应验于年、占日而应验于时的，不可以不知道。

倘若遇到的卦不够明了，要用再次占问这个方法。

卦中吉凶恍惚的，就再占一卦，但不可以妄断。

【原文】

世空原动，须待原神逢值；

如甲辰旬占求财，得困之坎，亥日得财。余仿此。

【译文】

世爻旬空而原神发动，必须到原神逢值的时候；

例如，甲辰旬占求财，得到泽水困卦，变为坎为水卦：

父母未土●● — —
兄弟酉金● ——
子孙亥水○ ——应　　兄弟申金●● — —
官鬼午火●● — —
父母辰土● ——
妻财寅木●● — —世

断亥日得财。其余依此类推。

【原文】

世衰原静，必然元气逢冲。

如秋占图谋得困卦，后逢巳日成事。余仿此。

【译文】

世爻衰弱而原神安静，必须等逢冲的日期。

例如，秋天占图谋，得到泽水困卦：

父母未土●● — —
兄弟酉金● ——
子孙亥水● ——应
官鬼午火●● — —
父母辰土● ——
妻财寅木●● — —世

后来所求之事于巳日成就。其余依此类推。

归魂游魂章第又二十六

【原文】

游魂卦者，乃各宫第七卦，如乾宫之火地晋、坤宫之水天需是也。余仿此。

归魂卦者，乃各宫第八卦，如乾宫之火天大有、坤宫之水地比是也。余仿此。

古以游魂行千里，

我行此事而欲久者，游魂而不能久，心无定向，迁改不常。

归魂不出疆。

诸事拘泥不行，与游魂卦相反而断之可也。

凡得游魂卦，占身命，生平无安家乐业之所。占行人，游遍他乡。占出行，行止不定。占家宅，迁变不常。占坟茔，亡者不安。野鹤曰：须以用神为主，然后以此参之。若舍用神执此而断者，谬也。

【译文】

所谓游魂卦，是各宫的第七卦，比如乾宫的火地晋卦、坤宫的水天需卦。其余依此类推。

所谓归魂卦，是各宫的第八卦，如乾宫的火天大有卦、坤宫的水地比卦。其余依此类推。

古法以为，游魂卦主游行千里，

我做这件事而希望久远的，遇到游魂卦，不能久远，反而因心中没有一定的方向而迁改无常。

归魂卦，主不出疆界。

归魂卦主各种事情都很拘泥迟滞，不能果断行动，断法与游魂卦相反就可以了。

凡得到游魂卦，占身命，主生平无安居乐业的处所。占行人，主游遍他乡。占出行，主行止不定。占家宅，主迁移变化无常。占坟茔，主亡灵不安。野鹤说：须以用神为主，然后以上述说法作参考。舍去用神而执着于这些说法而断卦，是荒谬的。

增删卜易卷之三

[清] 野鹤老人
[清] 李文辉
[清] 李我平 撰
孙正治 注

月破章第二十七

【原文】

正申，二酉，三戌，四亥，五子，六丑，七寅，八卯，九辰，十巳，十一午，十二未。月建冲之为月破，逐月之破日是也。

诸书皆以用神临月破如悖时也，即是枯根朽木，逢生生之不起，逢伤更伤者重。虽现于卦，有亦如无；伏于卦中，终难透露。虽有日辰之生，亦不能生；动而作忌神者，不能为害；作变爻者，不能伤克动爻。

野鹤曰：余得其验，动则能伤于爻，变则能伤于动。何也？神兆机于动，事之无吉无凶，则不动矣；既动，则有祸福之基。目下虽破，出月则不破；今日虽破，实破之日则不破，逢合之日则不破。近应日时，远应年月。唯静而不动，又无日辰动爻生助，实则到底而破矣。

【译文】

正月申破，二月酉破，三月戌破，四月亥破，五月子破，六月丑破，七月寅破，八月卯破，九月辰破，十月巳破，十一月午破，十二月未破。以月建冲击的爻为月破，逐月的破日就是这一类。

各种卜筮书都认为，用神临月破如同悖时，就像枯根朽木，逢生也生不起来，逢伤又伤得更重。虽然出现在卦中，却像没有一样；伏藏在卦中，终究难以出头。即使有日辰相生也得不到生助，即使作为忌神而发动也不能为害；即使作变爻也不能伤克动爻。

野鹤说：我得到应验的是，月破之爻发动，能伤克其他爻，变出刑克就能伤害动爻。为什么呢？神把吉凶的机兆预示于发动，事情无吉无凶就不用动了；既然发动了，就一定造成祸福。眼下虽然月破，但出了月就不破了；今日虽然破，到填实破的日子、逢合的日子就不破了。近则应验于日时，远则应验于年月。只有安静而不发动，又无日辰或动爻生助的爻，才是到底破。

【原文】

如亥月己丑日，占将来有官否，得兑化讼卦。此卦官动而生世，世动化进神，虽然有官之象，但官逢月破，世遇旬空。然空者犹有相冲，冲空则实，不为空矣；而破者又无日辰动爻之生，古以日建亦生不起，况无日建动爻以生乎？

【译文】

例如，亥月己丑日，占将来有官职没有，得到兑为泽卦，化为天水讼卦：

父母未土×	— —世	父母戌土●	——
兄弟酉金●	——		
子孙亥水●	——		
父母丑土●●	— —应		
妻财卯木●	——		
官鬼巳火○	——	妻财寅木●●	— —

这一卦官鬼发动而生世爻，世爻发动而化进神，虽然是有官职的征兆，但是官鬼逢月破，世爻遇旬空。旬空的爻还有相冲，而冲空则实，就不属于空亡了。月破的爻并无日辰或动爻相生，古法以为日建也生不起来，何况并无日建或动爻相生呢？

【原文】

予疑之：既无所用，何故动而生世？命之再占，又得水地比卦。断曰："命若无官，难得官来生世，及官星以持世也。今既前卦动官相生，后得官临世位，食禄王家，终须有日。"彼问："应在何年？"余曰："前卦官临月破，定于实破之年。"果于巳年承袭长房世职。若以月破者百无所用，霄壤之隔矣！

【译文】

我疑心它既然无用，为什么还发动而生世爻？就让他再占。又得到水地比卦：

妻财子水●● — —应

兄弟戌土● ——

子孙申金●● — —

官鬼卯木●● — —世

父母巳火●● — —

兄弟未土●● — —

断卦说："命里如果没有官职，就难以遇到官鬼来生世爻，或官星持世爻。现在既然前一卦有发动的官鬼相生，后一卦又官鬼临于世爻，就终究会有吃帝王俸禄的一天。"他问："应验在哪一年？"我说："前一卦官鬼临月破，一定是在实破的年份。"果然于巳年承袭了长房世袭的官职。如果以为月破的爻百无一用，就与实际情况天壤相隔了。

【原文】

又如辰月戊子日，占父何日回，得乾之夬。父母持世，破而化空，既无日生，又无动助。以古法断者，作用神而无气，其父不能归也。余不以此论之，径断朱雀临父母，动而持世，卯日有信，午未日必归。果于卯日得信，乙未日到家。应卯日得信者，破而逢合之日也；应未日归者，父化未土旬空，出空之日到也。古法退神之论，谓之"动逢月破，我位既失，化月建亦为退之不及"，此卦父爻破而化空，竟退以归家也。

【译文】

又例如，辰月戊子日，占父亲哪一天回家，得到乾为天卦，变为泽天夬卦：

父母戌土○　———世　　父母未土●●　— —朱雀
兄弟申金●　———
官鬼午火●　———
父母辰土●　———应
妻财寅木●　———
子孙子水●　———

父母爻持世，既遇月破又化旬空，并且既无日辰相生，又无动爻相助。以古法断卦的话，因为用神无气，须断他的父亲回不来。但我不按这种方法论卦，而是径直地断为：朱雀临父母，发动而持世，卯日有信，午未日必定归来。果然在卯日得到音信，在乙未日到家。应验为卯日得信，因为这是破而逢合的日子；应验为未日到家，因为父母化未土旬空，应该出空的日子就到。古法对退神的议论，说是“发动而逢月破，本位就已经失去，既然如此，即使化为月建也来不及退”。这一卦父母爻月破而又化空，竟退而回家了。

【原文】

又如午月癸卯日，占后运功名，得艮之观卦。断曰：“寅木官星持世，被申金动而克之，今年七月必有凶非。”彼曰：“看因何事？”余曰：“应动而克世，必有仇家。”又问：“碍于功名否？”余曰：“若非子水动爻，去位必矣，幸有子水接续相生，降级离任而不免耳。”

【译文】

又例如，午月癸卯日占功名，得到艮为山卦，变为风地观卦：

官鬼寅木●　———世
妻财子水×　— —　　父母巳火●　———
兄弟戌土●●　— —
子孙申金○　———应　　官鬼卯木●●　— —
父母午火●●　— —
兄弟辰土●●　— —

断卦说："寅木官星持世，被申金发动相克，今年七月必有凶事灾非。"他问："请看是因为什么事？"我说："应爻发动而克世爻，一定有仇家滋事。"他又问："有碍于功名吗？"我说："如果没有子水这个动爻，丢官就是必然的，幸而有子水接续相生，但降级或离任是免不了的。"

【原文】

次日呼予入署，有幕客知易理，而问曰："子水破而化空，卜书有云'忌神与原神同动'，官与世爻得两生也，今冬高升之兆，如何反说离任？"余曰："子水破而化空，卜书有曰：'虽有如无，作原神而无用。'予今不依古法而断。神机兆于动，动必有因，所以断之降级而已。若在冬至月者，始有此验，倘在他月，子水而未实破，还不可知。"果于七月彼此揭参，结成大非，冬至月降级调用。

【译文】

第二天，他唤我进入官署。有幕僚也懂得易理，问道："子水月破而化旬空，卜书有'忌神与原神同动'的话。官鬼与世爻两者得生，是今年冬天高升的征兆，为什么反而说离任呢？"我说："子水月破而化旬空，卜书叫作'即使有也如同无，作原神也无用'。但我现在不依古法来决断。神机兆示于发动，发动必有原因，所以断为降级。只有在冬至月才有这样的应验，倘若在其他月，子水没有实破，还无法知道。"果然于七月与人彼此揭发，结成大怨，到冬至月被降级调用。

【原文】

余彼时已往他省，复来呼唤至彼而又卜之。寅月丙日，占得地泽临卦。余曰："闻得士民保留，恐蒙不允，必待子年，仍以原品起用耳。"知易理幕客在座，而问曰："九五亥水生官，如何不允？"予曰："九五水生，金被巳克，将来子年亥水旺于子也，又合前卦五爻之子水值太岁而不破，起用无疑。"果于甲子年巳月，仍以原品起用，连补两任，卯年而开督府。

【译文】

我当时已经去其他省，但又来唤我到他那里，又卜问相关的事。寅月丙日，占得地泽临卦：

子孙酉金●● — —应
妻财亥水●● — —
兄弟丑土●● — —
兄弟丑土●● — —世
官鬼卯木● ———
父母巳火● ———

我说："听说士人和百姓请求把你留下，但恐怕上边不会批准，必须等到子年，仍按原来的品级任用。"懂得易理那位幕客当时也在座，他问："九五亥水生官鬼，为什么断为不批准？"我说："九五亥水爻相生，但金被巳火克制，将来子年亥水旺于子，又参看前一卦的五爻子水值太岁而不破，所以起用无疑。"果然于甲子年巳月，仍以原来的品级起用，而且连补两任，到卯年还开了督府。

【原文】

余劝辞荣，公曰："何也？"予曰："仍以前卦决之。向因申金克世，子水虽动，临破尚轻，虽不至于削职，犹有降级之事。彼值子年，乃实破之年也，值太岁当权，是以起用。明年戊辰，乃是子水入墓之年，太岁克去子水，申金仍复克世，有克无生，较昔年之祸更重。"不听，果于辰年三月条陈，虽留万世芳名，而得罪解往矣！

以上之辨月破者，乃因破而动也，不动勿以此断。

【译文】

这时，我劝他趁着光荣辞职，他问："为什么？"我说："仍然是用以前的卦决断。过去因为申金克世爻，子水虽然发动，但临月破，力量轻微，虽然不至于削职，还是有降级的事发生。那时值子年，是实破的年份，太岁当权，所以起用了您。明年戊辰，是子水入墓的年份，太岁克去子水，申金仍然克世爻，并且有克无生，所以比过去的祸更重。"他不听从，果然于辰年三月被参奏，虽然留下了万世芳名，却被定罪解往他方。

以上对月破的辩说，是基于月破而发动，不发动就不要依此决断。

【原文】

李我平曰：《易冒》之论月破："动作忌神而无害，动作原神而无用，日辰生之而不起，百无所用之卦也。"《易林补遗》亦曰："如临破之爻，不拘衰旺，概作凶推。逢生不受，遇克能招，亦谓虽有而如无也。"观此艮之观卦，占时而值月破，不能接续相生，构讼王庭；值月建以填实，其力尚轻，犹有降罚之事；值太岁而当权，仍以原品而起用；至辰年而入墓，得祸非轻。半生凶吉，关乎一爻月破，岂可谓之有亦如无，毫无所用耶？

【译文】

李我平说：《易冒》谈论月破道："发动作为忌神时无害，发动作原神时无可依赖，日辰生它而生不起来，是百无一用的卦。"《易林补遗》也说："如临月破的爻，不论衰弱还是强旺，一概作凶卦推论。逢生不能受生，遇克却能招致祸患，也是即使有也和没有一样。"看了艮为山变风地观这一卦，占问的时候值月破，不能接续相生，所以争讼于帝王的庭内；值月建则填实，但其力量还轻微，所以还有降职惩罚的事情；值太岁则当权，所以仍按原来的品级起用；到辰年入墓，则得到的祸患不轻。半生的凶吉，都关联到一爻的月破，怎么可以说它有也和没有一样，全无用处呢？

飞伏神章第二十八

【原文】

凡用神不现，即以日月为用神。倘日月非用神者，须于本宫首卦寻之，因本宫首卦父子财官六亲俱备耳。

假令占得天风姤卦。若占妻财，取财爻为用神。此姤卦系乾宫之卦，以寅卯木爻为财。今六爻并无寅卯，即是用神不上卦。如在寅卯月日占者，则以日月为用神；倘非寅卯月日，须在本宫首卦乾为天卦内寻之。

乾宫首卦乾为天。此卦寅木妻财在二爻，即以此寅木，伏于姤卦亥水之下，姤卦二爻为飞神，寅木妻财为伏神。亥水而生寅木，谓之“飞来生伏得长生”。

此乃用神不现，寻得伏神而遇生扶，无用亦为有用，便作吉断。余仿此。

【译文】

凡用神不出现，就以日辰月建为用神。如果日辰月建不是用神，就要在本宫首卦寻找，因为本宫首卦父母、子孙、妻财、官鬼六亲都具备。

例如占得天风姤卦：

父母戌土●　　———

兄弟申金●　　———

官鬼午火●　　———应

兄弟酉金●　　———

子孙亥水●　　———

父母丑土●●　— —世

倘若占妻子或钱财，就取妻财爻为用神。天风姤是乾宫的卦，以寅卯木爻为妻财。现在六爻中并没有寅卯木，这就是用神不上卦。如果是在寅卯月或寅卯日占卦，就以日辰月建为用神；倘若不是寅卯月或寅卯日，就必须到本宫首卦即乾为天卦中去寻找。

乾宫首卦乾为天，寅木妻财在二爻，就以这寅木伏于姤卦亥水之下，姤卦二爻为飞神，寅木妻财为伏神。亥水生寅木，叫作“飞来生伏得长生”。

用神不出现，只要找到的伏神遇到生扶，就无用变为有用，就作吉卦论断。其余依此类推。

【原文】

又如占得天山遁卦，如占子孙，取子孙为用神。此系乾宫卦，水为子孙。今六爻并无亥水，亦是子孙不现。倘在亥子月日占者，即以日月为用神；若非亥子月日，亦在乾为天卦内寻之。乾为天初爻之子水子孙，以之伏于遁卦初爻辰土之下，辰土即是飞神，子水即是伏神。此乃“飞来克伏”，谓之“飞神遭克害”，名为“伏神受制”，有用亦无用矣，即作凶推。余仿此。

【译文】

又比如占得天山遁卦：

父母戌土● ——

兄弟申金● ——应

官鬼午火● ——

兄弟申金● ——

官鬼午火●● — —世

伏子孙子水　父母辰土●● — —

如果占子孙，就取子孙爻为用神。这是乾宫卦，以水为子孙。现在六爻并没有亥子水，也是子孙不出现。倘若在亥子月或亥子日占卦，就以日辰月建为用神；若不是亥子月或亥子日，就也从乾为天卦中寻找。以乾为天初爻的子水子孙，伏于遁卦初爻辰土之下，辰土就是飞神，子水就是伏神。这是“飞来克伏”，叫作“飞神遭到克害”，称为“伏神受制伏”，有用也无用了，就作凶卦推论。其余依此类推。

【原文】

伏神有用者有六：伏神得日月生者，一也；伏神旺相者，二也；伏神得飞神生者，三也；伏神得动爻生者，四也；伏神得遇日、月、动爻冲克飞神者，五也；伏神遇飞神空、破、休囚、墓、绝者，六也。

《黄金策》曰：“空下伏神，易于引拔。”此论近理，但又不独飞神空亡而伏神得出，但得飞神临破、临绝、休囚、入墓，而伏神皆易出也。何也？伏神在下，飞神在上，飞神既逢破墓衰空，虽有如无，所以伏神易于出现。

此六者，皆有用之伏神也，虽曰不现，亦如现矣。

伏神终不得出者有五：伏神休囚无气者，一也；伏神被日月冲克者，二也；伏神被旺相之飞神克害者，三也；伏神墓绝于日、月、飞爻者，四也；伏神休囚值旬空月破者，五也。此五者，乃无用之伏神也，虽有如无，终不能出。

【译文】

伏神有用的情形有六种：伏神得日辰月建相生，是第一种；伏神旺相，是第二种；伏神得到飞神相生，是第三种；伏神得到动爻相生，是第四种；伏神得以遇到日辰、月建、动爻冲克飞神，是第五种；伏神飞神旬空、月破、休囚、入墓、遇绝，是第六种。

《黄金策》说："旬空下的伏神，易于引拔。"这个说法近理，但又不只有飞神空亡伏神才得以出现，只要飞神临月破、临绝、休囚、入墓，伏神都容易出现。为什么？因为伏神在下面，飞神在上面，飞神既逢月破、入墓、临绝、旬空，即使有也和没有一样，所以伏神易于出现。

这六种，都是有用的伏神，虽说不出现，也和出现了一样。

伏神终究不得出现的情形有五种：伏神休囚无气，这是第一种；伏神被日辰月建冲克，这是第二种；伏神被旺相的飞神克害，这是第三种；伏神墓绝于日辰、月建、飞爻，是第四种；伏神休囚而值旬空月破，是第五种。这五种情形，是无用的伏神，即使有也和没有一样，终究不能出现。

【原文】

《黄金策》曰："伏居空地，事与心违。"余得验者非此论也。凡用神旺相而遇旬空，出空之日则应矣。

如卯月壬辰日，占候文书何日得领，得山火贲卦。午火父母为用神，空而伏于二爻丑土之下，压之难出，许甲午日出空必得。果得于甲午日。

【译文】

《黄金策》说："伏神逢旬空，事情与心愿相违背。"我得到应验的不是这个说法。凡用神旺相而遇旬空，出空的日子就应验了。

例如卯月壬辰日，占候文书哪天能领到，得到山火贲卦：

官鬼寅木● ———
妻财子水●● — —
兄弟戌土●● — —应
妻财亥水● ———
伏父母午火 兄弟丑土●● — —
官鬼卯木● ———世

卦以午火父母为用神，逢旬空而伏于二爻丑土下，被压制着难以出现，许甲午日出空时一定得到文书。果然得到于甲午日。

【原文】

又如辰月丁巳日占逃仆，得水山蹇卦。占仆以财爻为用神，此系兑宫卦，卯木为财。今六爻并无卯木，须在兑宫首卦寻之。兑宫首卦兑为泽卦，以二爻卯木，伏于前蹇卦二爻午火之下，午火为飞神，卯木为伏神。

断曰："蹇卦申金持世，克制卯木，终不能逃。但因伏在午火之下，伏去生飞名泄气，盗去财物，尽藏于炉火之家，许甲子日拿获。"果于子日得信，窝赃于铁匠之家，申时拿获，连铁匠送官。夫应子日者，子水冲克午火之飞神，生起卯木之伏神故也。

《黄金策》曰："伏无提挈终徒尔，飞不摧开亦枉然。"此之谓也。予疑飞神午火即如铁匠，伏神卯木即是逃仆，至子日冲午而刑卯，所以二人皆被杖责。

【译文】

又如辰月丁巳日占逃亡的仆人，得到水山蹇卦：

子孙子水●● — —
父母戌土● ———
兄弟申金●● — —世
兄弟申金● ———
伏卯木妻财 官鬼午火●● — —
父母辰土●● — —应

占仆人以妻财爻为用神，兑宫卦以卯木为妻财。现在六爻中并没有卯木，须到兑宫首卦兑为泽中寻找。以二爻卯木伏于蹇卦二爻午火下，须以午火为飞神，以卯木为伏神。

断卦说：“蹇卦申金持世，克制卯木，仆人终究无法脱逃。但因为伏在午火下，伏神去生飞神，称为‘泄气’，主盗去的财物都藏在炉火人家，许甲子日拿获。”果然于子日得到音信，说赃物窝藏在铁匠家；申时捉获仆人，连铁匠一起送往官府。应验于子日，是子水冲克午火飞神，生起卯木伏神的缘故。

《黄金策》说：“伏神若没有提挈，终究白费；飞神不被摧破，也是枉然。”说的就是这种情形。我疑心飞神午火如同铁匠，伏神卯木就是逃走的仆人，到子日冲午而刑卯木，所以二人都被杖责。

【原文】

又如酉月丙辰日占子病，得地风升：

《黄金策》曰：“空下伏神易于引拔。”此卦午火子孙，伏于丑土之下，丑土旬空，伏神易出，许午日子孙出现必愈。果于午日起床。

以上用神不现，皆在本宫首卦寻之。古法又有凡得八纯首卦，用神若值空破，又在他宫寻之。比如占得乾为天，内有用神空破衰绝者，往坤宫内寻之，谓之“乾坤来往换”。《易林补遗》又以归魂卦取亲宫①第四卦也。

野鹤曰：何必如是！用神空破衰绝，祸福已知八九，何不再占一卦，合而决之？自有用神。予常不待用神衰绝，但逢不现，虽有伏神亦不用之，再占两卦，用神必现。

【译文】

又例如，酉月丙辰日占儿子的病，得到地风升卦：

---

①亲宫：即本宫。

官鬼酉金●● — —
父母亥水●● — —
伏午火子孙 妻财丑土●● — —世
官鬼酉金● ———
父母亥水● ———
妻财丑土●● — —应

《黄金策》说："旬空下的伏神容易引拔。"这一卦午火子孙伏于丑土下，丑土旬空，伏神容易出现，所以许为午日子孙出现时一定痊愈。果然于午日下床。

以上用神不出现，都在本宫首卦寻找。古法又有凡得八纯首卦，用神如果值旬空月破，就到其他宫寻找的。比如占得乾为天，其中有用神旬空、月破、衰绝的，去坤宫中寻找，叫作"乾坤来往互换"。《易林补遗》又以为归魂卦取本宫的第四卦。

野鹤说：何必这样！用神逢旬空、月破、衰绝，祸福已经知道了十分之八九，为什么不再占一卦，合起来决断呢？这样自有用神出现。我常常不等用神衰绝，只要遇到用神不出现的情形，即使有伏神也不用，因为再占两卦，用神一定出现。

【原文】

一日至一宅上，见医者满座。卯月丙辰日占父病，得地雷复卦。父母用神不现。明知巳火父母伏于二爻寅木之下，旺木以生巳火，飞来生伏，必愈之症，不以此断。

【译文】

有一天，来到一座宅中，发现里面医生满座。有人于卯月丙辰日占父亲的病，得地雷复卦：

子孙酉金●● — —
妻财亥水●● — —
兄弟丑土●● — —应
兄弟辰土●● — —
伏父母巳火 官鬼寅木●● — —
妻财子水● ———世

卦中用神父母不出现。已知巳火父母伏于二爻寅木下，以旺木生巳火，属于飞神来生伏神，是必定痊愈的病症，但是姑且不凭这一点决断。

【原文】

今再卜之，占得山泽损卦，巳火父母明现。于初春占，木旺火相，断之即愈。

【译文】

现在再卜一卦，占得山泽损卦：

官鬼寅木●　———应
妻财子水●●　— —
兄弟戌土●●　— —
兄弟丑土●●　— —世
官鬼卯木●　———
父母巳火●　———

卦中巳火父母明白出现。这是在初春占卦，木旺火相，所以断为马上痊愈。

【原文】

彼因病势甚危，伊犹未决。次子又占，得渐之巽。余疑曰："前两卦俱当即愈，如何此卦亥水回头克父母?"忽而悟曰："是也。前两卦巳火父旺，不受伤克，乃应目前之愈；此卦亥水克父，冬令难延。"即到床前，令病人自占，得天山遁变姤卦。此卦竟与前卦相同。再请夫人卜之，又得此卦。

【译文】

他因病势很危急，还犹豫不决。次子又占问，得到风山渐卦，变为巽为风卦：

官鬼卯木● ——应
父母巳火● ——
兄弟未土●● — —
子孙申金● ——世
父母午火× — — 妻财亥水● ——
兄弟辰土●● — —

我产生了疑问，说："前两卦都主应当马上痊愈，为什么这一卦亥水回头克父母?"忽而觉悟道："是了！前两卦巳火父母旺，不受伤克，所以应在目前的痊愈；这一卦亥水克父母，冬月难以拖延。"

于是来到床前，让病人自己占问，得到天山遁卦，变为天风姤卦：

父母戌土● ——
兄弟申金● ——应
官鬼午火● ——
兄弟申金● ——
官鬼午火× — —世 子孙亥水● ——
父母辰土●● — —

这一卦竟与前一卦一样。再请夫人卜问，得到的还是这一卦。

【原文】

余连见三卦，毛骨悚然。有神乎？无神乎？子占父，亥水回头克父；自占病，亥水克世；妻占夫，亥水克夫。三卦雷同，如一手推出，冬令之危，扁鹊亦为难矣！

余且不言，只以前卦断之目前之愈，问诸医曰："卦中不碍，列位各见何如?"曰："病势甚险。适间公议一方，对症便好，不然只看阴功①德行耳。"

内有一位，冷笑不言。予请问姓，答曰姓寿。因私问曰："此公之恙何如?"彼曰："我可治之，不服我药，奈何?"予暗嘱其子曰："太翁之恙，须用姓寿者治之。"次早寿姓来谢，余问将来如何，寿曰："目下不

①阴功：不为人知的功德，指暗中所行之善、所积之德。

妨，今冬难保。”余曰：“公言与数相合，真神医也!”果绝于亥月。

余之不取伏神，多占几卦决祸福而更稳，既知目前之生，且知将来之死，非多占之力耶?

【译文】

我见连续得到三个同样的卦，感到毛骨悚然。有神吗?无神吗?儿子占父亲，就得到亥水回头克父母；自己占病，就得到亥水克世爻；妻子占丈夫，就得到亥水克夫星。三卦雷同，如同由一双手推出的，可见冬月的危险，就是扁鹊也将为难了!

我暂且不说，只依前一卦断为目前痊愈，并问各位医生说：“卦中不碍事，诸位有什么高明的见解?”有人说：“病势很危险。刚才公议了一个药方，对症就好，不然就只看阴功和德行了。”

其中有一位只是冷笑，而不说话。我请问他贵姓，他回答说：“姓寿。”我于是私下问：“这老翁的病怎么样?”他说：“我可以治，但不服我的药，有什么办法?”我暗中嘱咐病人的儿子说：“太翁的病，必须用姓寿的人治疗。”第二天早晨，姓寿的医生来表示谢意。我问：“将来如何?”姓寿的说：“眼下不妨事，今年冬月难以保全。”我说：“您的话与卦数相合，真是神医啊!”果然死于亥月。

我不取伏神，用多占几卦的方法来决断祸福，这样更稳妥。既知道目前的生，又知道将来的死，难道不是多占的用处吗?

【原文】

李我平曰：古法用伏神虽有验，然伏神之衰旺休囚、刑冲克害、日破旬空，亦有难于把握者。此谓多占两卦又有用神，真秘法也!以此之秘，急欲传世，真婆心也!

或曰：“多占两卦虽有之，不敢再三，然亦有再占者，何为秘诀?”余曰：“既知再占，何故用神不现而寻伏神，无用又寻互卦①，互之不得又寻于化?”况《易冒·变互章》中所存占验，非唯牵强，且尽错

①互卦：从一卦六爻的中间四爻推出的另一个卦六爻卦，这个六爻卦中有一爻是上下卦共用互有的，故称互卦。

误。有戊申日，占子病，得晋之剥卦。彼断曰："飞伏变象，皆无用神，互出水地比卦，外见坎水，即为子孙。酉金动爻生之，后亥日而痊。"以予断之，《海底眼》云："用神伏，原神摇，占病不死。"此卦不独用神摇于四位，而又有日建之生。《大全》曰："用神伏，日月生之即出。"此卦子水子孙伏于初爻，虽有飞神压住，却得日辰生扶，至十月亥水当令，子孙出而逢生，明白极矣，何用互卦？

【译文】

李我平说：古法用伏神虽然有应验，但伏神的衰旺休囚、刑冲克害、日破旬空，也有难于把握的地方。这里说多占两卦就有用神了，真是秘法啊！有这样的秘法，却急着要传给世人，真是婆心啊！

有人说："多占两卦虽然也是有用的，但不敢再三，不过也有再占的，为什么说是秘诀？"我说："既知道再占，为什么用神不出现却要寻找伏神，无用神又去寻互卦，互卦得不到又去寻化出的卦？"况且《易冒·变互章》中所存的占验，不但牵强，而且有很多错误。

例如，有戊申日占儿子的病的，得到火地晋卦，变为山地剥卦：

官鬼巳火● ———
父母未土●● — —
兄弟酉金○ ———世　　父母戌土●● — —
妻财卯木●● — —
官鬼巳火●● — —
父母未土●● — —应

他断卦说："飞爻、伏爻和变爻中都没有用神，互出的水地比外卦出现坎水，就以它为子孙爻。酉金发动生它，后来到亥日痊愈。"如果让我来断卦的话，《海底眼》说："用神伏藏，原神摇动，占病主不死。"这一卦不只用神摇动于第四个爻位，而且又有日建相生。《卜筮大全》说："用神伏藏，日辰月建生它，就会出现。"这一卦子水子孙伏藏于初爻，虽然有飞神压住，却得到日辰的生扶，到十月亥水当令的时候，子孙爻出现而逢生，明白极了，何必用互卦？

【原文】

有于子月戊寅日占官，得困之兑卦。彼断曰："飞爻午火之官已临破矣，巳官伏神长生于寅，至孟春反得升迁。"

以余断之，《黄金策》曰："飞爻变爻俱无用神者，始寻伏神。"此卦初爻寅木变出巳火官星，孟春官遇长生，财爻独发生官，何故不言变出之官，而言伏神？幸此卦伏神变爻皆巳火也，倘后人遇他卦象，执此为法，用变爻乎？用伏神乎？非传世教人之法而不取也。

【译文】

又有于子月戊寅日占官职的例子，得到泽水困卦，变为兑为泽卦：

父母未土●●　— —

兄弟酉金●　———

子孙亥水●　———应

官鬼午火●●　— —

父母辰土●　———

妻财寅木×　— —世　　官鬼巳火●　———

他断卦说："飞神午火官鬼已经临月破了，巳火官鬼伏神长生于寅木，所以到孟春反而会得到升迁。"如果让我来断卦的话，《黄金策》说："飞爻和变爻都没有用神的，才需要寻找伏神。"这一卦初爻寅木变出巳火官鬼，孟春官鬼遇长生，妻财爻独发而生官鬼，为什么不提变出的官鬼而谈伏神？幸而这一卦的伏神和变爻都是巳火，倘若后人遇到其他卦象，执着这种方法，那么用变爻吗？用伏神吗？这不是传世教人的方法，所以不能采取。

【原文】

又见《干化①章》中之占验，更为可笑。有辛卯年丙申月丙子日占子存亡，得观之萃卦。彼断曰："水为子孙不现，却得丙月辛年，丙辛

---

①干化：指天干合化，即甲己合而化土，乙庚合而化金，丙辛合而化水，丁壬合而化木，戊癸合而化火。但合而得化，是有条件的。古有逢龙则化的说法，指必须逢辰龙。因为五行遁干，逢辰化神才能出现。如甲己化土，甲己遁干至辰为戊辰，丁壬化木，丁壬遁干至辰为甲辰。

化水。后到亥月甲辰日，申、子、辰合成水局，亥月而归。”余断曰：“世爻未土发动，化出亥水子孙，是亥月即见子也。”世与子孙亥、卯、未三合成局，明明父子相逢，何故而取干化？即使卦中亥水不现，子水日建亦作用神。迭迭用神而不取，左支右唔以取干化，是误后人，非教后人也。

【译文】

又看到《干化章》中的占验，更为可笑。有辛卯年丙申月丙子日占儿子存亡的，得到风地观卦，变为泽地萃卦：

观卦	萃卦
妻财卯木○ ———	父母未土●● — —
官鬼巳火● ———	
父母未土× — —世	子孙亥水● ———
妻财卯木●● — —	
官鬼巳火●● — —	
父母未土●● — —应	

他断卦说：“水为子孙而不出现，却得到丙月辛年，丙辛化水，到亥月甲辰日，申、子、辰合成水局，所以亥月儿子就回家了。”我则断卦说：“世爻未土发动，化出亥水子孙，是亥月就出现子孙了。”世爻与子孙亥、卯、未三合成局，明明父子相逢，为什么要取天干合化？即使卦中亥水不出现，子水日建也是用神。重重的用神不取，左右支唔地取天干合化，这纯属贻误后人，绝不是教诲后人。

进神退神章第二十九

【原文】

进神退神者，爻之动而化也。化进化退，吉凶祸福，有喜忌之分。所喜者宜于化进，所忌者宜化退神。

进神：亥化子、寅化卯、巳化午、申化酉、丑化辰、辰化未、未化戌。

退神：子化亥、卯化寅、午化巳、酉化申、辰化丑、未化辰、戌化未。

进神者，由此而前进也。如春木之荣，有源之水，久远长进之象。退神者，由此而渐退也，如秋天花木，渐渐凋零。

如申月癸卯日占乡试①，得恒变大过。断曰："酉金官星持世，旺相当时，卯日冲之而暗动，又得九五爻上官化进神，帮助生扶，不独今秋折桂②，来春定占鳌头③。"果得联捷。

【译文】

进神和退神，是爻发动而化出来的。化进神或化退神，吉凶祸福有喜忌的区别。所喜的事情宜于化进神，所忌的事情宜于化退神。

进神：亥化子、寅化卯、巳化午、申化酉、丑化辰、辰化未、未化戌。

退神：子化亥、卯化寅、午化巳、酉化申、辰化丑、未化辰、戌化未。

进神兆示由此而前进，像春天的草木一般荣华，如有源的水，是久远长进的象征。退神兆示由此而逐渐后退，如同秋天的花木，逐渐凋零。

例如，申月癸卯日占乡试，得到雷风恒卦，变为泽风大过卦：

---

①乡试：明、清时在各省省城和京城举行的科举考试，考中者为举人。照例每三年举行一次，逢子午卯酉年为正科，遇皇家有喜庆之事加科，称为恩科，由皇帝钦命正副主考官主持，凡获秀才身份的府、州、县学生员、监生、贡生均可参加。考试通常安排在八月举行，因此叫秋试。按四书五经、策问和诗赋分三场进行考试，每场考三天。乡试第一名称解元。

②折桂：指考中乡试，因为乡试在八月举行，称为秋闱，而桂花也在这个时候开放。

③占鳌头：我国唐宋时期皇帝殿前陛阶上镌刻有巨大的鳌鱼，凡翰林学士、状元和承旨官朝见皇帝时立于陛阶正中的鳌头上。这里指考中状元。

妻财戌土●●　— —应

官鬼申金×　— —　　　　官鬼酉金●　——

子孙午火●　——

官鬼酉金●　——世

父母亥水●　——

妻财丑土●●　— —

断卦说：“酉金官鬼持世，旺相当令，卯日冲它而暗动，又得到九五爻上的官鬼化进神，帮助生扶，不但今年秋天在乡试中高中，来年春天在殿试中也一定能独占鳌头。”果然双考双捷。

【原文】

又如酉月庚戌日，占何年生子，得屯变节卦。寅木子孙持世而化进神，寅木旬空，卯木空而且破，许之寅卯年，实空实破，一定连生。此人年未三旬，妻无所出，婢女极多。子年占卦，及至寅卯年，妻婢同生；自三十一以至四十五岁，连存九子。

古以动日月而化空破，且许不进，此卦旬空化空破，亦能进也。

【译文】

又例如，酉月庚戌日，占哪一年生儿子，得到云雷屯卦，变为水泽节卦：

兄弟子水●●　— —

官鬼戌土●　——应

父母申金●●　— —

官鬼辰土●●　— —

子孙寅木×　— —世　　　　子孙卯木●　——

兄弟子水●　——

寅木子孙持世而化进神，但是旬空，卯木旬空而又月破，所以许它寅卯年实空实破的时候，一定接连生儿子。这人年纪不满三十，妻子没有生养，而婢女特别多。子年占卦，到寅卯年，妻子和婢女一同生养；从三十一到四十五岁，一连存活了九个儿子。

古法以为，动爻值日辰月建而化旬空、月破，进神也不进。这一卦旬空，又化旬空月破，却还是能进。

【原文】

又如卯月乙丑日，占求婚成否，得噬嗑变比卦。财爻持世化进神，巳火子动而生世。但因巳火化子水回头之克，必待午日冲去子水，午火又合世爻，其婚必成。果于午日允婚。

或曰："间爻酉金鬼动，岂无阻耶?"余曰："鬼化退神，虽有破阻而无力也。"

此卦世爻未土财化旬空，古以财化旬空谓之动散，日月而化空且不能进，此处未土无力，动散而化空，亦能进也。

【译文】

又例如，卯月乙丑日，占求婚成否，得到火雷噬嗑卦，变为水地比卦：

子孙巳火○	———	父母子水●●	— —
妻财未土×	— —世	妻财戌土●	———
官鬼酉金○	———	官鬼申金●●	— —
妻财辰土●●	— —		
兄弟寅木●●	— —应		
父母子水○	———	妻财未土●●	— —

妻财持世而化进神，巳火子孙发动而生世爻，但由于为巳火化子水回头克，必须等到午日冲去子水，午火又合世爻，那时婚姻必成。果然对方于午日应允成婚。

有人问："间爻酉金官鬼发动，难道没有阻碍吗?"我说："官鬼化退神，虽然有破阻，但是力量不够。"

这一卦世爻未土妻财化旬空。古法以妻财化旬空为动散，日辰月建化旬空也不能进，而这里未土无力，动散而化旬空，却还是能进。

【原文】

又如酉月甲辰日，因被论①，占自陈②何如，得师之明夷卦。断曰：

①被论：指被论罪。

②自陈：自己陈述事实，实际上多是自我辩白。

"世化回头之克，官化退神，子孙化进神，三爻皆非吉象，大凶之兆。"果然于次年革职拿问①。

古以"动日月化空破，谓之不退"，此卦官动临日辰；又曰"动日月化空破，谓之不进"，此卦子孙动休囚而化空破，进者进而退者退。

【译文】

又如酉月甲辰日，因为被论罪，占自己陈述无罪如何，得到地水师卦，变为地火明夷卦：

父母酉金●● — —应

兄弟亥水●● — —

官鬼丑土●● — —

妻财午火 × — —世　　兄弟亥水● ——

官鬼辰土○ ——　　官鬼丑土●● — —

子孙寅木 × — —　　子孙卯木● ——

断卦说："世爻化回头克，官鬼化退神，子孙化进神，三爻都不是吉兆，而是大凶兆。"果然于第二年被革去官职，并捉拿问罪。

古法把动爻临日辰月建而化旬空月破，说成不退，而这一卦官鬼发动而临日辰，但并非不退；又把动爻临日辰月建而化旬空月破说成不进，而这一卦子孙动爻休囚，并化为旬空月破，却进神进，退神退。

【原文】

又如丑月丙戌日，占父有信至，已起程，我去接之，可能遇否？得蹇之旅卦。父化退神，父已归矣；世化进神，尔之欲去。父爻生世，一定相逢，必相会于未日。果得遇于未日。应未日者，戌父化未，又破又空，至未日乃实空破之日矣。若执古法，"动日月而化空破，谓之不退"，其父岂有归来之日也？

【译文】

又例如，丑月丙戌日，占父亲有信到，已经起程，我去接他，能不

①革职拿问：削去官职，捉拿问罪。

能相遇？得到水山蹇卦，变为火山旅卦：

子孙子水×	— —	官鬼巳火●	——
父母戌土○	——	父母未土●●	— —
兄弟申金×	— —世	兄弟酉金●	——
兄弟申金●	——		
官鬼午火●●	— —		
父母辰土●●	— —应		

父母爻化退神，说明父亲已经归来了；世爻化进神，主你要去接他；父母爻生世爻，主一定相逢，并且必定相见于未日。果然父子相遇于未日。应验在未日，是因为戌土父母化未土，又月破又旬空，而未日是实空实破的日子。如果拘执于古法，以为“动爻临日辰月建而化旬空月破，叫作不退”，那么，父亲哪还有归来的日子？

【原文】

如戌月占本年冬令得官差否，得水泽节变需卦。丑土官动化进神，许丑日必得。果得于丑日。古以“动日月化空，谓之不进”，此卦动非日月而化空破，亦能进也。

【译文】

例如，戌月占本年冬令能否得到官差，得到水泽节卦，变为水天需卦：

兄弟子水●●	— —		
官鬼戌土●	——		
父母申金●●	— —应		
官鬼丑土×	— —		
子孙卯木●	——	官鬼辰土●	——
妻财巳火●	——世		

丑土官鬼发动而化进神，许丑日一定能得到。果然于丑日得到官差。古法把动爻临日辰月建而化旬空说成进而不进，而这一卦动爻不临日辰月建，而又化旬空月破，但也能进。

【原文】

又如未月丁卯日占功名，终得出仕否？得天火同人变革卦。余曰："若以古法断者，子孙动而克官，终身而无官也。余许辰年出仕。何也？戌土子孙虽动，幸化退神，不克官也，辰年冲去戌土，是以许之。"果于辰年得选。岂可谓之"动空化日月而不退"耶？

【译文】

又例如，未月丁卯日占功名，问："到底能否出来做官？"得到天火同人卦，变为泽火革卦：

子孙戌土○　——应　　子孙未土●●　— —
妻财申金●　——
兄弟午火●　——
官鬼亥水●　——世
子孙丑土●●　— —
父母卯木●　——

我断言："倘若以古法决断，子孙发动而克官鬼用神，终身都不会有官职，但我却许你辰年出来做官。为什么呢？因为戌土子孙虽然发动，但是化为退神，不克官鬼，而辰年冲去了戌土，所以这样断。"果然于辰年中选。哪里可以说动爻旬空而化日辰月建的不退呢？

【原文】

又如申月辛卯日占病，得泽天夬卦变大壮。此公因抱危症，余曰："子孙持世，明日辰时必得良医。"果于次日用针而愈。

或曰："子孙化退神，何以用药亦效？"余曰："动变皆属秋金，当旺得令，占近事岂可曰退？若占久远之事，待休囚之时而退者，得也。"古以"动破散而化日月，无阶无路"，谬也。

【译文】

又如申月辛卯日占病，得到泽天夬卦，变为雷天大壮卦：

兄弟未土●●　— —
子孙酉金○　———世　　子孙申金●●　— —
妻财亥水●　———
兄弟辰土●　———
官鬼寅木●　———应
妻财子水●　———

因为这人患有危险的病，我说："子孙持世，明日辰时一定得到良医的救治。"果然于第二天被用针灸治愈。

有人问："子孙爻化退神，为什么用药也有效果？"我说："动爻和变爻都属于秋天的金，得令当旺，占近期的事，怎么能断言说退？如果占久远的事，待休囚的时候而退，则是正确的。"古法以动爻月破、冲散而化日辰月建，为无阶无路，是荒谬的。

【原文】

又如丑月癸卯日，占妻病服药可愈否，得临之泰。断曰："兄动化进神，灵丹莫救。"其妻死于辰日。此乃兄动临月建而化旬空，亦可谓之不进耶？

【译文】

又例如，丑月癸卯日，占妻子的病服药可否痊愈，得到地泽临卦，变为地天泰卦：

子孙酉金●●　— —
妻财亥水●●　— —应
兄弟丑土●●　— —
兄弟丑土×　— —　　兄弟辰土●　———
官鬼卯木●　———世
父母巳火●　———

断卦说："兄弟爻发动而化进神，灵丹妙药也救不了。"他的妻子果然死于辰日。这是因为兄弟发动临月建而化旬空，难道也可以说进而不进吗？

【原文】

又如戌月癸未日占病，得乾之夬。断曰："久病逢冲莫治，又是父爻持世，妙药难医。虽化退神，非病退也，乃精神命脉渐渐消枯之象也。防丑月冲破未土而无路矣。"果卒于丑月。

【译文】

又例如，戌月癸未日占病，得到乾为天卦，变为泽天夬卦：

父母戌土○	——世	父母未土●●	— —
兄弟申金●	——		
官鬼午火●	——		
父母辰土●	——应		
妻财寅木●	——		
子孙子水●	——		

断卦说："久病逢冲的治不了，又是父母爻持世，子孙为医药而受克，妙药也没用。虽然化退神，但不是病退，而是精神命脉渐渐消枯。防丑月冲破未土，那时就没命了。"果然死于丑月。

【原文】

又如戌月乙卯日，占母血崩一年有余，得同人变解。卯木父母值临日建，上爻戌土以生申金，申金生亥水。若非丑土化进神以塞亥水，此父母爻得此接续相生，灾虽险而何碍？今父母木爻即无水养，且化退神，精血大败，捱至丑月，旺土以绝其源，须防危险。果卒于丑月。此乃父临日建，不化空破亦能退也。

【译文】

又如戌月乙卯日，占母亲血崩一年有余，得到天火同人卦，变为雷水解卦：

子孙戌土○	——应	子孙戌土●●	— —
妻财申金○	——	妻财申金●●	— —
兄弟午火●	——		
官鬼亥水○	——世	兄弟午火●●	— —
子孙丑土×	— —	子孙辰土●	——
父母卯木○	——	父母寅木●●	— —

卯木父母值临日建，上爻戌土生申金，而申金生亥水。不是丑土化进神来阻止亥水，此父母爻得到这样的接续相生，病再危险，又有什么妨碍呢？现在父母木爻既无水来滋养又化退神，主精血大败，到丑月旺土杜绝水源，必须防备危险。果然死于丑月。这是父母临日建，即使不化旬空、月破也能退的例子。

【原文】

又如卯月癸酉日，占父近病，得萃之否。未土父动化进神，戌值旬空。近病逢空即愈，许次日退灾。果于甲戌出空即愈。此乃父爻休囚而化空也。若以古法，动日月化空破尚且不进，今休囚而化空，可得愈耶？

【译文】

又例如，卯月癸酉日，占父亲近病，得到泽地萃卦，变为天地否卦：

父母未土× ▅ ▅ 父母戌土● ▅▅▅

兄弟酉金● ▅▅▅应

子孙亥水● ▅▅▅

妻财卯木●● ▅ ▅

官鬼巳火●● ▅ ▅世

父母未土●● ▅ ▅

未土父母发动而化进神，戌土值旬空。近病逢空就会痊愈，断他第二天病退。果然到甲戌日出空就痊愈了。这是父母爻休囚而化旬空的例子。倘若依照古法，动爻临日辰月建而化旬空月破尚且不进，现在休囚而又化旬空，能痊愈吗？

【原文】

又如辰月癸丑日占流年，得困变解。断曰："世爻寅木而值旬空，酉金忌神摇于五位，古法谓之'避空'。予非此断。出空一定遭伤。"后卒于六月。应六月者，上爻未土乃世爻之墓，已被丑日冲开，叫作"开墓以待"。被克而入墓，宁不死也哉！

或问："酉金化退神，如何克木?"余曰："丑土生酉金，旺而不退。"

【译文】

又如辰月癸丑日占流年，得到泽水困卦，变为雷水解卦：

父母未土●●　— —

兄弟酉金○　———　　兄弟申金●●　— —应

子孙亥水●　———应

官鬼午火●●　— —

父母辰土●　———

妻财寅木●●　— —世

断卦说："世爻寅木值旬空，忌神酉金发动于第五个爻位，古法叫作避空，但我不这样断。我认为出空时一定受害。"后来死于六月。应验在六月，是上爻未土为世爻的墓地，并且已被丑日冲开，叫作打开墓库而等待。被克而入墓，哪能不死?

有人问："酉金化退神，怎么还能克木?"我说："这是丑土生酉金，当旺而不退的缘故。"

【原文】

又如辰月乙丑日占妻母病，得随之否。断曰："子水父爻化未土，回头克父，而上爻未土又化进神以克父，须防戌日。"果卒于甲戌日，乃戌土出空之日。古法散如无也，此卦未土被丑日冲之，又化旬空月破，竟不见其散也。

【译文】

又例如，辰月乙丑日占岳母病，得到泽雷随卦，变为天地否卦：

妻财未土×　— —应　　妻财戌土●　———

官鬼酉金●　———

父母亥水●　———

妻财辰土●●　— —　世

兄弟寅木●●　— —

父母子水○　———　　妻财未土●●　— —

断卦说："子水父母化为未土回头克，而上爻未土又化进神而克父母，戌日必须防备。"果然死于甲戌日，因为这是戌土出空的日子。古法以为散如同全无，而这一卦未土被丑日冲击，又化旬空月破，竟不体现为散。

【原文】

又如申月乙卯日占出行，得屯之节。断曰："世临寅木而化进神，合当就行；因系月破，目下未必能行，出月方可。"后至亥月方行，由燕至粤，次年八月归来。予曰："途中安否？"彼曰："往来托庇平安。"予以子孙化进神，知其平安，故问之耳。夫应亥月行者，破而逢合之月也。此乃动破化日辰，岂可谓之不能进耶？

【译文】

例如，申月乙卯日占出行，得到云雷屯卦，变为水泽节卦：

兄弟子水●● — —

官鬼戌土● ———应

父母申金●● — —

官鬼辰土●● — —

子孙寅木× — —世　　子孙卯木●———

兄弟子水● ———

断卦说："世爻临寅木而化进神，理应出行；但由于逢月破，眼下未必能动身，要出了月才行。"后来到亥月才动身，由河北到广东，第二年八月归来。我说："途中安泰吗？"他说："往来仗着庇佑，得以平安。"因为子孙化进神，我知道他平安，故意问他罢了。应验在亥月出行，因为这是月破而逢合的月份。动爻月破而化日辰，怎么能说不能进呢？

【原文】

又如辰月己未日，占兄何时归来，得履之兑。兄动化退，已有归志，但因戌逢月破，在外诸凡未遂，六月可望。后至戌月方回，乃应实破之月也。此乃动破而变日月，岂可谓之退不及也？

【译文】

例如，辰月己未日占兄长何时归来，得到天泽履卦，变为兑为泽卦：

兄弟戌土○　　———　　　　兄弟未土●●　— —
子孙申金●　　———世
父母午火●　　———
兄弟丑土●●　— —
官鬼卯木●　　———应
父母巳火●　　———

兄弟爻发动而化退神，主已经有归来的想法，但因为戌土逢月破，在外面诸事都没妥帖，所以到六月才有希望。结果到戌月才回来，因为戌月是实破的月份。这是发动于月破而变日辰月建，怎么可以说来不及退呢？

【原文】

又如辰月乙未日占子病，得大有变睽。同时祖又占孙，亦得此卦。断曰：“土旺，父母临月建化退神，此子死于次日。”

【译文】

例如，辰月乙未日，父亲占儿子的病，得到火天大有卦，变为火泽睽卦：

官鬼巳火●　　———应
父母未土●●　— —
兄弟酉金●　　———
父母辰土○　　———世　　　　父母丑土●●　— —
妻财寅木●　　———
子孙子水●　　———

同一时候，爷爷又占孙子的病，也得到这一卦，如同出自一手。断卦说：“辰土父母临月建而化退神，主这儿子死于第二天。”

【原文】

又如卯月丙寅日，衙役占官府升否，得解之困。官动化进神，秋来得令必迁。后报升于巳月。应巳月者，动而逢合之月，申金又长生于巳。此乃动日月而化空破，岂可谓之不进耶？

【译文】

又例如，卯月丙寅日，占衙役占官府能否升迁，得到雷水解卦，变为泽水困卦：

妻财戌土●●　— —

官鬼申金×　— —应　　　官鬼酉金●　——

子孙午火●　——

子孙午火●●　— —

妻财辰土●　——世

兄弟寅木●●　— —

官鬼发动而化进神，于秋天得令，主必定升迁。后来告他诉我升迁于巳月。应验在巳月，是巳月为动爻逢合，而申金又长生于巳的缘故。这是动爻临日辰月建而化旬空月破的例子，怎么可以说成不进呢？

【原文】

又如巳月乙丑日占试中否，得兑之讼。断曰："未土化进神，巳火官动而生世，吉兆显然，坐以待报。"果于寅日揭榜，中第八名。古法动破散化日月尚不能进，此卦动散化空，亦能中矣！

【译文】

又例如，巳月乙丑日占考试中否，得到兑为泽卦，变为天水讼卦：

父母未土×　— —世　　　父母戌土●　——

兄弟酉金●　——

子孙亥水●　——

父母丑土●●　— —应

妻财卯木●　——

官鬼巳火○　——　　　妻财寅木●●　— —

断卦说："世爻未土化进神，巳火官鬼发动而生世爻，吉兆是显然的，就坐等回报吧。”果然于寅日揭榜，结果高中第八名。按照古法，动爻破散而化日辰月建尚且不能进，而这一卦动散而又化旬空，竟也能高中。

【原文】

又如未月丁丑日，占母路隔千里何时来，得火天大有变井卦。断曰：“初爻子水化出丑父，子与丑合，被合不来；未父化进神，亦应不来。幸得未土生起酉金兄爻，兄化退神而合世，母必不来，兄弟必来。”彼曰：“有妹无弟。”果于次年三月妹至。此乃兄弟爻空化空，爻空亦能退也。

【译文】

又例如，未月丁丑日，占母亲远隔千里，什么时候来，得到火天大有卦，变为水风井卦：

官鬼巳火○　———应　　子孙子水●●　— —
父母未土×　— —　　父母戌土●　———
兄弟酉金○　———　　兄弟申金●●　— —
父母辰土●　———世
妻财寅木●　———
子孙子水○　———　　父母丑土●●　— —

断卦说：“初爻子水化出丑土父母，子与丑合，主因被合住而来不了；未土父母化进神，也不能来。幸而有未土生起酉金兄弟爻，而兄弟化退神与世爻相合，主母亲一定不来，兄弟一定来到。”他说：“我只有妹妹，没有弟弟。”妹妹果然于第二年三月到来。这是兄弟爻旬空化旬空，爻遇旬空也能退的例子。

【原文】

又如未月辛丑日，占开金银器皿铺，得火雷噬嗑变屯卦。财爻持世化进，乃久远丰隆之象。予曰：“代尔择甲戌日开张，管许大发。”果开市于戌日，至今此铺兴盛丰隆。此乃动日月而空，岂可谓之不进耶？

【译文】

又例如，未月辛丑日，占开金银器皿铺，得到火雷噬嗑卦，变为云雷屯卦：

子孙巳火○	———	父母子水●●	— —
妻财未土 ×	— —世	妻财戌土●	———
官鬼酉金○	———	官鬼申金●●	— —
妻财辰土●●	— —		
兄弟寅木●●	— —应		
父母子水●	———		

妻财爻持世而化进神，是久远丰隆的征兆。我说："替你选择甲戌日开张，管保大为发财。"后来开市于戌日，至今这个铺子还兴盛丰隆。这是动爻为进神，临日辰月建而旬空的例子，怎么可以说它不进呢？

【原文】

野鹤曰：夫进神之法有四：动旺相而化旺相，乘势而进，一也；动休囚而化休囚，待时而进，二也；动爻变爻有一而值休囚，亦得旺相之日而进者，三也；动爻变爻有一而值空破，待填实之日而进者，四也。

退神之法有四：动旺相而化旺相，或有日、月、动爻生扶，占近事得时而不退，一也；动休囚而化休囚，及时而退者，二也；动爻变爻有一而旺相，待休囚之时而退者，三也；动爻变爻有一而逢空破，待填实之日而退者，四也。

【译文】

野鹤说：进神的方法有四种：动爻旺相而化旺相，乘势而进，是第一种；动爻休囚而化休囚，待时而进，是第二种；动爻和变爻有一个值休囚，也可以在旺相的日子而进，这是第三种；动爻和变爻有一个值旬空月破，待填实的日子而进，为第四种。

退神的方法也有四种：动爻旺相而化旺相，或者有日辰、月建、动爻生扶，占近期的事得时不退，这是第一种；动爻休囚而化休囚，马上就退，这是第二种；动爻和变爻有一个旺相，等到休囚的时候才退，这是第三种；动爻和变爻有一个逢旬空月破，要等到填实的日子才退，是第四种。

【原文】

李我平曰：初看《易冒》，有大进、不进、不能进，只谓近理，后见“动日月而化空破，无阶无路”，谓之不进，故知谬也。动爻既临日月，逢空不空，逢破不破，况化空破耶？日月如天，虽化破空，如浮云之掩日，实空实破之期，即是云开雾散。司令当权，何以谓之不进？又曰：“动值破散而变日月，谓我位既失，何以得进？”殊不知既动而破，自有实破之期；既动而散，自有填实之日。况化日月名为“化旺”，后日填实，愈旺愈强，何以谓之不前？

【译文】

李我平说：初看《易冒》，有大进、不进、不能进，当时也以为近理，后来见卜书说“动爻临日辰月建而化旬空月破，无阶无路”，就知道是错误的了。动爻既临日辰月建，就逢旬空而不空，逢月破而不破，何况化旬空月破呢？日月如天，即使化月破旬空，也如浮云蔽日，实空实破的日期就会云开雾散。既然司令当权，凭什么说它不进？又说：“动爻值月破冲散而变日辰月建，是我的本位既已经失去，凭什么得进？”殊不知既然是发动而月破，自有实破的时候；既是发动而散，自有填实的日子。何况化日辰月建称为“化旺”，日后填实就越发强旺，凭什么说它不进？

【原文】

伊存格式。申月卯日占兄弟，得兑之丰。酉爻兄弟被卯日冲散，虽化申为月建，亦不及退。不退者，建也；不及退者，谬也。彼《月将章》云：“爻临月将，逢散不散。”七月之酉金虽非月将，奈日不旺，况化月建，动变尽属坚金，帮助拱扶，如山如冈，焉知日能冲散？他章俱存占验，独此章只存数式，予故知其乃揣摹之说，非经验而得也。

【译文】

这书还留下占断的格式。申月卯日占兄弟，得到兑为泽卦，变为雷火丰卦：

本卦		变卦	
父母未土●●	— —世		
兄弟酉金○	——	兄弟申金●●	— —
子孙亥水●	——		
父母丑土×	— —应	子孙亥水●	——
妻财卯木○	——	父母丑土●●	— —
官鬼巳火●	——		

酉金兄弟被卯日冲散，虽然化申金为月建，也来不及退。不退的是月建，来不及退的说法是不确切的。他的《月将章》说：“爻临月将，逢散也不会散。七月的酉金虽然不是月建，无奈日辰不旺，何况化为月建，动爻和变爻都属于坚刚的金，并帮助拱扶，所以如山如冈。”哪里知道日辰能冲散？其他章都存有占验，只有这一章只保存几个卦式，我由此知道，这是揣摩出来的说法，不是从经验得来。

随鬼入墓章第三十

【原文】

古有日墓、动墓、化墓之三墓，又世爻随鬼入墓，本命随鬼入墓，卦身随鬼入墓，世身随鬼入墓。

觉子曰：执此数论，若逢辰戌丑未之日，竟不敢占，非世临鬼，即卦身临鬼；非世身临鬼，即本命临鬼。然又不独辰戌丑未日，而他日亦不敢占。何也？卜卦之中不免有二三墓爻发动，非世命而入，即二身而入，及动而化墓；非世爻动化，即二身动化；再不然，难保其本命不化墓也。一卦之中，不必看刑冲克害，破散绝空，凡占疾病凶危之事，只以随鬼入墓，即知凶吉也。

余屡于疾病之占，卦卦留神，见世爻旺者，二身随鬼入墓而不死也；本命随鬼入墓而不死也，化墓不死，动墓亦不死也。存而留验，不验又试，试之不验而再试，一而十，十而百，全不验者始尽弃之。便是世爻用爻随鬼入日墓，或动而化墓，亦是休囚无气始见凶危，若旺而有扶，亦有救解。

【译文】

古法有入墓于日辰、入墓而发动、化入墓这三种墓，此外还有世爻随鬼入墓、本命随鬼入墓、卦身随鬼入墓、世身随鬼入墓。

觉子说：执着于这些说法，若遇到辰戌丑未日，竟不敢占卜。不是世爻临官鬼，就是卦身临官鬼不是世身临官鬼，就是本命临官鬼。而且不仅辰戌丑未日，其他日子也不敢占卜。为什么？因为卜得的卦中，不免有两三个墓爻发动，不是世爻或本命入墓，就是两种身爻入墓。还有发动而化墓，不是世爻发动而化墓，就是两种身爻发动而化墓。再不然，难保本命不化入墓。照此看来，一卦当中，不必看刑冲克害、破散绝空，由此推论，凡占疾病等凶危的事，只凭随鬼入墓就知道凶吉了。

我对占疾病卦卦留神，见世爻旺的，两种身爻随鬼入墓而不死，本命随鬼入墓而不死，化入墓不死，发动于墓爻也不死。将这类例子保存下来而作验证，不应验的再试，再试不应验仍试，一而十，十而百，全不应验才完全摒弃。即使世爻和用神随鬼入日墓，或者发动而化墓，也是休囚无气才见凶危，若旺相而有扶助，就还有解。

【原文】

如申月戊辰日占夫病，癸亥命，得同人之离。断曰：“妻占夫，亥水官鬼为用神，墓于辰日，乃夫星夫命皆入墓也。古法断之必死，余曰不独不死，明日即起愈。何也？辰日冲动戌土以生申金，因世爻亥水空亡，不受其生；明日己巳冲起亥水，得遇金生，其病如失。”果于次日大愈。

【译文】

例如，申月戊辰日占丈夫的病，癸亥为本命，得到天火同人卦，变为离为火卦：

子孙戌土●　　———
妻财申金○　　———应　　　子孙未土●●　— —
兄弟午火●　　———
官鬼亥水●　　———世　墓于辰日　旬空
子孙丑土●●　— —
父母卯木●　　———

断卦说："妻子占丈夫，以亥水官鬼为用神。用神入墓于辰日，是夫星和夫命都入墓。按古法断，丈夫必死，而我说不但不死，明日就痊愈。为什么？因为辰日冲动戌土而生申金，但世爻亥水由于空亡，不受申金的生助；明日己巳冲起亥水，而亥水得到金的生助，他的病就像忽然失去了一样。"果然于第二天大为好转。

【原文】

又如戌月甲寅日，占会试能联捷否，得雷山小过变艮。断曰："世爻随官入三墓：动墓，化墓，又入月建墓。明岁辰年冲开墓库，发榜之期又遇辰月冲开三墓，不独连登，定中状元。日月合成官局，旺相当时，卦之全美，如玉无瑕。"果然传胪三唱①。

【译文】

又例如，戌月甲寅日，占会试能否联捷，得到雷山小过卦，变为艮为山卦：

父母戌土×　　— —　　　妻财寅木●　　———
兄弟申金●●　— —
官鬼午火○　　———世　入墓　父母戌土●●　— —
兄弟申金●　　———
官鬼午火●●　— —
妻财辰土●●　— —应

断卦说："世爻随官鬼入三墓：一入墓发动，二化为墓，三入月建

①传胪三唱：科举制度中，殿试以后由皇帝宣布登第进士名次的典礼。古代在上者传话告诉下位者称为胪，传胪即唱名之意。三唱：唱名三次。

之墓。明年辰年冲开墓库，发榜日期又遇辰月冲开三墓，不但接连登第，而且一定会考中状元。日辰月建合成官局，旺相当令，卦的圆全美满，如同白璧无瑕。”果然在宣布名次的典礼中被三次唱名。

【原文】

又如申月己丑日占病，壬申命，得雷风恒。此卦申命随鬼入墓，世爻随鬼入墓，世身又落旬空，卦身又临月破，若执古法断之，百无一生。予因世爻旺相，许未日必愈。果起床于未日。应未日者，冲开丑墓之日而出也。古法以墓为沉滞昏迷之象，此说近理。此人病中不思汤药，昏昏沉沉，至未日忽然苏醒，不药而痊。岂可谓之随鬼入墓也？

【译文】

又例如，申月己丑日占病，本命为壬申，得到雷风恒卦：

妻财戌土●● ▅ ▅应

官鬼申金●● ▅ ▅

子孙午火● ▅▅▅

官鬼酉金● ▅▅▅世

父母亥水● ▅▅▅

妻财丑土●● ▅ ▅

这一卦申金本命随鬼入墓，世爻随鬼入墓，世身又落旬空，卦身又临月破，如果用古法决断，没有一点生存的希望。我因为世爻旺相，许为未日必定痊愈，果然于未日起床。应验在未日，是冲开丑墓的缘故。古法以入墓为沉滞昏迷的征象，这种说法近理。这人在病中，不思汤药，昏昏沉沉，到未日忽然清醒过来，不用服药就痊愈了，怎么可以说这是随鬼入墓呢？

【原文】

又如未月戊辰日，占已定重罪，可蒙赦否？得蛊之损。世爻随鬼入墓，又动而化墓，古以为凶，余以吉断。日月生世，丑墓月破，破罗破网容易而出，明岁酉年，定蒙赦免。果于次年辰月蒙赦而出。

【译文】

又例如，未月戊辰日，占已定重罪可否被赦，得到山风蛊卦，变为山泽损卦：

本卦		变卦	
兄弟寅木●	———应		
父母子水●●	— —		
妻财戌土●●	— —		
官鬼酉金○	———世	妻财丑土●●	— —
父母亥水●	———		
妻财丑土×	— —	子孙巳火●	———

世爻随鬼入墓，又发动而化入墓，古法以为凶险，而我却作吉卦决断。因为日辰月建生世爻，丑墓月破，破旧的罗网容易脱出，所以明年是酉年，一定被赦免。果然在第二年辰月被赦出狱。

【原文】

余因屡试而得验者，只验世爻入墓有三：世爻随鬼入、入动墓、动而化墓。此三墓者，自占看世爻，旺相者非真；代占看用神，用神旺相者非真。惟世爻休囚被克，而又入墓者是也。墓神被日、月、动爻冲破，亦非真也。墓破即如破网，容易而出矣。

占功名，世旺得地，冲开墓库之年月成名；世若空破休囚，始终难成之象。

占身命，世旺得地，冲开墓库之年月发迹；世爻空破休囚，终身寂寞，如日月之无光也。

占出仕出行，世旺得地，冲开墓库之日月遂心；世若空破休囚，多见去而不返。

【译文】

我屡试而得到应验的，只有世爻入墓。有三种：世爻随鬼入墓、入动爻之墓、发动而化入墓。这三种入墓，自己占看世爻，旺相的不是真入墓；代占看用神，用神旺相的不是真入墓。只有世爻休囚被克，而又入墓的，才是真入墓。入墓的爻被日辰、月建、动爻冲破，也不是真入墓。墓爻月破就像破网，容易脱出。

占功名，世爻旺而得地，到冲开墓库的年月成就功名；世爻若旬空、月破、休囚，是始终难成的征象。

占身命，世爻旺而得地，到冲开墓库的年月发迹；世爻旬空、月破、休囚，终身寂寞，像日月无光一样。

占出仕出行，世爻旺而得地，冲开墓库的日子或月份如愿；世爻若旬空月破、休囚，多半一去不复返。

【原文】

占求财图事，世旺者冲墓之月日而成；若空破休囚，终无成日。

占婚姻，世旺得地及财爻有气而生世者，冲墓之月日而成；若空破休囚，难许成就。

占疾病，世旺得地，冲开之月日而愈；休囚空破，冲开之月日而危。近病者空则不妨，出空即愈。

占狱讼①者，世旺得出，休囚空破者不免于凶。

占行人，用神化墓或入动墓者，必归；用神休囚，非病于他乡即流落也。

占胎产，财爻子孙入动墓、化墓者，旺则冲墓之月日即生；财爻空破休囚，妻遭产厄。子孙空破，子必危亡。

【译文】

占求财谋事，世爻旺相，冲墓的月日成事；倘若旬空、月破、休囚，终究没有成事的一天。

占婚姻，世爻旺相得地及妻财有气而生世爻，冲墓的月日成就；如果旬空、月破、休囚，难以许为成就。

占疾病，世爻旺而得地，冲开的月日而痊愈；若休囚、旬空、月破，冲开的月日危险。近病的旬空则不妨，出空就会痊愈。

占狱讼，世爻旺相，得以出离；休囚空破，不免凶险。

占行人，用神化墓或入动墓，必定归来；用神休囚的，不是病在他乡就是流落他乡。

---

①狱讼：诉讼。

占胎产，妻财子孙爻入动爻之墓、发动而化墓的，旺则冲墓的月日生产；妻财爻空破休囚，妻子遭遇难产。子孙爻空破，子女必定危亡。

【原文】

占入公门，世旺得地，冲墓之年月如心；空破休囚，常遭枷锁刑狱。

占家宅，世旺者或得财爻生世，冲开之年月兴家；空破休囚，身衰家败。

占祖茔者，与家宅同推。占新茔未葬者，旺相休囚皆不宜也。

占偷关逾险，世爻旺相，又得生扶，虽则无危，忧心难释，鬼在身旁之故耳。

占讼事，旺相者得理；空破、休囚、被克者遭刑狱。

诸占世爻若旺，墓爻而值空破者，待墓爻填实之月日而吉；世爻空破休囚者，又在世爻填实之月日而凶。古以世临破鬼，如占防患，祸患潜消，余以为非。月破既为白虎鬼，目下虽则无妨，实破之年月非吉。

【译文】

占进入公门，世爻旺而得地的，冲墓的年月如愿；空破休囚的，经常遭受枷锁和刑伤。

占家宅，世爻旺的，或者得到财爻生世爻的，冲开的年月振兴家业；空破休囚的，自身衰弱，家庭败落。

占祖茔，和家宅同样推论。占新坟茔，还没有埋葬的，旺相休囚都不宜。

占偷渡关隘，越过险地，世爻旺相又得生扶，虽然没有危险，但是忧心难以开释，这是官鬼在身旁的缘故。

占讼事，旺相的，得理；空破、休囚、被克的，遭受刑狱。

各种占问，世爻如果生旺，墓爻值空破的，待墓爻填实的月日而得吉；世爻空破休囚的，又在世爻填实的月日而遇凶。古法以世爻临月破的官鬼，比如占防患，主祸患暗中消除，我以为不对。月破既为值白虎的官鬼，眼下虽然无妨，实破的年月却不吉。

【原文】

如申月己未日占贼来否，得大畜变泰卦。彼时土贼兴发，常去常来，乡人了无宁日。一日忽报贼至，此人携妻而避，因小女未随，复去抱女，同遭贼害。夫应自身之死者，世临破鬼而入日墓；女之死者，上爻鬼变子孙之故耳。岂可谓之世临破鬼，祸患潜消耶？鬼临月破，不动者不验。

【译文】

例如，申月己未日占贼来否，得到山天大畜卦，变为地天泰卦：

官鬼寅木○	———	子孙酉金●●	— —
妻财子水●●	— —应		
兄弟戌土●●	— —		
兄弟辰土●	———		
官鬼寅木●	———世		
妻财子水●	———		

那时土匪很多，常去常来，乡里人几无宁日。一天，忽然听说有贼人到来，这人带妻子躲避，因为小女儿没有跟随，又去抱女儿，结果一家都被贼人残害。自身死，是世爻临月破的官鬼而又入日墓的缘故；小女儿死，是上爻官鬼变子孙的缘故。这种情况，怎么可以说世爻临月破的官鬼，祸患会在暗中消除呢？官鬼临月破而不发动的除外。

【原文】

李我平曰：此论随墓，令人刮目。每卦之动墓、化墓，多有见之；倘遇辰戌丑未之日，迭迭墓爻；若兼世命二身，非此即彼以入墓也，真无暇他论，况诸书竟不言及旺衰，概以随墓不吉？如占功名，旺官临身，岂可曰履仕途而不返？占防患，世临月破，又随鬼入墓，岂可径曰无忧？颠倒吉凶，不得不为正之。

【译文】

李我平说：这里对随鬼入墓的议论，令人刮目相看。动爻入墓、化入墓，多能见到；倘若遇到辰戌丑未日，就有重重叠叠的墓爻；若兼世爻和命爻两个身爻，入墓的非此即彼，真是无暇讨论其他，更何况各种筮书竟然不谈及旺衰，一概以随鬼入墓为不吉呢？比如占功名，旺相的官鬼临世爻，怎么可以说走上仕途就会一去不回？占防患，世爻临月破，又随鬼入墓，怎么可以径直说没有忧患？这种颠倒吉凶的说法，不得不加以辨驳。

独发章第三十一

【原文】

五爻俱动，一爻不动，谓之“独静”；五爻不动，一爻独动，谓之“独发”。

事之成败，由乎用神，迟速应期，亦由乎用神。独发独静，古有验之，予试亦有验也，皆在事应之后，如会神机，非初敢执之而断祸福与应期也。况卦得独静者少，而独发者多，如舍其用神，执之而决事者，谬也，迂也。

【译文】

五爻都发动，只有一爻不动，叫作“独静”；五爻都不动，只有一爻单独发动，叫作“独发”。

事情的成败，在于用神；迟速的应期，也在于用神。独发独静，古时候有应验的，我试验时也有应验，但都是在事情应验之后，才领会神机，不是开始就敢用来决断祸福与应期的。况且得到独静的卦少，而独发的卦多，如果舍去用神，用独发独静的爻决断事情，那就错了，也属于迂腐的做法。

【原文】

曾于辰月甲午日，占请迎父王灵柩允否。彼有门客知《易》，谓：“寅木一爻独发，化出丑父，乃应正月得见父灵。”余曰：“此隔靴骚痒也。卦中父爻持世，俱被寅木克制，乃身不能动，父灵亦不能动也。欲身动而见父灵，必待冲开寅木之年月也。再请一卦，合而决之。”

【译文】

曾经于辰月甲午日，占请迎父王的灵柩应允与否，得到火天大有卦，变为离为火卦：

官鬼巳火● ——应

父母未土●● — —

兄弟酉金● ——

父母辰土● ——世

妻财寅木○ —— 父母丑土●● — —

子孙子水● ——

他有位门客懂得《周易》，这门客说：“寅木一爻独发，化出丑土父母，应当在正月得以见到父亲的灵柩。”我说：“这是隔靴搔痒的说法。卦中父母爻持世，却被寅木克制，是自身不能动，父亲的灵柩也不能动。要想自身动而见到父亲的灵柩，必须等到冲开寅木的年月。再请占一卦，合起来决断这件事。”

【原文】

巳月丁卯日，又得泽火革变既济卦。余曰：“此卦正与前卦相合。前卦应冲开寅木者，申也；此卦世化申金回头生，亦应申月。世临虎动，因丧事而行。卯日冲动九五又来生世，今年申酉月必蒙恩允。目下月破，万万不能。”后应申年请准，酉岁迎灵而归。

此两卦皆是独发，可执之耶？

【译文】

这是巳月丁卯日，又得到泽火革卦，变为水火既济卦：

官鬼未土●● — —

父母酉金● ——

兄弟亥水○ ——世 父母申金●● — —

兄弟亥水● ——

官鬼丑土●● — —

子孙卯木● ——应

我说："这一卦正与上一卦相合。上一卦冲开寅木的月份是申；这一卦世爻化申金回头生，也应在申月。世爻临白虎发动，主因丧事而出行。卯日冲动九五来生世爻，今年申酉月一定被降恩批准。眼下月破，绝不可能。"后来经请示，于申年而被批准，酉年迎回灵柩。

这两卦都是一爻独发，可以执着于旧说吗？

【原文】

又如午月甲申日，防涨水冲去麦子，占何日晴，得同人之革卦。友人执此而问余曰："戌土子孙一爻独发，昨日丙戌定皆大晴，如何还雨？"余曰："尔忧麦被水冲，神以子孙发动，克去身边之鬼，叫尔勿忧，非应晴也。虽则目下未晴，决不涨水。即以此卦而决阴晴，卯日必大晴也。"彼曰："何也？"余曰："动而逢合之日晴，则尔无忧矣。"果于卯日大晴。

【译文】

又例如，午月甲申日，为防涨水冲去麦子，占哪一天晴，得到天火同人卦，变为泽火革卦：

子孙戌土○　———应　　　　子孙未土●●　— —
妻财申金●　———
兄弟午火●　———
官鬼亥水●　———世
子孙丑土●●　— —
父母卯木●　———

友人就这一卦问我："戌土子孙一爻独发，昨天是丙戌日，理应为大晴天，为什么还下雨？"我说："你忧虑麦子被水冲，神以子孙发动，克去身边的官鬼，叫你不要忧虑，不是要晴天。虽然眼下没晴，但是决不会涨水。就用这一卦决断阴晴，所以卯日必定大晴。"他问："为什么？"我说："发动而逢合的日子晴，这样你就没有忧虑了。"果然于卯日大晴。

【原文】

又如辰月甲午日，占开煤窑，得家人变益卦。丑土财爻持世，午日生之，许其可开。问："应何时见煤?"余曰："丑土财静，未月冲开，应在六月。"及至六月，竟不见煤。歇而开，开而歇，未年占卦，至亥年辰月始得见煤。此乃应于独发，亥水化辰土，年月俱应断卦之时，谁敢以亥年辰月而断耶?

【译文】

又例如，辰月甲午日占开煤窑，得到风火家人卦，变为风雷益卦：

兄弟卯木● ———

子孙巳火● ———应

妻财未土●● — —

父母亥水○ ——— 妻财辰土●● — —

妻财丑土●● — —世

兄弟卯木● ———

卦中丑土妻财持世，午日生它，所以许他可以开窑。他问："应当什么时候见到煤?"我回答："丑土妻财爻安静，到未月会冲开，应当在六月。"可是到了六月，竟然没见到煤。于是歇了开，开了歇，未年占卦，到亥年辰月才见到煤。这是应验于一爻独发，亥水化辰土，年月都应断卦的时间，谁敢以亥年辰月来断呢?

【原文】

又如寅月庚戌日占女病，得火水未济变水山蹇。古有以独静之爻而断应期，譬如此卦，寅木独静，若不看用神，断寅日生耶?断寅日死耶?余以此卦，土为子孙，虽则囚休，得巳午火动而生之，未土子孙化进神，辰土子孙化回头生，许之寅日当愈。然亦不敢径断，命伊母再占一卦。

【译文】

又例如，寅月庚戌日占女儿的病，得到火水未济卦，变为水山蹇卦：

兄弟巳火○	———应	官鬼子水●●	— —
子孙未土×	— —	子孙戌土●	———
妻财酉金○	———	妻财申金●●	— —
兄弟午火×	— —世	妻财申金●	———
子孙辰土○	———	兄弟午火●●	— —
父母寅木●●	— —		

古有以独静的爻断应期的说法。比如这一卦，寅木独静，如果不看用神，是断寅日生呢，还是断寅日死？我以为，这一卦土为子孙，虽然囚休，但是得到巳午火发动而生它，未土子孙化进神，辰土子孙化回头生，所以许他寅日痊愈。但是也不敢径直决断，于是让他母亲再占一卦。

【原文】

得姤变无妄。亥水子孙化寅木空亡，近病逢空即愈。出空之日亦寅日也，与前卦相合。余曰："寅日大愈。目下病体虽重，管许无虑。"果于寅日沉疴复起。此虽应前卦一爻独静，必因用神之旺也；又得后卦显然，方敢以寅日决之。

【译文】

又占得天风姤卦，变为天雷无妄卦：

父母戌土●	———		
兄弟申金●	———		
官鬼午火●	———应		
兄弟酉金○	———	父母辰土●●	— —
子孙亥水○	———	妻财寅木●●	— —
父母丑土×	— —世	子孙子水●	———

亥水子孙化寅木，为空亡，近病逢空就会痊愈，而出空的日子也是寅日，与前一卦相合。于是我说："寅日大见好转。眼下病情虽然沉重，但是管保没有忧患。"果然于寅日重病复起。这虽然应验了前一卦的一爻独静，但必定是由于用神生旺，加上后卦又显然，才敢以寅日决断。

【原文】

李我平曰：《易冒》以吉凶之生由乎动，所以重于动而轻于用神。“事应之来不验于用神，而验于卦象”，此教人重于独静，独静不用用神者明矣。又云：“虽不离用，而亦不执用爻也。”此又教人用用神也。又曰：“独发独静可定时日，吉凶须审用爻。”此又教人重于用爻也。岂有此理？留书传世，须一字开后人之茅塞，一言破千古之疑团，既曰用用神，又曰不用用神，法既无定，何以为法？得此可以醒世。

【译文】

李我平说：《易冒》以为吉凶的产生是由于发动，所以重视发动而轻视用神。“事情的应验不体现于用神，而是体现于卦象”，这是教人重视独静，而独静不用用神，这意思是很明白的。又说：“虽然不离用神，但也不执着于用神。”这又是教人用用神。又说：“独发独静可以决定时日，吉凶则必须考察用神。”这又是教人重视用神。反反复复，自相矛盾，哪有这样的道理？著书传世，要以一个字开后人的茅塞，一句话破千古的疑团。既说用用神，又说不用用神，方法既然不一定，凭什么作为法式？提到这些说法，可以警醒世人。

两现章第三十二

【原文】

用神两现，如占父母，卦中两爻父母者是也。舍其休囚而用旺相，舍其静爻而用动爻，舍其月破而用不破，舍其旬空而用不空，舍其被伤而用不伤，此古法也。余得验者，多有应乎旬空月破，舍其不空而用旬空，舍其不破而用月破。

如未月庚子日占求财，得风天小畜。应临月建之财以克世，许之必得。彼问：“何日到手？”予以次日辛丑冲动未财必得，却得财于辰土出空之日，此乃舍其不空而用旬空。

【译文】

用神两处出现，如占父母，卦中出现两个父母爻就是。舍去休囚的而用旺相的，舍去安静的而用发动的，舍去月破的而用不破的，舍去旬空的而用不空的，舍去被伤的而用不伤的，这是古法。我得到应验的情况不同，有许多应验于旬空月破的，所以要舍去不空而用旬空，舍去不破而用月破。

例如，未月庚子日占求财，得到风天小畜卦：

兄弟卯木● ———

子孙巳火● ———

妻财未土●● — —应

妻财辰土● ———

兄弟寅木● ———

父母子水● ———世

应爻临月建妻财而克世爻，所以许他一定得到。他问："哪一天到手?"我以为第二天辛丑冲动未土妻财必得，却得财于辰土出空的日子。这是舍去不空而用旬空的例证。

【原文】

如未月甲午日占升迁，得师之涣卦。断曰："世爻极旺，既临日建，又得月令作官星而合世。但卦中两现官星，一空一破，至辰年辰土之官而出空，一定高擢。然反吟于外卦，常得验者，去而复来。"寅年占，果于辰年调于河南，五月因他故又调回楚，十月而升督府。十年两调一升，皆应实空之年也。

【译文】

如未月甲午日占升迁，得到地水师卦，变为风水涣卦：

父母酉金 ×　　— —应　　　　子孙卯木●　　——

兄弟亥水 ×　　— —　　　　　妻财巳火●　　——

官鬼丑土●●　— —

妻财午火●●　— —世

官鬼辰土●　　——

子孙寅木●●　— —

断卦说："世爻极旺，既临日辰，又得月令作官星相合。但卦中两处出现官星，一个旬空一个月破，到辰年辰土官星出空，一定高升。但是外卦反吟，常应验于去而复回。"寅年占卦，果然于辰年调往河南，而五月因其他缘故又调回楚地，十月又升任督府。十年里两次调动，一次升迁，都应验在实空的年份。

【原文】

又如亥月丙午日，母占子何时脱厄，得豫之归妹。余见卦中子孙三现，俱生世爻，应爻午火逢日建而静，两爻巳火逢月破，许巳年脱厄，乃实破之年也。果脱厄于巳年。此乃卦中用神三现而用月破也。

【译文】

又例如，亥月丙午日，母亲占儿子什么时候脱离厄难，得到雷地豫卦，变为雷泽归妹卦：

妻财戌土●●　— —

官鬼申金●●　— —

子孙午火●　　——应

兄弟卯木●●　— —

子孙巳火 ×　　— —　　　　兄弟卯木●　　——

妻财未土 ×　　— —世　　　子孙巳火●　　——

我见卦中子孙在三处出现，都生世爻，应爻午火临日建而安静，两爻巳火逢月破，故许她巳年脱离厄难，因为这是实破的年份。果然脱离厄难于巳年。这是卦中用神三处出现而用月破的例子。

【原文】

野鹤曰：余径以月破而断年者，非只此一卦也。因此位老夫人之长公携印弃封疆①而归，本人自身占过申金子孙发动，动而逢合，乃应巳年；弟又占兄，申金兄动，亦应巳年。此卦巳火子孙回头生也，虽逢月破，合前二卦，故敢许以巳年。所以卜易者，一则全其灵机达变，二则卦要留神记之。若不留心记得前卦，午火日建生世，何不许其午年？况午岁又是合世之年，何敢许其巳年？许其巳年者，因合前卦而断也。

【译文】

野鹤说：我径直以月破而断年的情形，不只这一卦。因这位老夫人的长公子放弃封疆的官位而归家，本人曾占得申金子孙发动而逢合，应当应验于巳年；弟弟又占兄长，得申金兄弟发动，也主应验于巳年。这一卦巳火子孙回头生，虽然逢月破，但是与前两卦合起来决断，所以敢许为巳年。由此可知，卜筮之道一要保全灵机，通权达变，二要心记住占过的卦。倘若不留心记住以前的卦，午火日建生世爻，为什么不许他午年？何况午年又是合世爻的年份，怎么敢许为巳年？许为巳年，是结合前面的卦来决断的缘故。

星煞章第三十三

【原文】

天乙贵人：

甲戊兼牛羊，乙己鼠猴乡，丙丁猪鸡位，壬癸兔蛇藏，庚辛逢马虎，此是贵人方。假令甲戊日占卦，爻中见丑未者，即是贵人。

禄神：

甲禄到寅，乙禄到卯，戊丙禄在巳，己丁禄居午，庚禄居申，辛禄

①封疆：原指分封土地的疆界，在这里指执掌地区全权的官职。

在酉，壬禄在亥，癸禄居子。假令甲日占卦，爻中见寅为禄；乙日占卦，爻中见卯为禄。余仿此。

驿马：

申、子、辰马到寅，巳、酉、丑马在亥，寅、午、戌马居申，亥、卯、未马在巳。假令子日、申日、辰日占卦，爻中见寅即为驿马。余仿此。

天喜：

春戌，夏丑，秋辰，冬未。假令春天正二月占卦，爻中见戌即为天喜。三月虽以戌为天喜，又为月破，若发动于卦中，扶助旺相之用神者，以之为喜，不以为破。余仿此。

诸书星煞最多，余留心四十余载，独验贵人、禄神、驿马、天喜，然亦不能独操祸福之权。用神旺者，见之愈吉；用神失陷，虽有如无。

【译文】

天乙贵人：

甲戊日则丑牛未羊，乙己日则子鼠申猴，丙丁日则亥猪酉鸡，壬癸日则卯兔巳蛇，庚辛日则午马寅虎，这些就是贵人。假设甲戊日占卦，爻中出现丑未，即是贵人。

禄神：

甲得禄于寅，乙得禄于卯，戊丙得禄于巳，己丁得禄于午，庚得禄于申，辛得禄于酉。假设甲日占卦，爻中出现寅为禄；乙日占卦，爻中出现卯为禄。其余依此类推。

驿马：

申、子、辰驿马在寅，巳、酉、丑驿马在亥，寅、午、戌驿马在申，亥、卯、未驿马在巳。假设子日、申日、辰日占卦，爻中出现寅，就是驿马。其余依此类推。

天喜：

春季在戌，夏季在丑，秋季在辰，冬季在未。假设春天正月二月占卦，爻中出现戌，就是天喜。三月虽然以戌为天喜，但又为月破。如果在卦中发动，扶助旺相的用神的，就以它为喜，不按月破论。其余依此类推。

各种书中星煞极多，我留心了四十余年，只有贵人、禄神、驿马、天喜应验，但也不能单独执掌祸福的权柄。用神旺的，出现则越发吉祥；用神失陷的，即使有也和没有一样。

【原文】

李我平曰：伏羲观奇偶以判阴阳，文王以爻辞而断凶吉，周公之后决祸福于五行，易道穷矣。今兼吉凶星煞，不知起何人。丧门、丘墓、大煞、飞廉①，加此险语惊人，往往全无应验。《易冒·病症章》云："十卦②不死，星煞不死。用神生者即生，用神死者必死。"余以为得理。及至《星煞章》中，反增许多神煞，出前反尔，后学何从？即如此书，得验贵人、禄马，亦必附和用神之旺相。既不能独操祸福之权，余以为不用亦可。诚意先生《千金赋》曰："吉凶神煞之多端，何如生克制化之一理？"一言以蔽之矣！

【译文】

李我平说：伏羲观察奇偶而分判阴阳，文王以爻辞来决断凶吉，周公之后，用五行来决断祸福，易道已经完善。现在兼用吉凶星煞，不知开始于什么人。丧门、丘墓、大煞、飞廉，用这样险恶的名词惊悚人，却往往全无应验。《易冒·病症章》说："十卦不会死人，星煞也不会死人。用神生的才生，用神死的才死。"我以为有理。但是到了《星煞章》，《易冒》反而增加了许多神煞。如此出前反尔，让后学的人何所依从？比如这本书，应验了贵人、禄马，也必定以用神旺相为前提，而神煞只是附和吉凶罢了。星煞既不能单独执掌祸福的权柄，我以为不用也可以。刘诚意先生的《千金赋》说："吉凶神煞多端，哪里赶得上生克制化这一理？"一句话就涵盖了全部道理。

---

①丧门、丘墓、大煞、飞廉：丧门主孝丧之事。按照十二主星宿中记载：丧门原是扫帚星，风吹草动心惶惊，人坐家中祸天落，出门在外防贼兵。此煞查法：年日支前两位为丧门。丘墓：即三丘五墓。大煞：三合五行建旺之位，即命理学上的将星，忌修造营建。另据《卜筮全书》：大煞正月在戌，二月在巳，三月在午，四月在未，五月在寅，六月在卯，七月在辰，八月在亥，九月在子，十月在丑，十一月在申，十二月在酉。飞廉：居支后第四位，如子的飞廉在申，丑的飞廉在酉等。忌兴工、动土、迁移、婚嫁，主口舌和疾病。又有月上飞廉，正月从申逆推。

②十卦：即明夷、观、贲、大畜、丰、同人、蛊、夬、需、临十个据说不用看用神，仅凭古人的卦验即可断为凶险的卦。

增删卜易卷之四

［清］野鹤老人
［清］李文辉
［清］李我平　撰
孙正治　注

增删《黄金策·千金赋》第三十四

【原文】

动静阴阳，反复迁变。

前《动变章》注解明白。

太过者损之斯成，

旧注："主事爻重迭太多，事不专一，故宜损之。且如土为主事爻，卦中多逢丑戌辰未，谓之太过，须待寅卯月日克制土爻，然后成事；或占时得寅卯日月者，亦好。"野鹤曰：不独后逢寅卯月日，得逢辰月辰日者，亦许成事。何也？辰乃土之墓库，谓之"用爻重迭，须墓库以收藏"是也。余仿此。

【译文】

动与静，阴与阳，循环往复，不断改变。

前面的《动变章》注解得很明白。

太过的，减损它才能成就；

旧注说："主事的爻重迭太多，断事不能专一，所以应当减损它。比如土为主事的爻，卦中多出现丑戌辰未，叫作太过，要等到寅卯月或寅卯日克制土爻，才能成事，或者占问时得到寅卯日或寅卯月也好。”野鹤说：不但后来遇到寅卯月或寅卯日，遇到辰月辰日的，也许为成事。为什么？因为辰是土的墓库，叫作“用神重迭出现，须有墓库来收藏”。其余依此类推。

【原文】

不及者益之则利。

何谓“不及”？若主事爻只有一位，又不旺相，谓之“不及”，其事难成。且如金为主事爻，若在夏天占得，即为休囚无气；若得日辰动爻生之，或待后来逢生助之日月，皆有利益，其事亦成。余以此论得理，但要主事爻原有根蒂。衰而逢生者，如旱苗之得雨也，勃然而兴，故谓之“有扶有助，衰弱休囚亦吉”；只恐衰弱无助，休囚失陷，虽逢生合，亦难生矣。岂不闻“制中弱主，难以维持”？

【译文】

不及的，增益它就有利。

什么叫不及？如果主事的爻只有一位，又不旺相，就是不及，主事情难成。比如金为主事爻，若是在夏天占得，就属于休囚无气；若得到日辰或动爻生它，或者等后来逢生助的日月，则有利，主事情能成。我以为这个说法在理，但要主事的爻原本就有根蒂。衰弱而逢生的，如同旱苗得甘雨，勃然而兴旺，所以说为“有扶有助，衰弱休囚也吉”；只恐怕衰弱无助，休囚失陷，即使逢生逢合，也难以生存。难道没听说过“制伏中衰弱的主象，难以维持”吗？

【原文】

生扶拱合，时雨滋苗；克害刑冲，秋霜杀草。

前《五行生克》《三合六合章》《月将日辰章》《三刑六害章》，注解极明。

长生帝旺，争如金谷之园①；死墓绝空，乃是泥犁之地。

前《生旺墓绝章》《空亡章》详之。

日辰为六爻之主宰，月将乃万卜之提纲。

前《日辰月将章》详之。

【译文】

生扶拱合，如同及时雨滋润禾苗；克害刑冲，恰似秋天的霜杀死花草。

前面的《五行生克》《三合六合章》《月将日辰章》《三刑六害章》，注解得极为明白。

长生帝旺，正如在金谷园中；死墓绝空，却像在地狱里面。

前文《生旺墓绝章》《空亡章》已经详谈。

日辰为六爻的主宰，月将是所有卜筮的提纲。

前文《日辰月将章》已经详谈。

【原文】

最恶者岁君，宜静而不宜动；

岁君乃当年之太岁是也。或明动暗动，冲克世爻，占年运者一年挠括②，占官事者毖于朝廷。士子占试，仕宦占官，及面圣③、上书、叩阍④、陈诤⑤、请封请荫⑥等事，皆宜太岁生合世爻，动而生世更吉，最忌刑冲克世。除此数占之外，皆与他爻等也。何也？太岁虽司一年之令，尊而不亲，高而难仰，吉凶皆不及乎日月。古以太岁不理家庭琐事，此理是也。所以太岁冲爻而为岁破，不以为凶；合爻为岁合，不以为吉。爻之衰者，太岁不能生之；爻之旺者，太岁不能制之。遇月破者即破，逢旬空者即空，非比月建日建之力也。

---

①金谷之园：即金谷园。西晋石崇的别墅，遗址在今洛阳老城东北七里处的金谷洞内。

②挠括：搅扰。

③面圣：指见皇帝。

④叩阍：叩击宫门，指官吏、百姓到朝廷诉冤。

⑤陈诤：陈述意见，诤谏是非。

⑥请封请荫：向君主请求给予封赠，让子孙世袭官爵。

【译文】

最恶的是岁君，宜于安静而不宜发动；

岁君就是当年的太岁。或者明动或者暗动，冲克世爻，占年运者，一年搅扰不安。占官事者，主死于朝廷。士子占考试、仕宦占官职，及面见皇帝、上书言事、到朝廷诉冤、陈述意见、诤谏是非、请求荫封等事，都适宜太岁生合世爻，发动而生世爻更吉，最忌刑冲克世。除这几种占题之外，都与其他爻一样。为什么？太岁虽然掌管一年的权柄，但是尊崇而不相亲，高贵而难以仰望，主吉主凶都比不上日辰月建。古法以为，太岁不处理家庭琐事，这个道理是对的。所以太岁冲爻为岁破，不以为凶；合爻为岁合，不以为吉。衰弱的爻，太岁不能生它；旺相的爻，太岁不能制伏它。遇到月破的还是破，逢旬空的还是空，没有月建日辰的作用大。

【原文】

野鹤曰：作当年之祸福，不以为重；作后时之凶吉，其实不轻。且如主事爻属木，爻中申酉金动，谓之木被金伤，纵使木旺金衰，目下可保无事，后遇申酉岁，难免其殃。

如巳月壬子日占乡试，得水地比：巳火父爻当月建，文星旺矣；独嫌官星持世，卯木旬空。许子卯科方得遂意。子年占，果于卯年登科①。应卯年者，太岁填实而不空也。

【译文】

野鹤说：太岁造成当年的祸福，不以为重；造成后来的凶吉，其实不轻。比如主事的爻属木，爻中申酉金发动，叫作木被金伤，纵使木旺金衰，也只是眼下可以保证无事，以后遇到申酉年，还是难免祸殃。

例如，巳月壬子日占乡试，得到水地比卦：

①登科：也称登第，指考中进士。

妻财子水●●　— —应
兄弟戌土●　——
子孙申金●●　— —
官鬼卯木●●　— —世
父母巳火●●　— —
兄弟未土●●　— —

巳火父母爻临月建，文星是强旺的了；只嫌官星持世，卯木旬空。许于卯科才得能如愿。子年占问，果然于卯年荣登科第。应验在卯年，是太岁填实而不空的缘故。

【原文】

不验者身位，宜删而不宜存。

旧系“最要者身位，喜扶而不喜伤”。原注有云：“古用世身而不验，故用卦身。”野鹤曰：卦身亦不验，只用世爻。

或曰：“间有验者。”余曰：“比之用世爻百发而百中也，间有之验，乃偶然凑合耳，何足为法?”

【译文】

不应验的是身位，宜于删去而不宜急留存。

原文是“最要者身位，喜扶而不喜伤”。原注有“古时用世身而不应验，所以用卦身”的说法。野鹤说：卦身也不应验，应当只用世爻。

有人说：“偶尔有应验的。”我说：“和用世爻的百发百中比起来，偶尔的应验，只是偶然凑合的结果，哪里值得作为法式?”

【原文】

世为己，应为人，大宜生合；

世为自己，应为他人，凡彼此之事，兼而用之。欲他扶助我者，喜应爻生合世；我欲代他而谋事者，宜世而生应也。非占彼此而不用也。

如卯月辛巳日，占自陈何如，得恒之升卦。余曰：“酉官持世，破而且空，又动出午火相克，不独削职，须防五六月还见凶灾。”或曰：“幸得世应相生，又变升卦，必相救解。”余曰：“自占自陈，与应何干？此迂腐之论也。”果于五月下狱。

动为始，变为终，最怕交争。

动爻为事之始，变爻为事之终，宜生合，不宜冲克。

【译文】

世爻为自己，应爻为他人，极应该相生相合；

世爻为自己，应爻为他人，凡彼此的事，兼用这两爻。希望他扶助我的，喜欢应爻生合世爻；我代他谋事的，适宜世爻生应爻。不是占彼此关系的，就不这样用。

例如，卯月辛巳日占自我辩白，得到雷风恒卦，变为地风升卦：

妻财戌土●●　— —应

官鬼申金●●　— —

子孙午火○　———　　妻财丑土●●　— —

官鬼酉金●　———世

父母亥水●　———

妻财丑土●●　— —

我说：“酉金官鬼持世，月破而且旬空，又动出午火相克，不但会被削职，还须预防五六月出现凶灾。”他说：“幸而得到世应相生，又变地风升卦，必定得到别人的解救。”我说：“自己占自我辩白，与应爻有什么关系？这是迂腐的议论。”果然于五月被投入监狱。

动爻为开始，变爻为终结，最怕二者彼此交争。

动爻为事情的开始，变爻为事情的终结，宜于生合，不宜冲克。

【原文】

应位遭伤，不利他人之事；世爻受制，岂宜自己之谋？

自占者宜世爻旺相，或临日月，或日、月、动爻扶助，或动而化吉，诸占皆吉。占他人以应爻为用，喜他旺者宜临旺相之地，又宜日、月、动爻以生扶；喜他衰者，宜临墓绝空破之乡，及日月动爻而冲克。

世应俱空，人无准实；

世空自己不真，应空他人不实，世应俱空，彼此皆无准实，谋事有阻，事实荒唐。

内外竞发，事必翻腾。

卦中动爻少者，吉凶自有条理，容易剖绝，若内卦外卦纷纷乱动，则吉凶靡一，必人情不常，事体反复，全无定论之象，须再占一卦，合而决之。

【译文】

应爻遭到伤害，不利于他人的事情；世爻受到制伏，怎么会宜于自己的谋求？

自己占问，适宜世爻旺相，或者临日辰月建，或日辰、月建、动爻扶助，或者发动而化吉，各种占问都吉。占他人以应爻为用神，喜欢他旺的，适宜临旺相之地，又适宜日辰、月建、动爻生扶；喜欢他衰弱的，适宜临入墓、遇绝、旬空、月破之乡，及日辰、月建、动爻冲克。

世应爻都逢空，双方都缺乏诚信；

世爻逢空自己不真，应爻逢空他人不实，世应都逢空，彼此都无诚信，谋事有阻碍，事情属于荒唐。

内外卦都发动，事情一定反反复复。

卦中动爻少的，吉凶自有条理，容易剖析和决断；如果内卦外卦纷纷乱动，则吉凶不确定，必定人情无常，事体反复。这种全无定论的卦象，必须再占一卦，合起来决断。

【原文】

世或交重，两目顾瞻于马首；应如发动，一心似托于猿攀。

旧注：“世应皆不宜动，动则反复不常，如马首而不定，似猿意以无宁。”

野鹤曰：余不敢以之为是，亦不敢以之为非。此乃用神不旺，大象不成之说也。若用爻得地，大象当成，世动不受克制，应动生合世爻，图事成之更速。

用爻有气无他故，所作皆成；主象徒存更被伤，凡谋不遂。

用爻及主象，即主事之爻也。或旺相或有生扶，或有气，并无他爻克制，事之必成；倘衰弱无力，又逢克制，虽则出现，亦无用矣。

【译文】

世爻如果兴起，两眼如同望着马头；应爻倘若发动，一颗心好像攀缘的猿猴。

旧注说："世应爻都不宜发动，发动就反复无常，如马首般顾盼不定，像猿猴一样心绪不宁。"

野鹤说：我不敢说这话对，也不敢以为这话不对。这是用神不旺，大象不成的说法。如果用神得地，大象得成，世爻发动不受克制，应爻发动而生合世爻，谋事成就得很快。

用爻有气而没有其他变故，所作所为都会成就；主象徒然存在又被伤克，所有谋求都无法如愿。

所谓用爻、主象，即主事的爻。或者旺相，或者有生扶，或者有气，并无其他爻克制，做事必定成功；倘若衰弱无力又逢克制，即使出现也无用了。

【原文】

空逢冲而有用；

旬空得遇日辰冲者，谓之冲空则实，实不为空，反为有用。倘动而空者，日辰冲之更实。

合遭破以无功。

旧注："爻逢相合，如两人同心，事必克济；若日、月、动爻冲克者，为合处逢冲，须防小人挑唆，合好之中以生疑忌。如占自为之事者，亦被旁人挑阻，我事难成。"余得验者，凡三合六合，虽不宜目下日、月、动爻冲克，又宜后来之月日冲开，正所谓"如逢合住，冲破成功"。且如爻中寅与亥合，若在申巳月日占者，申冲寅，巳冲亥，为"合处逢冲"。若非申巳月日占者，必待后时逢申巳之月日，方成其事。余仿此。古以不动亦为之合，非也，两爻皆动始为合也。

【译文】

旬空遇到冲击的，有用；

旬空遇到日辰冲的，叫作冲空则实，实际上不属于空，反而属于有用。倘若发动而逢空，日辰冲它就更实。

相合遭到克破的，无用。

旧注说：“爻逢相合，如同二人同心，事情一定成就；倘若日辰、月建、动爻冲克，属于合处逢冲，必须防止小人从中挑唆，以至在合好中产生疑忌。如果占自己做的事，也会被旁人挑唆阻碍，主我的事难以成就。”我得到应验的情况是，凡是三合和六合，虽然不宜眼下被日辰、月建、动爻冲克，却宜于后来的月建日辰冲开，就是所谓“如果被合住，冲破就成功”。比如爻中寅与亥相合，如果在申巳月申巳日占卦，申冲寅，巳冲亥，为“合处逢冲”；如果不是申月巳月或申巳日占卦，必须等待后来遇到申巳月或申巳日，才能成事。其余依此类推。古法以为不发动也属于相合，不对，两爻都动才是相合。

【原文】

动空化空，皆成凶吉；

旧系“必成凶咎”。余得验者，动不为空，动而化空亦不为空，吉凶皆应冲空实空之日，予故更之。

刑合克合，终见乖违。

旧注：“合者，和合也。见之为合，殊不知合中有刑有克，毕竟不合。用‘午’字为财爻，‘寅’字为福神，因‘午’字而带自刑，名为刑合，不以为合，而以为刑也。”

野鹤曰：午既自刑，乃自有刑害之祸，得福神而作合，是救解其祸矣，反不为吉者，非也。余尝得验，世爻午火化未相合，已定重刑，后竟蒙赦免。

【译文】

动爻旬空或化入旬空，都会形成凶祸或吉庆；

原文为“必成凶咎”。我得到应验的，是发动不为空，发动而化空也不为空。吉凶都应验在冲空实空的日子，所以我改正它。

带刑相合或带克相合，终究要遇到乖违和欺凌。

旧注说：“合是和合。看去虽然相合，殊不知合中有刑有克，到底还是不合。比如用‘午’字为妻财爻，‘寅’字为福神，因为‘午’字带自刑，称为刑合。刑合不作相合看，而应作相刑看。”

野鹤说：午既自刑，是自己有刑害的祸患，得到福神来合，是解救它的祸患，却反而不作吉卦断，这是不对的。我曾经得到应验的是，世爻午火化未土相合，结果已经定了重刑，后来竟被赦免。

【原文】

动逢合而绊住；

旧注："忌神动逢日月相合，则不成凶；原神动逢日月合住，则不济事。"此亦有理，但予得验者，后逢冲开之月日，吉凶俱成。

如未月庚寅日占官运，得革变既济卦。断曰："世临亥水，今岁子年太岁拱扶，九五酉金虽不发动，亦有生意。世爻又化回头之生，又得日辰相合，六爻未土官星当权得令。仕途平坦，如顺水以行舟也。唯疑权操两省，不为不富，如何兄爻持世，财伏被克？此美中之不足也。"公问："日后如何？"余曰："防巳年太岁冲亥刑申，不无蹭蹬①，荣归②之日只落得四海一空囊耳！"果于巳年被论，宦囊③消索。此乃世逢合而绊住，逢冲之年月则开缺④矣。

静得冲而暗兴。

《暗动章》中注解详明。

【译文】

发动逢合就会绊住；

旧注说："忌神发动而逢日月相合，就不成凶咎；原神发动而逢日月合住，则不济事。"这也有些道理，但我得到应验的情况是，后来逢冲开的月日，吉凶都会应验。

例如，未月庚寅日占官运，得到泽火革卦，变为水火既济卦：

①蹭蹬：困顿失意。

②荣归：本义是光荣退休，在这里指离任回乡。

③宦囊：做官者的钱袋。

④开缺：撤职。

官鬼未土●●　— —
父母酉金●　———
兄弟亥水○　———世　　父母申金●●　— —
兄弟亥水●　———
官鬼丑土●●　— —
子孙卯木●　———应

断卦说："世爻临亥水而值子年，有太岁拱扶；九五酉金虽然不发动，但也有相生之意；世爻又化回头生，又得日辰相合；六爻未土官星当权得令，似乎可断为仕途平坦，像顺水行舟一样。但我疑心：既握有两省的权柄，不算不富，为什么兄弟爻持世，妻财被克？这是美中不足的地方。"他问："以后怎么样？"我说："预防巳年太岁冲亥刑申，不无困顿，荣归的时候只落得奔波四海后的一个空口袋。"果然于巳年被弹劾，以至囊空如洗。世爻亥水逢合而绊住，只是暂时维持，到巳年逢冲就会撤职。

安静得冲就会暗动。

《暗动章》中注解得详细而明了。

【原文】

入墓难克，

旧注："墓者，滞也。忌神入墓，不克用神。且如木为用神，金为忌神，若在丑日占者，金入墓矣，焉能克木？卦中动出丑爻，亦同此推，金爻动而化丑亦是。余仿此。"

野鹤曰：是则是也，屡见后逢冲开墓库之日，依然木被金伤。

带旺非空。

旺者，乃旺相之爻，而遇旬空，不作空论。倘遇本日之日辰冲者，谓之"空"，逢冲而有用；遇后日之日辰冲者，谓之"冲起"。过此一旬而出空者，谓之"填实"，俱不为之空也。倘若发动，更不为空。

【译文】

入墓的爻神难以克制，

旧注说："墓是蹇滞的意思。忌神入墓，就不克用神了。比如木为用神，金为忌神，若在丑日占卦，金入墓了，怎么能克木？卦中动出丑爻也这样推论，金爻发动而化丑也是这样。其余类推。”

野鹤说：对是对了，但是屡见后来逢冲开墓库的日子，木依然被金伤害。

带旺的旬空不属于空。

旺指旺相的爻，旺相的爻遇到旬空，不作空论。倘若遇到本日的日辰冲，那么虽叫作旬空，逢冲时却有用；后来遇日辰相冲，叫作冲起。过这一旬就出空的，叫作填实，都不算作空。如果发动，就更不为空了。

【原文】

有助有扶，衰弱休囚亦吉；

此指主事爻而言。且如主事爻无气，本为不美，若得日辰与动爻生扶拱合，即为得助，与前“不及者益之则利”相同。

贪生贪合，刑冲克害皆忘。

此亦指主象而言。且如主象临卯木，遇申爻动而克之，卦中若动出亥水，申金贪水之生，不来克木。又如主事爻临子水，遇卯木动而相刑，若得旁爻动出“戌”字，卯与戌合，不来刑子。此乃“贪合忘刑”。又如世临巳爻，卦中动出“寅”字，本是寅来刑巳，却得寅木生巳火，谓之“贪生忘刑”。又如用爻临“巳”字，卦中动出亥水冲克巳火，若得卯未同动，亥、卯、未合成木局，反来生火，亦谓之“贪合忘克忘冲”。余皆仿此，逐类推详。

别衰旺以明克合，辨动静以定刑冲。

衰旺克合，前《五行生克》及《四时旺相章》中已注明白；动静刑冲，若前《动静章》已注明。

【译文】

有助有扶，即使衰弱休囚也会吉祥；

这是指主事的爻而言。比如主事的爻无气，本来不理想，但只要得到日辰与动爻的生扶拱合，就为得到生助，与前文的“不及的，增益它就有利”相同。

贪生贪合，所有刑冲克害都会忘掉。

这也是指主象而言。比如主象临卯木，遇到申金爻发动克它，如果卦中动出亥水，那么申金贪恋水的生助，就会不来克木。又比如主事的爻临子水，遇到卯木发动而相刑，如果旁爻动出“戌”字，卯就会与戌相合，而不来刑子。这是“贪合忘刑”。又如世爻临巳爻，卦中动出“寅”字，本是寅来刑巳，现在却是寅木生巳火，叫作“贪生忘刑”。又比如用爻临“巳”字，卦中动出亥水冲克巳火，只要有卯、未一同发动，亥、卯、未合成木局，就会反而来生火，也叫作“贪合忘克忘冲”。其余依此类推。

区别衰弱还是旺相，以明了克还是合；辨别发动或者安静，来确定刑或者冲。

衰旺与克合，前文《五行生克章》及《四时旺相章》中已经注解明白；动静刑冲，前文《动静章》已经注解清楚。

【原文】

并不并，冲不冲，因多字眼；刑非刑，合非合，为少支神。

旧注：“卦爻既成，未免有刑冲并合，然多一字不成其名，少一字亦不成刑冲并合之名也。且如子日卜卦，卦中有一‘子’字，则为之并；若有二‘子’字，则分开而太过也，名虽为并，其实不能并之。”二“午”则不冲，二“丑”则不合，二“巳”则不克，多此一字，不成刑合克害之名也。

野鹤曰：若是爻中二子不合二丑，名为“妒合”，不成合者，亦有理也。若以日辰不能并爻中之二“子”、不能冲爻中之二“午”者，非也。日月如天，无处不沾雨露，不然，何以谓之“巡察六爻之善恶”？

【译文】

并不是并，冲不是冲，是因为多了字眼；刑不是刑，合不是合，是由于缺少支神。

旧注说：“卦爻既然形成，未免有相刑、相冲、相并、相合，但多一个字或少一个字，都构不成这些名目。比如子日占卦，卦中有一个‘子’字，则为并；如果有两个‘子’字，则分开而太过，名义虽然为并，其实不能并。”两个“午”则不冲，两个“丑”则不合，两个“巳”则不克，多这一个字，就构不成刑合克害的名目。

野鹤说：若是爻中两个“子”，就不合两个“丑”，称为“妒合”，说不成合也有理。但若以为日辰不能并爻中的两个“子”、不能冲爻中的两个“午”，就不对了。日月如天，没有什么不沾雨露，不然的话，凭什么说它“巡察六爻的善恶”？

【原文】

即如丑月壬子日占讼，得遁卦。断曰：“世临午火，子日冲之，休囚为破，不为暗动。今日若审，必有责罚。”果于本日见官，杖责二十。此即卦见二“午”，岂可谓之“一‘子’不冲二‘午’”耶？

【译文】

例如，丑月壬子日占诉讼，得到天山遁卦：

父母戌土● ———

兄弟申金● ———应

官鬼午火● ———

兄弟申金● ———

官鬼午火●● — —世

父母辰土●● — —

断卦说：“世爻临午火，子日冲它，因为午火休囚，属于世爻日破，而不是暗动。据此，今天若审案，一定有责罚。”果然在本日去见官，被责二十杖。这是由于卦中出现两个“午”字。由此看来，怎么可以说“一‘子’不冲二‘午’”呢？

【原文】

又曰：“寅巳申为三刑，若有‘寅’‘巳’二字而无‘申’字，或有‘寅’‘申’二字而无‘巳’字，但少一个字，不成三刑。”又说：“亥、卯、未为三合卦，有其二，内少一字者，不成三合。”

野鹤曰：此二者皆非其说，殊不知虚一待用，待后时之月日可填之。

如巳月己未日占久病，得困之兑卦。断曰："世爻寅木化出巳爻，寅能刑巳，三刑少'申'字，防申日之危。"果卒于申日申时。此乃少一字得后来申日补之，岂可谓之"少一字不成三刑"耶？

【译文】

前人又说："寅、巳、申为三刑，若有'寅''巳'二字而无'申'字，或有'寅''申'二字而无'巳'字，只要少一个字，就不成三刑。"又说："亥、卯、未为三合卦，只有其中的两个字，缺少一个字的，构不成三合。"

野鹤说：这两种说法都不成立，殊不知这是虚一待用，以后的月日可以填上，那时无论三刑还是三合，就都有用了。

例如巳月己未日占久病，得到泽水困卦，变为兑为泽卦：

父母未土●●　— —

兄弟酉金●　———

子孙亥水●　———应

官鬼午火●●　— —

父母辰土●　———

妻财寅木×　— —世　　官鬼巳火●　———

断卦说："世爻寅木化出巳火，寅能刑巳，但三刑中缺少'申'字，须预防申日有危险。"果然死于申日申时。这是少一字而应验于后来申日补足，怎么可以说"少一字就构不成三刑"呢？

【原文】

又如酉月乙巳日占升迁，得泽地萃变天地否。巳火官星持世，又临日建。卜书曰："官临日月即升。"且巳日冲动亥爻，与发动之未爻欲成三合，因少"卯"字，明年卯月必升。此乃虚一待用。果升于卯月。岂可谓之"少一字不成三合"耶？

【译文】

又例如，酉月乙巳日占升迁，得泽地萃卦，变为天地否卦：

父母未土×　　— —　　　　父母戌土●　　——

兄弟酉金●　　——应

子孙亥水●　　——

妻财卯木●●　— —

官鬼巳火●●　— —世

父母未土●●　— —

巳火官星持世，又临日建。占书说："官临日辰月建，马上就能升迁。"况且巳日冲动亥水爻，与发动的未土爻构成三合，只是缺少"卯"字，所以明年卯月一定升迁。这是虚一待用的缘故。果然升迁于月日。这种情况，怎么可以说"少一个字就不成三合"呢？

【原文】

爻遇令星，物难我害；

日辰月将章注解极明。

伏居空地，事与心违。

伏，伏神也。伏而又空，诸事难成之象。旧存占验：丙申日占文书，得地天泰卦。以父母爻为用神，此卦六爻无父母巳火，父母伏于寅木之下，又遇旬空，所以文书而不成也。

野鹤曰：伏而又空，事之不成者，是也；但此卦文书之不成者，非因空也，乃因飞神在寅，伏神在巳，与申日作三刑之故耳。何也？申日冲动寅木，以生巳火，谓之"飞来生伏得长生"。伏神既得长生，则为有气不空，不然，何以谓之"飞不冲开亦枉然"？余故曰：非因空也，三刑也。

【译文】

爻神遇到月令，别人难以害我；

《日辰章》、《月将章》注解极明白。

伏神落于旬空，事情违背心愿。

伏指伏神。伏藏而又旬空，是各事情都难成的征兆。旧有的占验，如丙申日占文书，得地天泰卦：

子孙酉金●● — —应
妻财亥水●● — —
兄弟丑土●● — —
兄弟辰土● ——世
伏父母巳火　旬空　官鬼寅木● ——
妻财子水● ——

此占认为，以父母爻为用神。这一卦六爻无父母巳火，父母伏于寅木下，又遇到旬空，所以文书不成。

野鹤说：伏藏而又旬空，事情不成，是对的；但这一卦文书不成，不是因为旬空，而是因为飞神为寅木，伏神为巳火，与申日构成三刑。为什么？申日冲动寅木而生巳火，叫作“飞来生伏得长生”。伏神既得长生，则为有气而不空，不然的话，凭什么说“飞神不被冲开也是枉然”？所以我说：不是因为旬空，而是由于三刑。

【原文】

伏无提挈终徒尔，飞不冲开亦枉然。

凡用神不现，伏于卦中，须宜月建日辰冲开飞神，生合扶起伏神，而伏神即为有用。

假如占文书得山火贲：以父母为用神。午火父母伏于丑土兄爻之下，可断有人把住文书；若在未月日占者，冲去丑土飞神，合起午火伏神，则断为文书有用；若在寅卯月日占者，克去丑土，生起午火，亦断作文书有用。余仿此。

【译文】

伏神没有提挈，终究白费；飞神不被冲开，也是枉然。

凡用神不出现，伏藏在卦中，必须有月建、日辰冲开飞神，生合扶起伏神，这样的伏神才是有用的。

假如占文书，得到山火贲卦：

官鬼寅木●　　— —
妻财子水●●　— —
兄弟戌土●●　— —应
妻财亥水●　　———
伏父母午火　兄弟丑土●●　— —
官鬼卯木●　　———世

以父母为用神。午火父母伏藏于丑土兄爻之下，可以断为有人把持住文书。在未月日占问，日辰冲去丑土飞神，合起午火伏神，可以断言文书有用；在寅卯月日占问，月建克去丑土，生起午火，也断作文书有用。其余依此类推。

【原文】

空下伏神，易于引拔；

伏神不空而飞神空者，伏神易于出现。何也？飞神既空，乃上无压住之爻也，而伏神再得月建日辰生扶拱合，脱然出矣。

卦中弱主，难以维持。

用爻休囚，又被月建日辰制伏，纵遇生扶，亦不济事也。

【译文】

旬空下伏藏的用神，易于引拔；

如果伏神不逢旬空而飞神逢空，那么伏神易于出现。为什么？飞神既然旬空，上面就没有压住的爻，而伏神再得到月建、日辰的生扶拱合，就从伏藏中出现了。

卦爻中衰弱的主象，难以维持。

用神休囚，又被月建日辰制伏，即使遇到生扶也不济事。

【原文】

如辰月丙辰日，占地下忽然起五色之光，疑有古窖，得睽之蛊卦。

余曰：“财伏而空，全无影响。”伊曰：“既是无财，何故有五色之光？”余曰：“乃妖气也。”彼时人人望财，议论纷纷。有曰：“‘子动爻中，兄弟交重偏有望。’此卦兄动生子，子动生财，又是内卦合成金局，金生水旺，何曰无财?”余曰：“尔知其一，不知其二。子孙虽旺，难生无蒂之财。子水伏而又空，又被日月飞神克制，财从何来?”后竟掘之，掘得破缸一口，尽是瓦屑泥土。

【译文】

比如辰月丙辰日，占地下忽然起五色的光，怀疑有古窖，得到火泽睽卦，变为山风蛊卦：

	父母巳火●	———		
伏妻财子水 旬空	兄弟未土●●	— —		
	子孙酉金○	———世	兄弟戌土●●	— —
	兄弟丑土×	— —	子孙酉金●	———
	官鬼卯木●	———		
	父母巳火○	———应	兄弟丑土●●	— —

我说：“妻财伏藏而逢旬空，主事情全无踪影。”他说：“既然是无财，为什么有五色光?”我说：“是妖气。”那时人人盼望发财，议论纷纷。有的说：“‘子孙发动在卦中，兄弟虽然发动，却偏偏有希望。’卦中兄弟发动而生子孙，子孙发动而生妻财，又是内卦合成金局，金生水旺，为什么说无财?”我说：“你只知其一，不知其二。子孙虽然旺，难生没有根蒂的妻财。子水伏藏而又逢空，又被日辰、月建和飞神克制，财从哪里来?”后来人们竟挖掘起来，但掘得的只是一口破缸，里面都是瓦块和泥土。

【原文】

日伤爻真罹其祸，爻伤日徒受其名。

日月如天如君，六爻如臣民万物。日辰能刑冲克害得卦爻，而卦爻不能刑冲克害乎日月。

墓中人不冲不发；

旧注：“大抵用爻入墓，则被阻滞，诸事费力难成，须得日辰动爻冲破或克破其墓，方有力也。”如戊寅日占财，得同人之乾卦，用爻入墓，喜得日辰克破，后果得财。以用空入墓许以无财者，非也。殊不知虽空而遇冲，冲空则实；虽墓而克破，破墓则开。

野鹤曰：此极有理，屡试屡验。但要用神有力，方可许之；倘若用神休囚无援，虽遇冲开之日，亦难发矣！

【译文】

日辰伤害爻神，真遇祸患；爻神伤害日辰，徒有名义。

日辰月建如天，如君王，六爻如臣民，如万物。日辰月建能刑冲克害卦爻，而卦爻不能刑冲克害日辰月建。

墓中的人，不冲击就不兴发；

旧注说："大抵用爻入墓，就属于被阻滞，凡事费力而难成，必须得到日辰或动爻冲破，或者克破它的墓，才有力量。"比如戊寅日占财，得到天火同人卦，变为乾为天卦：

子孙戌土● ——应

妻财申金● ——

兄弟午火● ——

官鬼亥水● ——世

子孙丑土× —— 父母寅木● ——

父母卯木● ——

用爻虽然入墓，好在被日辰克破，后来果然得到钱财。根据用神逢空又入墓而断为无财，是不对的。殊不知虽然旬空而又遇冲，但是冲空就实了；虽然入墓而被克破，但是克破墓就开了。

野鹤说：这说法极为有理，屡次试验，屡次应验。但是，要用神有力才可以这样断；倘若用神休囚而又无救援，即使遇到冲开的日子，也难以发财。

【原文】

如未月戊辰日占年运，得地雷复变谦卦。世爻子水，虽是申、子、辰三合水局，不宜日月克世，世爻化墓，又化回头克，动爻辰土又克，此乃世爻休囚而无气也。卯年占，卒于午年。应午年者，世临岁破之年也，岂可谓之"墓中人不冲而不发"耶！

【译文】

又如未月戊辰日占年运，得到地雷复卦，变为地山谦卦：

子孙酉金●●　— —
妻财亥水●●　— —
兄弟丑土●●　— —应
兄弟辰土×　— —　　子孙申金●　——
官鬼寅木●●　— —
妻财子水○　——世　　兄弟辰土●●　— —

世爻为子水，虽然申、子、辰三合水局，但是可惜日辰月建克世爻，世爻化墓，又化回头克，动爻辰土又克，属于世爻休囚无气。卯年占卦，断他死于午年。应验在午年，是世爻临岁破的年份。这种情况，怎么可以说“墓中的人，不逢冲就不发动”呢？

【原文】

身上的鬼，不去则不安。

诸占最怕克世，独官鬼持世者，若非职役之人，最宜日、月、动爻相冲克，反为吉矣。何也？非克世爻，乃克去身边之鬼。

如午月癸丑日占妻病，得萃之比卦。问：“来人病得几时？”彼曰：“三月病起。”余曰：“卯木财空，明日出空，必然退灾。”彼曰：“医家不下药矣。”余曰：“不妨。此卦亥水子孙独发，克去世爻之鬼，应在明日寅日。寅与亥合，合起子孙之日尔，无忧也。”果于次日退灾，不药而愈。亦不独此，又因卯木财空，次日出空而退灾。

【译文】

身上的鬼，不除去则不安宁。

各种占问，最怕世爻受克，只有官鬼持世，只要不是在职服役的人，就最适宜日辰、月建、动爻相冲克，反而是吉兆。为什么？不是克世爻，而是克去身边的鬼。

例如，午月癸丑日占妻子的病，得到泽地萃卦，变为水地比卦：

父母未土●●　— —
兄弟酉金●　———应
子孙亥水○　———　　兄弟申金●●　— —
妻财卯木●●　— —
官鬼巳火●●　— —世
父母未土●●　— —

我问："来人病了多久？"他说："三月发病。"我说："卯木妻财逢空，明日出空，必然病愈。"他说："医生已经不下药了。"我说："不妨。这一卦亥水子孙一爻独发，克去世爻官鬼，应验在明日寅日。寅与亥合，是合起子孙的日子，没有忧患。"果然于次日病愈，而且没用药就痊愈了。这样断卦的理由不只是这一点，还因为卯木妻财旬空，第二天出空就会病愈。

【原文】

曾于辰月戊子日，占小舟过关恐盘阻，得水地比变泽山咸卦。世爻之鬼，乃满腹忧疑之象，迭迭申金克去身边之鬼，则无忧也。果于卯日过关，并无阻滞。

【译文】

曾经于辰月戊子日，占小舟过关，恐怕盘查阻碍，得到水地比卦，变为泽山咸卦：

妻财子水●●　— —应
兄弟戌土●　———
子孙申金×　— —　　妻财亥水●　———
官鬼卯木×　— —世　　子孙申金●　———
父母巳火●●　— —
兄弟未土●●　— —

世爻为官鬼，是满腹犹疑的征象，但只要重重叠叠的申金克去身边的鬼，就无忧了。果然于卯日过关，并没有什么阻碍。

【原文】

德入卦无谋不遂，

旧注："德者，得也，'与天地合其德①'，主事爻与世爻天干地支上下相合是也。"存有占验：

戌月己酉日占文书，得小畜变蛊卦。谓五爻动出丙子文书，与世爻变出辛丑干支相合，应戊子日成其文书。余以此论为多事之论也。

【译文】

天德入卦，没有不能如意的谋求；

旧注说："德是得的意思，即所谓'德行与天地相合'，例如主事的爻与世爻天干地支上下相合。"前人存有占验：

戌月己酉日占文书，得到风天小畜卦，变为山风蛊卦：

兄弟辛卯木● ——

子孙辛巳火○ —— 父母丙子水●● — — 朱雀

妻财辛未土●● — —应

妻财甲辰土● ——

兄弟甲寅木● ——

父母甲子水○ ——世 妻财辛丑土●● — —螣蛇

前人断卦说，五爻动出丙子文书，与世爻变出的辛丑干支相合，所以应在戊子日成就文书。我以为这种说法多余。

【原文】

野鹤曰：鬼谷《三才论》② 舍爻辞以五行而定祸福者，乃用地支；既用地支，不得不以天干为配，未闻以天干而定吉凶。以天干配地支者，欲全用周天甲子，卦又止于四十八爻，不得不分析矣。所以乾之内卦用甲，坤之内卦用乙，乃十干之首；乾之外卦用壬，坤之外卦用癸，皆十干之尾。乾之内卦，用干与坤之外卦相合；坤之内卦，用干与乾之

①与天地合其德：德行与天地相合。语出《周易·文言》。

②三才：天地人的合称。

外卦相合。二老上下相媾，阴阳相配，中包六子①。甲乙之次者，丙丁用之于少男少女，艮与兑也；戊己用之于中男中女，坎与离也；庚辛用之于长男长女，震与巽也。以全上下干支，此乃配偶之法也，故谓之“浑天甲子”，而祸福吉凶，皆地支生克制化、克合刑冲以判之。今又以天干而判休咎者，每卦皆宜用也，何独于此？况此小畜变蛊，五爻朱雀为文书，动临巳火，变出子水文书，而世爻又临子水父母，又为文书，酉日生之，化丑合之。迭迭文书旺动于卦中，更非干支相合，故曰“多事之论”也。

【译文】

野鹤说：鬼谷子的《三才论》，舍弃爻辞而以五行决定祸福，这才用地支；既用地支，不得不以天干相配，没听说要以天干定吉凶。以天干配地支，就要全用周天甲子，但卦又只有四十八爻，就不得不离析十天干相配。所以乾的内卦用甲，坤的内卦用乙，这是十干开头；乾的外卦用壬，坤的外卦用癸，都是十干的末尾。乾的内卦所用天干与坤卦的外卦相合；坤的内卦所用天干与乾卦的外卦相合。这样就形成了二老上下相媾和，阴阳相配，中间包含六子卦的情形。甲乙以下，丙丁用于少男少女，即艮与兑；戊己用于中男中女，即坎与离；庚辛用于长男长女，即震与巽。这样配全上下干支，属于配偶法，所以叫作“浑天甲子”，而祸福吉凶都只从地支的生克制化、克合刑冲来判断。但是现在却以天干判断休咎，既然如此，就每卦都应该用，为什么只有这里用？况且这一卦是风天小畜变为山风蛊，五爻朱雀发动而临巳火，变出子水文书；而世爻又临子水父母，又为文书，并且酉日生它，化出丑土合它。卦中迭迭文书旺相而发动，并不属于干支相合，所以说这种言论多余。

【原文】

忌临身而多阻无成。

---

①六子：指六子卦，即震、巽、坎、离、坤、艮、兑，它们分别象征长男、长女、中男、中女、少男、少女。

“忌即忌神，诸占不宜持世。如占官，子孙即为忌神，子孙持世求名不成；占财，兄爻为忌神，兄爻持世，求财不获。”

野鹤曰：此论极是。然余亦有验者，兄爻持世，化出财爻而得财；世临财爻，化出父母而见父。

如巳月丙申日占财，得未济而变鼎卦。此乃忌临世位化财，酉财，即于酉日得财。

【译文】

忌神临世爻，因为多阻碍而无法成功。

“忌指忌神，各种占问都不宜持世。比如占官职，子孙就是忌神，子孙持世求功名，主不能成名；占求财，兄弟爻为忌神，兄弟爻持世，主求财不得。”

野鹤说：这种议论极对。但我也有应验为下述情形的：兄弟爻持世而化出妻财爻，却得到了财；世爻临妻财而化出父母，却见到了父亲。

例如，巳月丙申日占财，得到火水未济卦，变为火风鼎卦：

兄弟巳火● ——应

子孙未土●● — —

妻财酉金● ——

兄弟午火 × — —世 妻财酉金● ——

子孙辰土● ——

父母寅木●● — —

这一卦忌神临世而化妻财酉金，断为就在酉日得财。

【原文】

又如申月戊午日占领文书，得风雷益之家人。此亦忌临世位，即于亥日而得文书。同日子占父亦得此卦，亥日见父。其故何也？疑是动爻不克变爻之故耳。然亦无多见者。余既得验，不得不以告之，非教后人为法也。诸占必以忌神持世多阻无成者为是。

【译文】

又例如，申月戊午日占领文书，得到风雷益卦，变为风火家人卦：

兄弟卯木●　　———应
子孙巳火●　　———
妻财未土●●　— —
妻财辰土×　　— —世　　　　父母亥水●　　———
兄弟寅木●●　— —
父母子水●　　———

这也是忌神临世爻，却在亥日得到了文书。同日儿子占父亲，也得到这一卦，后来亥日见到了父亲。这是什么缘故呢？疑心是动爻不克变爻的缘故。但也没有见到更多类似情况。我既得到应验，不得不告诉，并非教后人作为法式。各种占问，只要忌神持世，还是以断为多阻碍，无法成就为妥。

【原文】

例如午月己酉日，占求财，得未济之睽卦。凡占求财，最忌兄爻持世。此卦忌临世位，当主无财，幸寅木父母动而生世。父母爻者，非金银也，乃货物也，求金银而不得，货物必得。果于寅日得杯盘纱缎。应寅日者，父爻出空之日也。

【译文】

例如，午月己酉日占求财，得到火水未济卦，变为火泽睽卦：

兄弟巳火●　　———应
子孙未土●●　— —
妻财酉金●　　———
兄弟午火●●　— —世
子孙辰土●　　———
父母寅木×　　— —　　　　兄弟巳火●　　———

凡是占求财，最忌讳兄弟爻持世。这一卦忌神临世爻，本主无财，但庆幸的是寅木父母发动而生世爻。父母爻不是金银，而是货物，求金银得不到，求货物却一定能得到。果然于寅日得杯盘纱缎。应验于寅日，是父母爻出空的缘故。

【原文】

卦遇凶星，避之则吉；

旧注："凡值用神空亡，遇日、月、动爻冲克者，谓之'避空'，反不遭其冲克之害。"旧存有占验：

"六月壬子日占子病，得姤之大过。谓父母旺动，用爻亥水子孙而无气，本为凶兆，喜得用爻值旬空而避之，至丙子日而愈。盖丙子者，则前面已过，又是亥水子孙，值子日以临帝旺之故耳。"

【译文】

卦中遇到凶神，能避开才吉祥；

旧注说："凡是值用神空亡，遇到日辰、月建、动爻冲克，叫作'避空'，反而不受其冲克的危害。"并存有这样的占验：

"六月甲子日占儿子的病，得到天风姤卦，变为泽风大过卦：

父母戌土○	———	父母未土●	— —
兄弟申金●	———		
官鬼午火●	———应		
兄弟酉金●	———		
子孙亥水●	———		
父母丑土●●	— —世		

"父母旺相发动，用爻亥水子孙无气，本为凶兆，但是好在用爻值旬空，可以避开，结果到丙子日就痊愈了。这是丙子日旬空已过，卦中又以亥水为子孙，旺于子日的缘故。"

【原文】

野鹤曰：此论非理。诸占最恶者，忌神既动于卦中，祸已萌矣。用神静者，逢冲之日遭害；用神动者，逢合之日遭伤；用神破者，实破之日而遇；用神空者，出空之日相逢。是乃未曾出空，可以避之，出空必遇其害，岂曰"出空则前面已过"，反不受其祸？则悖也，谬也。

余得其验者，原神动于卦中，用神空者，出空之日而得福；忌神动于卦中而用神空者，出空之日逢殃，屡占屡验，独近病逢空不论。凡占近病，用神得遇旬空者，不拘日、月、动爻克害，用神出空之日即愈。

独此一事论空不论克也，他占皆忌。此姤之大过，定是占于近病，不悟近病逢空即愈，而曰诸事皆可避之也，宜删之。

【译文】

野鹤说：这种说法没有道理。各种占问，最嫌恶的都是忌神在卦中发动，主祸患已经萌发了。用神安静的，逢冲的日子受害；用神发动的，逢合的日子受伤；用神月破的，实破的日子遭遇；用神旬空的，出空的日子相遇。这种情况，在未出空的时候还可以避开，出了空一定受害，怎么能说“出空后旬空已经过去”，所以不会受害呢？这样说是完全谬误的。

我得到应验的是：原神在卦中发动，用神逢空的，出空的日子就得福；忌神在卦中发动，而用神逢空的，出空的日子就遭殃。而且这都是屡占屡验的，只有近病逢空不这样推论。凡占近病，用神得遇旬空，不管日辰月建还是动爻克害，用神出空的日子就痊愈。只有这一件事论空不论克，其他占问都忌讳。这个天风姤变大过卦，一定是占近病而不悟近病逢空就痊愈的道理，却说各种事情都可以避开。所以这说法应该删去。

【原文】

爻逢忌煞，敌之无伤。

旧注：“忌爻发动，凡事不利；若得日、月、动爻帮助，用爻可以敌之，不弱于彼，事亦可成。”余以此论是理，但伊所存之占验无理。

申月乙未日占脱役，得损之节，谓世临丑土，而子水财动，生助寅木之鬼，动而克世；喜得日辰未土，五爻上又变出戌土扶助世爻，可以敌其寅木之鬼，不能伤身。

【译文】

爻象遭逢忌煞，有抵敌就无害。

旧注说：“忌神发动，凡事都不利；但是若得到日辰、月建、动爻帮助，用神可以抵敌它，不弱于它，事情也可以成就。”我以为这个说法在理，但他所存的占验却无理：

申月乙未日占摆脱劳役，得到山泽损卦，变为水泽节卦：

官鬼寅木○　——应　　妻财子水●●　— —
妻财子水×　— —　　兄弟戌土●　——
兄弟戌土●●　— —
兄弟丑土●●　— —世
官鬼卯木●　——
父母巳火●　——

说是世爻临丑土，而子水妻财发动，生助寅木官鬼克世爻，好在日辰为未土，五爻上又变出戌土扶助世爻，可以抵敌寅木官鬼，所以官鬼无法伤害世爻。

【原文】

野鹤曰：以此作后人之法者，亦误人也。何也？一重未土扶世，岂可敌其寅鬼伤身之恶煞耶？殊不知寅木鬼动，月建破之，未日墓之，此寅木之鬼，破而又入墓矣。子水虽生，不生无根之木，况子水又化回头之克，水木皆枯。后保无事者，此也；误作戌未二土帮扶者，错也。况变爻戌土，从无帮助正卦之爻？

余有一例，可以比之：辰月乙未日占月令，得泰之丰。世爻辰土，月建助之；丑土动而化回头之生，又来扶助。虽则寅木鬼动，而世爻旺相，有助有扶，可以相敌。然此后至辛丑日，尚亦见其凶非：因一言触怒上官，几乎参处，幸解救而息。夫应解救者，因得日月之土帮扶也。

【译文】

野鹤说：以这一卦作为后人的法式，也是误人的。为什么？一重未土扶持世爻，怎么可以抵敌寅木官鬼这种伤身的恶煞呢？殊不知寅木官鬼发动，月建使它月破，未日使它入墓。寅木官鬼月破而又入墓，虽有子水，但不生无根之木，又何况子水又化回头克？所以水木都枯竭了。保证后来无事的是这一点；而卦例却误作戌未两个土帮扶，显然是错误的。又何况变爻戌土不能帮助正卦的爻？

我有一个例子，可以和这一卦相比：辰月乙未日占月令，得到地天泰卦，变为雷火丰卦：

子孙酉金●●　— —应
妻财亥水●●　— —
兄弟丑土×　— —　　父母午火●　——
兄弟辰土●　——世
官鬼寅木○　——　　兄弟丑土●●　— —
妻财子水●　——

世爻为辰土，月建比助它；丑土发动而化回头生，又来相助。虽然寅木官鬼发动，但世爻旺相，有助有扶，可以相敌。但到辛丑日，仍然遭遇凶险和是非。具体事情是因一言触怒了上司而被参奏，险些受到处罚，幸而遇到解救，得以平息。应验为遇到解救，是得到日辰月建之土帮扶的缘故。

【原文】

主象休囚，怕见刑冲克害。

主象旺相，尚难敌乎刑冲克害之爻，况休囚耶？前篇有云，“克害刑冲，秋霜杀草”者是也。

用爻变动，忌遭死墓绝空。

旧注：“死墓绝空，乃陷阱之地。若用爻而化墓、化绝、化死、化空者，不问公私大小之事，皆主不成。占病逢之，必死无疑。”

余得验者，化墓化绝，若动爻旺相，或临日月，或日月帮助，亦无大害。化墓者，冲开之日月而成；化绝者，逢生旺之月日而就。至于化空之说，更得多验。占谋事，实空之日必成；占近病，出空之日即愈。

【译文】

主象休囚，怕遇到刑冲克害。

主象旺相，尚且难以抵挡刑冲克害的爻象，何况休囚呢？前篇所谓“克害刑冲，如同秋霜杀死草木”，就是说明这一点。

用神变动，忌遭遇死墓绝空。

旧注说：“死墓绝空是陷阱之地。如果用神化墓、化绝、化死、化空，不论公事私事，大事小事，都主不成。占病遇到它，必死无疑。”

我得到应验的是，化墓化绝，如果动爻旺相，或者临日辰月建，或者日辰月建帮助，也无大害。化墓的，冲开的日月成事；化绝的，逢生旺的月日成事。至于化空的说法，得到了更多的验证。占谋事，实空的日子必定成就；占近病，出空的日子就会痊愈。

【原文】

用化用，有用无用；

旧注：“既有用爻，不可动而又化出来，谓之化去，或傍爻化出，皆不济事。故虽有用，即如无用一般。占病尤忌。”

野鹤曰：此论非理。用爻化出用爻，若化进神，诸占皆吉。即使他爻动出者，再得比助帮扶，何谓无用？岂不知“太过者损之斯成”，又曰“用爻重迭，得墓库以收藏”？如果用神太多，待至伤损之日、墓库之日，成之更稳，反曰无用，非也。此亦当删。

空化空，虽空弗空。

余得验者，不独空化空则不为空，动即不为空矣，为祸为福，冲空实空之月日必应。

【译文】

用神化用神，虽有用神，等于没有；

旧注说：“既有用神，不可发动而又化出来，叫作化去；或者从其他爻化出，都不济事。这种情况，虽然有用神，却如同没有用神一般，占病尤其忌讳。”

野鹤说：这种说法没有道理。用神化出用神，如果化为进神，各种占问都吉。即使是其他爻动出来的，也能得到比助帮扶，为什么说无用？难道不知道“太过的减损它才会成就”？又说“用爻重叠，要得到墓库的收藏”。就是说，如果用神太多，等到伤损的日子、墓库的日子，成就得更稳妥。而这里反而说无用，是不对的。所以这一条也应当删去。

从旬空化旬空的，虽说旬空，其实不空。

我得到应验的是，不只旬空化旬空不为空，发动就不为空了，为祸或者为福，冲空实空的月日一定应验。

【原文】

养主狐疑，墓多暗昧。

此亦长生沐浴中二位之星是也。余得验者，止用生、旺、墓、绝，其余不验。今之化出者，亦验生、旺、墓、绝。

墓者，滞也。用神动而化墓者，近病久病遇之，主昏迷之象。用神旺者，冲开墓库之日则安；用神囚休，又被刑冲克害者难愈。逢空者，近病愈，久病凶。捕获遇之，深藏难觅；身命遇之，愚蒙不振；失脱遇之，暗藏不见；婚姻遇之，迟滞难成。大抵皆暗昧不明之象。

如若动爻化墓，而墓神回头克动爻，勿以暗昧昏滞而论，乃凶兆也，忌回头之克我者是也。如若墓神为鬼，回头克用更凶。

化养、化病、化胎及化沐浴，俱不验，尽已删之。

【译文】

养主狐疑不定，墓多暗昧不明。

这也是长生沐浴中的两位。我得到应验的只有长生、帝旺、墓、绝，其他不应验。化出的爻也应验于生、旺、墓、绝。

墓是滞的意思。用神发动而化墓，无论近病还是久病，遇到都主昏沉迷乱。用神旺的，冲开墓库的日子就安康；用神囚休，又被刑冲克害的，难以痊愈。逢空的，近病痊愈，久病凶险。占捕获遇到它，主深藏难觅；占身命遇到它，主愚蠢蒙昧而不振作；占失物遇到它，主失物伏藏而不出现；占婚姻遇到它，迟滞而难以就成。所有这些，大体都是暗昧不明的征象。

如果动爻化入墓，而入墓的爻回头克动爻，就不要以暗昧昏滞推论，而应该作凶兆推论，所谓“忌回头克我”，说的就是这一点。如果入墓的爻为官鬼，回头克用神更凶。

化养、化病、化胎及化沐浴，都不应验，已经全部删去。

【原文】

化生旺兮，祸福有三；

生者，动爻化长生也。如亥水动，化出申金，既化长生，又化回头之生。化酉金者，不曰化休浴，而曰化回头之生。此二生者，动爻有气，化爻旺相，诸占皆吉。

旺者，长生之第五位者是也。金木水火而化旺，即是化进神。且如申金化酉金、亥水化子水、寅木化卯木、巳火化午火，诸占无不亨吉。唯土寄生于申，旺于子水，不为进神。辰、戌、未土动而化出子爻者，乃为化旺。丑土化出子爻者，既为化旺，又为化合，诸占皆吉。

【译文】

化生旺，祸福有三种；

生，指动爻化长生。比如亥水发动，化出申金，既化长生又化回头生；化酉金，不叫化沐浴，而叫化回头生。这两种生，只要动爻有气，化爻旺相，就各种占问都吉。

旺，指长生后的第五位。金、木、水、火化旺，就是化进神。比如申金化酉金、亥水化子水、寅木化卯木、巳火化午火，各种占问无不亨通吉祥。只有土寄生于申，旺于子，不属于进神。辰、戌、未土发动而化出子爻的，属于化旺；丑土化出子爻的，既为化旺，又为化合，各种占问都吉。

【原文】

化官鬼兮，吉凶有二。

动爻变出官鬼，吉凶有二，何也？占功名者，世爻旺相，或临日月，或日月生扶，动而变出官星又无破损，乃为得官之兆。世若休囚受克，动而变出官星者，为变鬼，不唯难于王家食禄，须忧梦枕黄粱。

如戌月甲寅日，占候选何时得缺，得益之蹇。世爻月破，寅日伤克，又有上爻动出卯木克之，有克无生。世爻变出官星，乃为变鬼。果于次年寅月，竟未得缺而终，犹神告曰：“命限当危，功名不必望矣！”

【译文】

动爻化为官鬼，吉凶有两类。

动爻变出官鬼，吉凶有两种。哪两种？占功名的，世爻旺相，或者临日辰月建，或者日辰月建生扶，发动而变出官星又无破损，这是得到官职的征兆。如果世爻休囚受克，发动而变出官鬼的，为变鬼，不但难以食用皇家的俸禄，还须忧虑美梦成为泡影。

例如，戌月甲寅日，占候选什么时候得到官缺，得到风雷益卦，变为水山蹇卦：

兄弟卯木○	——应	父母子水●●	— —
子孙巳火●	——		
妻财未土●●	— —		
妻财辰土×	— —世	官鬼申金●	——
兄弟寅木●●	— —		
父母子水○	——	妻财辰土●●	— —

世爻月破，寅日又克它，又有上爻动出卯木克它，有克无生；世爻变出官星，属于变鬼。果然于第二年寅月，还没得到官缺就死了。卦中犹如神告诉说：“生命都很危险的时候，功名就不必指望了！”

【原文】

又如巳月壬申日，占开店贸易，得坤之剥。断曰：“占生意看财爻。此卦财临月破，虽则子动生财，生之不起。况世与子孙一同变鬼，不独营运难图，今秋必因子女以致官非。”果于八月因子赌博送官，子受杖刑而死。此应酉金子孙而变鬼。

【译文】

又例如，巳月壬申日，占开店贸易，得到坤为地卦，变为山地剥卦：

子孙酉金×	— —世	官鬼寅木●	——
妻财亥水●●	— —		
兄弟丑土●●	— —		
官鬼卯木●●	— —应		
父母巳火●●	— —		
兄弟未土●●	— —		

断卦说：“占生意以妻财爻为用神。这一卦妻财临月破，虽然子孙发动而生妻财，但是生不起来。何况世爻与子孙一同变鬼，不但财难求，今年秋令还会因为子女而发生官司是非。”果然儿子于八月因为赌

博而被送到官府，儿子受杖刑而死。这是酉金子孙变鬼的缘故。

【原文】

忌回头之克我，

爻动而化克者，如金爻动变火克金，木爻发动变出金而克木，谓之“回头克”也。余仿此。

觉子曰：余存占验，凡见回头之克，占病、占寿、占年运者得之，十有九死；亦有占名利及占家庭细故而得之，亦见危亡。其故何也？其人大限①至矣。自己无知，犹有名利之求。神告曰：“数之将尽，何用他求？”警戒勿贪，庶不陷乎罗网；即使难以回避，亦可保其正寝。疑神之告，乃此意耳。

【译文】

忌讳回头克制自己，

爻发动而化克，比如金爻发动化火而克金，木爻发动化金而克木，叫作“回头克”。其余依此类推。

觉子说：我保存的占验中，凡遇回头克的，占病、占寿、占年运的，十个中有九个死去；也有占名利及占家庭细故而遭遇危亡的。这是什么缘故呢？因为这人的死期到了，自己却不知道，还在求名求利。神告诉说：“命数将尽，何必谋求其他？”这是警告人不要贪心，以免陷入罗网，即使难以回避，也可以保证寿终正寝。我疑心神的意思就是这样。

【原文】

唯官鬼持世，化子孙回头之克，验之有四：现任官员占得者，有应伤子，有应削职，有应夭寿；士庶得之者，有应自身损寿，有应伤子。

凡得此卦，必须命之再占，合而决之，方可一言而定。惟占防患者相宜，化出子孙克去身边之鬼，而无忧也。

凡占六亲，最忌化回头之克。即如占父母，父临巳午火，若化亥子

①大限：又称命限，指死期。

水回头克父，乃父母不寿之兆。余仿此。

【译文】

官鬼持世而化子孙回头克，应验的情况有四种：现任官员占得的，有的应验于损伤子孙，有的应验于削去官职，有的应验于夭寿；士人和庶民遇到官鬼持世，有的应验于自身减了寿命，有的应验于损伤了子孙。

凡得到这样的卦，必须让他再占，合起来决断，这样才可以以一言定吉凶。只有占防患的宜于官鬼持世，因为化出子孙，克去身边的鬼，就无忧了。

凡占六亲，最忌化回头克。比如占父母，父母爻临巳午火，若化亥子水回头克，就是父母不寿的征兆。其余类推。

【原文】

如酉月己丑日，占师尊①官事，得屯之震卦。断曰："申金父母为用神，已入墓矣，又化回头之克，日下已定重罪。"彼曰："可能减等。"予曰："不独减等，此公必不遭刑。今岁辰年，岁五相生而不克，况得父爻又遇青龙，决非刑宪②。因午火旬空，防午年出空，必得善终。"又出命帖看之：壬辰、戊申、戊寅、甲寅。予曰："此乃食神制煞格③，今年交丙运④，乃枭神夺食之运。幸七月坚金，丙运焉能镕化？须防丙年丙月烈火煎金，正合前卦午火实空之年也。"后闻已定大罪，蒙改缓决。至丙午年丙月丙日得肺疾，痰厥⑤而终。此乃代占六亲忌回头之克，又是命卦合成一理。

【译文】

例如，酉月己丑日占老师的官司，得到云雷屯卦，变为震为雷卦：

①师尊：老师的尊称，犹如称尊贵的老师。

②刑宪：刑法，有关刑法的事。

③食神制煞格：命理格局的一种，指日主所生的同性天干克制生日主的同性天干。

④运：命理学名词，指大运。大运十年一换，以天干标记。

⑤痰厥：因为痰壅聚于胸膈，郁遏阳气，不得外达，以至作昏厥。

本卦		变卦	
兄弟子水●●	— —		
官鬼戌土○	———应	父母申金●●	— —
父母申金×	— —	妻财午火●	———
官鬼辰土●●	— —		
子孙寅木●●	— —世		
兄弟子水●	———		

断卦说："申金父母爻为用神，已经入墓，又化回头克，眼下已经定了重罪。"他说："有可能减刑。"我说："不但减刑，你父亲一定不会受刑。今年是辰年，太岁在五爻相生而不克，何况父母爻又遇到青龙，决不主刑法。但因为午火旬空，必须预防午年出空后得到善终。"又让他拿命帖给我看，其八字是壬辰、戊申、戊寅、甲寅。我说："这是食神制煞格，今年交丙运，是枭神夺食的运。幸而是七月的坚金，丙运怎么能熔化？必须防备丙年丙月的烈火煎金，因为这是卦中午火实空的年份。"后来听说已定了大罪，却被改为缓刑，到丙午年丙月丙日，因肺病痰厥而死。这一卦既是代占六亲忌回头克的例子，也证明命理与卦象相符合。

【原文】

勿反德以扶人。

古法："相生须宜他生我，相克还宜我克他。"如占彼此两家之事者，宜应爻而生世；如占财者，宜财生世；如占官者，宜官生世。若世去生助他爻，泄尽自己之气也。

【译文】

不要反德扶持他人。

古法说："相生适宜于他生我，相克则适宜于我克他。"比如占彼此两家的事，适宜应爻生世爻；比如占财，适宜妻财生世爻；比如占官职，适宜官鬼生世爻。如果世爻去生助其他爻，就泄尽自己的气了。

【原文】

恶曜孤寒，怕日辰之并起；

刑冲克害之爻即为恶曜，非诸星之凶煞也。凡见此爻动而冲克用神，若此星孤立无助，或休囚无力，虽则伤害用神，而用神旺相，可以敌之，必然无妨，得祸亦轻；唯怕日辰动爻助它为害，彼必狐假虎威，仗势作恶，得祸不浅也。前月将日辰章内“最怕他爻增克制”，同此意耳。

用爻重迭，喜墓库以收藏。

旧注：“用爻重迭，若无日辰动爻损之，必须得墓库收藏，然后可得。”旧存占验，丁丑日占财，得益之萃。彼断曰：“卦有两财，初爻上爻又化出两财，日辰又是财，本为太过；喜得世爻上有‘辰’字，乃为财库，谓之财有库以收藏，后主得财。”余以此论极其得理，屡试屡验，但不必卦中有库无库。常见后来逢库之月日，亦成其事。

【译文】

恶煞孤寒，只怕日辰与它并起；

刑冲克害的爻就是恶煞，不是指星曜之类神煞。刑冲克害的爻发动而冲克用神，如果这煞孤立无助，或者休囚无力，那么虽然也伤害用神，但只要用神旺相，就可以抵敌它，所以无妨，即使有祸也轻微。只怕日辰、动爻生助刑冲克害之爻，这样它必然狐假虎威，仗势作恶，因而祸患不浅。前文《月将日辰章》里“最怕其他爻增加克制”，与这个意思相同。

用神重迭，喜欢有墓库来收藏。

旧注说：“用神重迭，如果没有日辰或动爻损害，必须得到墓库来收藏，这样才能得到。”旧存的占验是：

丁丑日占财，得到风雷益卦，变为泽地萃卦：

兄弟卯木○ ——应 妻财未土●● — —

子孙巳火● ——

妻财未土× — — 父母亥水● ——

妻财辰土●● — —

兄弟寅木●● — —世

父母子水○ —— 妻财未土●● — —

他断说：“卦中有两个妻财爻，初爻和上爻又化出两个妻财，日辰又是妻财，本来属于太过，好在得到世爻上有‘辰’字为财库，叫作财有库来收藏，所以主后来得到钱财。”我以为这一论断极为有理，屡试屡验，但是没有必要提到卦中有库无库。这种卦常见的应验情况是，后来逢库的月日，也能成事。

【原文】

如午月戊午日，占何日雨，得地风升变恒卦。友人执卦问余曰："今日占雨，父母不动，而丑土之财又化出午火回头之生，竟是大旱之年也。"余曰："壬戌日必雨。"友曰："'父临月建，阴雨连旬'，今子孙临月建亦同此意，如何得雨？"余曰："午火子孙临日月，旺之极矣，乃为'用爻重迭，逢墓库以收藏'，故知戌日必雨。"果于戌日申时雨。

【译文】

例如，午月戊午日占哪一天下雨，得地风升卦，变为雷风恒卦：

官鬼酉金●● — —

父母亥水●● — —

妻财丑土× — —世　　　子孙午火● ——

官鬼酉金● ——

父母亥水● ——

妻财丑土●● — —应

朋友拿这一卦问我："今天占雨，用神父母爻不动，而丑土妻财又化出午火回头生，应该竟是大旱的年头。"我说："壬戌日一定下雨。"朋友说："卦书说'父母临月建，主阴雨连旬'，现在子孙临月建，和这个意思正相反，怎么会下雨？"我说："午火子孙临日辰月建，旺极了，属于'用神重迭，必须逢墓库而收藏'，由此就知道，戌日一定下雨。"果然于戌日申时下了雨。

【原文】

如丑月丙申日，占得水火既济变泰卦。此乃富家之子，年仅十七，占终身功名。予得此卦，知其寿夭，又不便言，亦不以功名许之，只曰："功名尚早。重重鬼动克世，连年还有病灾，过二十岁脱此鬼厄，再问功名。"少刻此子业师而问曰："既问终身功名，何故多鬼克世？"予曰："神报寿夭，故不以功名而告也。"彼曰："防于何时？"予曰："今年太岁在寅，难过十九辰年。”彼曰：“辰年冲去戌鬼，如何不利？”予曰：“非此论也，辰乃土鬼之墓，鬼太旺，必须墓库收藏。”果死于辰年戌月。

【译文】

例如，丑月丙申日占终身功名，得水火既济卦，变为地天泰卦：

本卦	爻	变卦	爻
兄弟子水●●	— —应		
官鬼戌土○	———	兄弟亥水●●	— —
父母申金●●	— —		
兄弟亥水●	———世		
官鬼丑土×	— —	子孙寅木●	———
子孙卯木●	———		

这是一位富家子弟，只有十七岁，来占终身功名。我得到这一卦，知道了他的寿夭，又不便说出来，也就不以功名许他，只说：“功名还早。重重官鬼发动而克世爻，还有连年病灾，过二十岁摆脱了这些鬼厄再问功名好了。”不一会儿，这位士子的老师问：“既问终身功名，为什么有很多官鬼克世爻？”我说：“神要告诉寿夭，所以不以功名相告。”他说：“要防备什么时候有事？”我说：“今年太岁在寅，难过十九岁辰年。”他说：“辰年能冲去戌土官鬼，为什么反而不利？”我说：“不是这样推论的。辰是戌土官鬼的墓，官鬼太旺，必须墓库来收藏。”果然死于辰年戌月。

【原文】

事阻隔兮，间发；

旧注：“世应中间两爻，谓之间爻，动则事多阻隔。”谓两爻世应之中，动阻两家之事，使彼此不能相通。又曰：“世应中间两爻发动，所求多阻隔。”

觉子曰：以此两爻作为间爻，试之果然。但看所占何事，须是彼此两家之事，始可用之。婚姻以之为媒妁，词讼以之为中证，买卖以之为牙行①，借贷以之为中保，舟车以之为附载，交游以之为帮闲，胎产以

①牙行：中介行。

之为收生保母。

野鹤曰：世为己，应为人，彼此欲相亲者，若遇间爻发动，不可概以阻隔断之。若动而生合世应，反得此辈之力。近世爻者，帮我之人也；近应爻者，帮他之人也。生我者，我宜亲之；克我者，我宜远之。独忌克乎世应，事必难成。克世者，坏我之事，我被其愚；克应者，坏他之事，他被其愚。若持兄动，其害犹小，破阻其事，耗财而已；若持鬼动，必受其累。

【译文】

事情遇到阻隔，是由于间爻发动；

旧注说："世应之间的两爻，叫作间爻，发动则事情多阻隔。"就是说，世应两爻之间的爻发动，会阻碍两家的事，使彼此无法沟通。又说："世应中间两爻发动，所求的事情多有阻隔。"

觉子说：以这两爻作为间爻，一试验，果然是这样。但是要看占的是什么事，须是彼此两家的事，才这样用它们。占婚姻以它们为媒妁，占词讼以它们为证人，占买卖以它们为中介行，占借贷以它们为中保人，占车船以它们为附载物，占交游以它们为帮闲，占胎产以它们为接生婆，如此之类。

野鹤说：世爻为自己，应爻为他人。彼此相亲相近的，遇到间爻发动，不可一概以阻隔论断。如果发动而生合世应爻，反而得他们的力。接近世爻的，是帮我的人；接近应爻的，是帮他的人。生我的，我应该亲近；克我的，我应该疏远。只忌克世应爻，事情必定难成。克世爻的，坏我的事，我被他作弄；克应爻的，坏他的事，他被他作弄。如果持兄弟发动，为害还小，只是破阻事情，破耗钱财罢了；倘若持官鬼发动，必定受他的牵累。

【原文】

如巳月庚辰日占买宅，得临之大壮卦：断曰："世爻卯木，应爻亥水，乃是世应相生，必成之象。但嫌亥临月破，不能生世，况间爻二重丑土发动，乃成群之小人从中破阻，事已坏矣，难许成交。"彼曰："样银业已付讫，因彼用人与说合之人多索偏费，未满其欲，故伊悔言不卖。”予曰：“目下便多许之，亦无成也。应爻破而被克，难得二家成就。”后果不成，退回样银。此公大怒，浼当道亲友，往彼论理曰：“前日因何所见，引我瞧看内室？今又因何所见，退还样银？”诸亲往彼，尽叱其非，彼亦甘受。予详卦中之间爻，二重土动，近应爻者，即如卖主身畔之人也；克应爻者，破阻卖宅不成，而无财也；近世爻之土，亦克应爻者，即是买主央去之亲友，众叱其非。

觉子曰：凡遇间爻动者，得日月冲克可解。

【译文】

例如，巳月庚辰日占买住宅，得到地泽临卦，变为雷天大壮卦：

子孙酉金●●　— —

妻财亥水●●　— —应

兄弟丑土×　— —　　父母午火●　———

兄弟丑土×　— —　　兄弟辰土●　———

官鬼卯木●　———世

父母巳火●　———

断卦说：“世爻为卯木，应爻为亥水，是世应相生，本是必成的征象。但是亥水临月破，不能生世爻，况且间爻两重丑土发动，是成群的小人从中破阻，事情已经毁坏，所以难以成交。”他说：“定银已经付过，因为他用的人与说合的人索要额外费用，我没有满足他们的要求，所以他后悔说不卖了。”我说：“眼下即使多给他们，也不会成了。应爻月破而被克，主两家的事难以成就。”后来事果然没成，退回了定银。这人大怒，请当道的亲友前去论理，说：“日前看到了什么，带我瞧看内室？现在又看到了什么，而退还定银？”各位亲友到了那家，也都叱责他的不是，他也甘心接受。我详看卦中的间爻，有二重土动。靠近应爻的，就像卖主身边的人；克应爻，象征破坏和阻隔卖宅，使事情不成，因而得不到财；靠近世爻的土也是克应爻的，就是买主拉去的亲友，他们都叱责对方的不是。

觉子说：凡遇间爻发动的，得到日辰月建的冲克，就可以化解。

【原文】

心退悔兮，世空。

旧注："自占，世为主象，若无日、月、动爻伤克，而世爻无故自空者，必主心惰意懒，自不向前。"

野鹤曰：此论为是。前曰"无故自空，如入深渊大壑，诸占大凶"者，非也。

觉子曰：《易林补遗》有曰："世应皆空，两下目前退悔；主宾皆动，二边日后更张。"所以不独世不宜空，应爻亦不宜也，谓之"世应皆空，事无准实"。凡动而空者，不以此论。

【译文】

心中发生退悔，是因为世爻逢空。

旧注说："自占家居，以世爻为主象，如果无日辰、月建、动爻伤克，而世爻却无故自空，必定主心惰意懒，自己不肯向前。"

野鹤说：这个议论是对的，前面说"无故自空，如同落入深渊大壑，各种占问都大凶"，则是不对的。

觉子说：《易林补遗》有这样的话："世应爻都逢空，两下目前退悔；主宾都发动，两边日后改弦更张。"所以不但世爻不宜逢空，应爻也不宜，叫作"世应都逢空，事情没有准谱，也没有诚意"。但是凡发动而逢空的，不在此例。

【原文】

卦爻发动，须看交重；

旧注："交动主未来之事，重动主过去之事。"

余亦多试，间有验者。大凡爻象有一定而不移者，可以为法；间有验者，乃偶然之凑合，不可执之。

动变比和，当明进退。

《进神章》已注明白。

【译文】

卦爻发动，必须看是交还是重；

旧注说："阴爻发动主未来的事，阳爻发动主过去的事。"

我也曾多试，偶尔有应验的。爻象一定不移的才可以以此为法式，偶尔有应验的，属于偶然的巧合，不可执为正理。

动变比和，应当明了是进神还是退神。

《进神章》已注解明白。

【原文】

煞生身莫将吉断，用克世勿作凶看。

盖生中有刑害之两防，合处有克伤之一虑。

“煞生世”者，是日、月、动爻作忌神而生世也，非凶煞也。不以吉断者何也？谓忌神既旺，用神衰矣，世虽逢生，何益？

如戌月丙子日，占父任云南，何时得信，得地泽临卦。占信者，朱雀巳火父母为用神，日辰子水克巳火，即为忌神。戌月乃巳火之墓，此巳火月墓日克，音信茫然之兆也。而世爻卯木虽遇日生月合，何益于事？“煞生身勿将吉断”，此之谓也。后果无音。迟四年知父而遇害矣。

【译文】

忌煞生世爻，不要作吉卦断；用神克世位，不要作凶卦看。

生中有刑害两者要预防，合处有克伤一事须考虑。

所谓“凶煞生世爻”，指日辰、月建、动爻作忌神而生世爻，不是指凶险的神煞。不以吉断是为什么？因为忌神既然旺相，用神就衰弱了，这样世爻即使逢生，又有何益处？

例如，戌月丙子日，占父亲在云南任职，什么时候得到他的音信，得到地泽临卦：

子孙酉金●● — — 青龙
妻财亥水●● — — 应玄武
兄弟丑土●● — — 白虎
兄弟丑土●● — — 螣蛇
官鬼卯木● ——世 勾陈
父母巳火● —— 朱雀

占音信以朱雀巳火父母为用神，日辰子水克巳火，就是忌神。戌月是巳火的墓库，这巳火月墓日克，是音信渺茫的征兆。而世爻卯木虽然遇到日辰生与月建合，又对这件事有什么益处？“凶煞生身，不要作为吉卦推断”，说的就是这一点。后来果然无音信。过了四年才知道，父亲已经遇害了。

【原文】

“用克世勿作凶看”者，乃用神来克世也。旧注：“主事爻动来克世，乃是事来赶我，事必易成。我虽见克，亦何伤哉！故云克世者不以为凶。”

觉子曰：此论未为全是。余之得验，如占求财，财为用神，财爻克世者，必得；占行人，用神克世者，即至；占医药，子孙为用神，子孙来克世者，即愈。此数占外，皆不宜用神而克世也。若占功名，官鬼克世，非灾即祸，岂可曰“勿作凶看”？

【译文】

所谓“用神克世爻，不要作凶卦看”，旧注说：“主事的爻发动来克世爻，是事情来赶我，必定容易成就，我即使被克又有什么关系？所以说用神克世爻，不作凶卦看。”

觉子说：这种说法不全对。我得到应验的，如占求财，妻财为用神，妻财爻克世爻，必得；占行人，用神克世爻，很快就到；占医药，子孙为用神，子孙来克世爻，立刻痊愈。这些占问之外，都不宜用神克世爻。如果占功名，官鬼克世爻，不是天灾就是人祸，怎么可以说“不要作凶卦看”呢？

【原文】

如丑月庚子日，占官差得否，得泰之明夷。占官差以官鬼为用神。此卦辰土持世，寅木官鬼克世，世爻空，即于壬寅日得差。次年三月死于中途。岂可谓之“用克世勿作凶看”耶？又如午月丙辰日，占迁居吉否，得谦之明夷卦。断曰：“占宅舍以父母爻为用神。此卦辰土父母动而克世，不宜迁之。”彼曰：“业已成矣。”予曰：“目下不碍，秋来不利。”彼曰：“何也？”予曰：“辰土动化卯木，秋来木被金伤，辰土来克世矣。”果于七月地震，房屋倒塌，人眷被伤。此可谓之用克世，不以为凶耶？

【译文】

例如，丑月庚子日，占官差能否得到，得到地天泰卦，变为地火明夷卦：

子孙酉金●●　— —应
妻财亥水●●　— —
兄弟丑土●●　— —
兄弟辰土●　———世
官鬼寅木○　———　　兄弟丑土●●　— —
妻财子水●　———

占官差以官鬼为用神。这一卦辰土持世，寅木官鬼克世，世爻逢空，似乎主于壬寅日得到官差。但第二年三月却死于中途。怎么可以说“用神克世爻，不要作凶卦看”呢？

又例如，午月丙辰日占迁居吉否，得到地山谦卦，变为地火明夷卦。

兄弟酉金●●　— —
子孙亥水●●　— —世
父母丑土●●　— —
兄弟申金●　———
官鬼午火●●　— —应
父母辰土×　— —　　妻财卯木●　———

断卦说：“占宅舍以父母爻为用神。这一卦辰土父母发动而克世爻，不宜迁居。”他说：“已经迁过了。”我说：“眼下不碍，秋天不利。”他问：“为什么？”我说：“辰土发动而化卯木，秋天到来后木被金伤，辰土就来克世爻了。”果然于七月地震，房屋倒塌，眷属受伤。这可以说为“用神克世，不以为凶”吗？

【原文】

刑害不宜临用，

主事爻与日、月、动爻作三刑者，占事不成，占物不好，占病必死，占人有患，占妇人不贞洁，占文书有破绽，占讼必有罪责。动而化刑者亦然。

死绝岂可持世？

用爻世爻绝于日辰或化绝者，旧注诸事不利。余以休囚被克而又绝者是也，旺相不妨。

【译文】

刑害不宜临用神，

主事的爻与日辰、月建、动爻作三刑，占事不成，占物不好，占病必定死，占人有祸患，占妇人不贞洁，占文书有破绽，占诉讼必有罪责。发动而化刑的也是这样。

死绝岂可持世爻？

用神世爻绝于日辰或化绝，旧注说诸事不利。我以为休囚被克而又绝的，是这样，但旺相不妨。

【原文】

动逢冲而事散，

《六冲章》注解极明。

绝逢生而事成。

大凡世与用神，或绝于日辰，或化绝，若得日、月、动爻生者，谓之“绝处逢生”。且如寅日占卦，酉为用神，酉绝于寅。若在辰戌丑未月，或爻中动出辰戌丑未，以土生酉金，皆谓之“绝处逢生”。余仿此。

如逢合住，须冲破以成功；若遇休囚，必旺相而成事。

《应期章》内注解明白。

【译文】

动爻逢冲主事散，

《六冲章》注解得极明白。

绝处得生主事成。

大凡世爻与用神，或者绝于日辰，或者化绝，如果得到日辰、月建、动爻相生，叫作“绝处逢生”。比如寅日占卦，酉为用神，酉绝于寅。若在辰戌丑未月，或者爻中动出辰戌丑未，因为土生酉金，都叫作“绝处逢生”。其余类推。

如果逢合住，必须等冲破的日月而成功；倘若遇休囚，只能到旺相的时候而成事。

《应期章》内注解得明白。

【原文】

速则动而克世，缓则静而生身。

此独占行人而用之，他占不用。谓用神动而克世，行人回来之速也；用神静而生世，行人归来缓也。且如占父母何时回，父母动而克世者许之归。余仿此。

父亡而事无头绪，福隐而事不称情。

古注云：“卦无父母，事无头绪；卦无子孙无喜悦。”余以此论亦为多事。凡占事者，用神、原神、忌神、仇神，克害刑冲，破墓空绝，日月飞伏，许多事故尚无定论，还敢寻不当用之爻耶？余恐枝叶多生，反无头绪。

【译文】

迅速就会发动而克世爻，缓慢就会安静而生自身。

这道理只有占行人才用，其他占问不用。说的是用神发动而克世爻，行人回来得迅速；用神安静而生世爻，行人归来得缓慢。比如占父母何时回家，父母发动而克世，许他迅速归来。其余类推。

无父母，事情就没有头绪；缺福德，事情就不会如意。

古注说：“卦中无父母爻，事情没有头绪；卦无子孙爻，没有喜悦的事。”我以为这一说法多余。凡占事，有用神、原神、忌神、仇神，克害刑冲，破墓空绝，日月飞伏，许多东西尚且难有定论，还敢寻不是用神的爻吗？我恐怕多生枝叶，反会使事情没了头绪。

【原文】

鬼虽祸灾，伏犹无气；

《天玄赋》中无鬼论，虽则有理，实亦多事。余生平以来，占官鬼、占疾病当用者则用，不当用者则不用也。

子虽福德，多反无功。

觉子曰：以之为忌神者，实为不宜；以之为用神者，多则何害？岂不闻“损之斯成”“逢墓库以收藏”也？

【译文】

官鬼虽然主祸灾，伏藏时却无气；

《天玄赋》中的无鬼论虽然有道理，其实也是多事。我生平以来，占官鬼，占疾病，应当用的就用，不应当用的就不用。

子孙虽然是福德，多了反而无用。

觉子曰：以它为忌神的，实属不宜；以它为用神的，多了又有什么害处？难道没听说过“减损它才能成就”“逢墓库来收藏”吗？

【原文】

虎兴而遇吉神，不害其为吉；龙动而逢凶曜，难掩其为凶。

此为得理。《六神章》内已解明矣。

玄武为盗贼之事，亦必官爻；朱雀为口舌之神，必须兄弟。

此论欠理。玄武、朱雀、勾陈、螣蛇，动而不克世者无碍，动而克世者皆以为凶，勿分兄弟官鬼。

吉凶神煞之多端，何如生克制化之一理？

此至言也，学者宜深味之。

【译文】

遇到吉神而白虎兴起，不会妨碍吉祥；遭逢凶煞而青龙发动，难以掩盖凶险。

这种说法合理。《六神章》内已讲解明白了。

玄武主盗贼的事，必须有官鬼；朱雀为口舌之神，必须有兄弟。

这种说法欠理。玄武、朱雀、勾陈、螣蛇，发动而不克世爻的，无碍；发动而克世爻的，都以凶论。不必论有没有兄弟或官鬼。

吉凶神煞多端，怎么赶得上生克制化这一个道理？

这是至理名言，学易者应当深入玩味。

【原文】

除恶未尽，死灰须防复燃；

克害刑冲之神，若得日、月、动爻克者，须尽其根，若除而未尽，将来遇生扶之年月，仍复为祸。

如卯月甲申日占病，得地山谦变水山蹇。断曰："亥水子孙长生于申日，世遇日建之生，虽化戌土之克，春令土衰，卯日克制，有救无妨。"果于丁亥日痊愈。岂知卯木虽克戌土，还有相合之意；亥水虽长生，戌土亦得长生于申。后至巳月，亥逢月破，巳火生助戌土。谚云："斩草不除根，萌芽依旧生。"仍复犯病而死矣。

【译文】

除恶不尽，须防死灰复燃的月日；

克害刑冲的爻，如果被日辰、月建、动爻克制，必须克尽它的根，假如克不净，将来遇到生扶的年月，仍然要为祸。

例如，卯月甲申日占病，得地山谦卦，变为水山蹇卦：

兄弟酉金●●　— —

子孙亥水×　— —世　　　父母戌土●　———

父母丑土●●　— —

兄弟申金●　———

官鬼午火●●　— —应

父母辰土●●　— —

断卦说："亥水子孙长生于申日，世爻遇日建的生助，虽然化戌土回头克，但是春令土衰弱，受卯日克制，所以有救无妨。"果然于丁亥日痊愈。哪知道卯木虽然克戌土，但还有相合的意思；亥水虽然得长生，而戌土也得长生于申。后来到巳月，亥水逢月破，巳火生助戌土，所以又犯病而死了。这就是谚语说的："斩草不除根，萌芽依旧生。"

【原文】

伤害不重，枯木犹有逢春。

世与用神有气，若被日、月、动爻冲克者，目下虽遇克用力，他日逢生再发。

如子月丁亥日占自陈，得雷泽归妹变解卦。断曰："巳火官星，冬令休囚之极，子月亥日，重重冲克，功名难保。"彼曰："还是革职，或是降调?"予曰："若革职者，此巳火之官而不动矣；既动而化生，克之不尽，为功名有根也。况月建合世，官伤而身不动，降级留任者有之。"果于寅月革职留任。此乃日月冲克官星，害之不重，所以谓之"逢春"，犹再发也。卯年占，巳年仍复原职。

【译文】

伤害若不重，就有枯木逢春的机会。

世爻与用神有气，又被日辰、月建、动爻冲克制，眼下虽然受伤，以后遇到生助，还会再次萌发。

例如，子月丁亥日占自己陈述情由，得到雷泽归妹卦，变为雷水解卦：

父母戌土●●　— —应

兄弟申金●●　— —

官鬼午火●　——

父母丑土●●　— —世

妻财卯木●　——

官鬼巳火○　——　　妻财寅木●　— —

断卦说："巳火官星在冬令休囚已极，子月亥日重重冲克，功名难保。"他问："是革职还是降调?"我说："要是革职，巳火官星就不动了；既然发动而化回头生，日辰月建就克制不尽，说明功名有根基。何况月建合世爻，官鬼受伤而自身不动摇，有降级留任的可能。"果然于寅月被革职留任。这是日辰月建冲克官星，伤害不重，所以称为枯木逢春，犹如再度兴发。结果卯年占卦，到巳年又官复原职了。

【原文】

水木须宜寻根，

凡占身命、家宅、功名、坟茔、贸易等事，欲其久远者，用神虽则为重，而原神必须兼看。用神为事之体，原神为事之本。用神虽旺，若被伤克者，即如水无泉源，木无根蒂，金火土者皆同。余仿此。

如午月庚寅日，占掣签得何处，得大畜变中孚卦。断曰：“世临寅木官星，必得东缺，非广东即山东。独嫌子水月破，动而化绝，恐不能到任。”彼曰：“何也？”余曰：“财为养命之源，又为朝廷之禄，今财临绝地，是无财无禄。世爻寅木无水滋生，乃为凶兆。”彼曰：“改日竭诚再占。”余曰：“可也。”

【译文】

水木必须寻找根基，

凡占身命、家宅、功名、坟茔、贸易等事，希望事情久远的，虽然以用神为重，但原神也必须兼看。用神为事情的正体，原神为事情的根本。用神虽然旺，一旦被伤克，就像水无泉源、木无根蒂一样。金火土都是这样。其余类推。

例如，午月庚寅日占掣签，问签上说会到哪里做官，得到山天大畜卦，变为风泽中孚卦：

官鬼寅木●	——		
妻财子水×	— —应	父母巳火●	——
兄弟戌土●●	— —		
兄弟辰土○	——	兄弟丑土●●	— —
官鬼寅木●	——世		
妻财子水●	——		

断卦说：“世爻临寅木官鬼，必定得到东方的官缺，不是广东就是山东。只嫌子水月破，发动而化绝，恐怕无法到任。”他问：“为什么？”我说：“财为养命之源，又为朝廷的俸禄，现在妻财临绝地，主既无财又无禄。世爻寅木无水滋生，属于凶兆。”他说：“改日诚心再占一卦。”我说：“可以。”

【原文】

甲午日，又得临之节。余曰：“此与前卦卦名虽殊，其理一也。又是亥水财爻被回头之克，不独难以到任，还防秋令危灾。”

【译文】

甲午日，又得到地泽临卦，变为水泽节卦：

子孙酉金●●　　— —

妻财亥水×　　— —应　　　　兄弟戌土●　　——

兄弟丑土●●　　— —

兄弟丑土●●　　— —

官鬼卯木●　　——世

父母巳火●　　——

我说："这一卦，与前卦虽然卦名不同，道理却是一致的，又是亥水妻财化回头克。不但难以到任，还要防止秋令有危险或灾难。"

【原文】

此公于隔岁续弦，由南娶至都中。腊月有故而未成婚，改期四月。不意父为条陈下狱，不便成婚，午月己丑日占应何月成婚，得火泽睽卦。余许不是姻缘，竟无成婚之日。后欲上言代父之罪，余曰："公占功名，不能到任；又占婚姻，不能合卺①。今欲行此，虽是孝念，秋里危灾，许多不便。"幸信余言而止。

后果于七月先得泻疾，服药稍愈，因多服补药，参附每服用之一两，想食水而医嘱家人点水不与，渴极槌胸，竟至渴死。无水之验，以至如此。

【译文】

这人于第三年续娶弦妻，要从南方娶到都府中。但腊月因故没能成婚，改期为四月，没想到父亲因为被告发而被投入监狱，不便成婚。到午月己丑日，占应当哪个月结婚，得到火泽睽卦：

父母巳火●　　——

兄弟未土●●　　— —

子孙酉金●　　——世

兄弟丑土●●　　— —

官鬼卯木●　　——

父母巳火●　　——应

①合卺：合卺本意指把瓠瓜一分为二，分别盛酒，象征夫妇由婚礼将两人合为一，所以演变为夫妻共饮交杯酒的意思，又引申为男女成婚。

我断定，所占不是姻缘，所以竟没有适于成婚的日子。后来他要上书，请求替父亲顶罪，我说："您占功名而不能到任，又占婚姻而不能结合，现在要这样做，虽然属于孝顺的念头，但是由于秋天的危险和灾难，会有许多不便。"幸而他相信我的话而作罢。

果然，后来他在七月先得了泄泻的病，服药稍微好些；又因为多服了补药，人参和附子每次服用一两，想喝水，而医生嘱咐家人一点水也不给，他渴极了就槌胸，竟渴死了。无水的占断竟应验到这个程度。

【原文】

动爻何妨空破？

如戌月己巳日，余占南行，得大有变大壮。余以应爻官星生世，官贵相生者，虽则可喜，但嫌巳火墓于戌月而化墓。生我之官爻既入墓矣，焉能生我？且兼又是六冲，疑为不吉。

【译文】

动爻何妨旬空月破？

例如，戌月己巳日，我占自己南行，得到火天大有卦，变为雷天大壮卦：

官鬼巳火○　——应　　　　父母戌土●●　— —
父母未土●●　— —
兄弟酉金●　——
父母辰土●　——世
妻财寅木●　——
子孙子水●　——

我以为，应爻官星生世爻，虽然可喜，但是嫌巳火墓于戌月而又化墓。生我的官爻既入墓了，怎么能生我？而且又是六冲，所以疑心这一卦不吉。

【原文】

至亥月甲辰日又占，又得火天大有变大畜卦。余疑又得此卦，巳火虽则生世，又为月破而不能生我，去之何益？况间爻酉金兄动，乃阻隔耗财之神，疑之不行。

【译文】

到亥月甲辰日，又占得到火天大有卦，变为山天大畜卦：

官鬼巳火● ——应

父母未土●● — —

兄弟酉金○ —— 父母戌土●● — —

父母辰土● ——世

妻财寅木● ——

子孙子水● ——

我疑心又得到这一卦，巳火虽然生世爻，但是月破，不能生我，去了有什么益处？何况间爻酉金兄弟发动，是阻隔耗财的爻神，所以因为犹疑而没有动身。

【原文】

及至甲寅日又占，又得大有之大壮。连得三次，余始悟曰："此行到明年三四月，必定如心。巳火之官动而生世，目下虽破衰入墓，明年三月冲开戌墓，巳火而至巳月得令，当时不破不空，旺相而生世矣。"即于巳日起程。

行至中途，遇旧日相识，母死又被回禄①，意有同行之念，缺乏资斧②。余始悟第二课大有之大畜动爻酉金兄动，乃附载同行之人也。数已早定，余许之同行。行不数日，又遇知己，道及某处有《奇门③》一部，乃系抄本，命余同去买之。同道两日，余卜一卦，又得大有之大壮。余对友曰："此卦得之四次，非叫买书，乃促我之行也。"径行。后至地头已二月矣。

---

①回禄：火神名，引申为火灾。

②资斧：利斧。今借指旅费、盘缠。语出《周易》旅卦："旅于处，得其资斧。"

③奇门：指奇门遁甲，中国古代著名术数，与六壬、太乙并列为三式之一。它根据具体时日，以六仪（戊、己、庚、辛、壬、癸）、三奇（乙、丙、丁）、八门（休、生、伤、杜、景、死、惊、开），九星（蓬、任、冲、辅、英、芮、柱、心、禽）排局，来占测事物关系、性状、动向，选择吉时吉方。

【译文】

到了甲寅日，又占又得火天大有卦，变为雷天大壮卦：

官鬼巳火○ ——应 父母戌土●● — —

父母未土●● — —

兄弟酉金● ——

父母辰土● ——世

妻财寅木● ——

子孙子水● ——

同一卦连得三次，我才开始领悟道："这一去，到明年三四月必定如愿。巳火官星发动而生世爻，眼下虽然月破、衰弱而又入墓，明年三月冲开戌墓，到巳月巳火得令，就不破不空、旺相而生世爻了。"于是于巳日起程。

走到中途，遇到旧相识，他的母亲死了，又遭受了火灾，心里有同行的念头，但缺少盘缠。我这才领悟到，第二卦火天大有变山天大畜，间爻酉金兄弟发动，是附载同行人的意思。卦数已经早定下了，就答应他同行。走了不到几天，又遇到知己，说到某处有《奇门遁甲》一部，是手抄本，让我一同去买。同行了两天，我卜一卦，又得火天大有变雷天大壮的卦。我对朋友说："这一卦得了四次，不是叫我买书，而是催我赶路。"于是径直赶路。后来到目的地，已经是二月了。

【原文】

一日，于将军府中，将军问曰："江南某抚军，功名将来何如?"余曰："向于酉年占得艮之观卦，即许酉年离任，又许今年三四月仍以原品起用。"

随有一人，卯月戊戌日，占目下功名升否，得离之震。余曰："离变震卦，六冲而变六冲，世爻化墓入墓，亥水官星被回头之克，大凶之兆，勿望升迁，且防刑狱。"将军曰："此舍侄也。昔在二十九岁，曾于都门向尔占过，许之四十九岁有险。今年四十九矣，有何险处?"余曰："既是卦之前后照应，目下诸事更宜慎之。"

【译文】

一天，在将军府中，将军问："江南某抚军，功名将来怎么样？"我说："曾经在酉年占得天山艮卦变风地观卦，当时许他酉年离任，又许他今年三四月仍以原来的品级起用。"

随即有一个人，于卯月戊戌日占眼下能否升迁，得到离为火卦，变为震为雷卦：

兄弟巳火○ ——— 世　　子孙戌土●● — —
子孙未土●● — —
妻财酉金● ———
官鬼亥水○ ——— 应　　子孙辰土●● — —
子孙丑土●● — —
父母卯木● ———

我说："离为火卦变震为雷卦，六冲又变六冲，世爻化墓入墓，亥水官星被回头克，是大凶之兆，不但不能指望升迁，还要防备刑狱。"将军说："这是舍侄。二十九岁时，曾在都门向你占问过，说他四十九岁有危险。他今年四十九岁了，有什么危险处？"我说："既是卦象前后照应，眼下的各种事情更要谨慎。"

【原文】

一日，于藩司①署中，藩台向余曰："此系本府府尊②，因挂误，制台③已为之辨复，尔看何如？"

卯月庚子日占，得渐卦。断曰："子孙持世，月临官爻，禄位已属他人矣。万万难于复职。"藩台曰："叫尔报喜，如何此说？"余曰："有喜可报，此卦无报也。"府尊曰："今日不诚，明早请到敝署，诚意卜之。"

【译文】

一日，在藩台的官署中，藩台问我说："这是本府的知府，因为遇

①藩司：又称藩台，指明清两代的布政使，即主管一省民政与财务的官员。
②府尊：明清时对知府的尊称。
③制台：明清时对总督的敬称。

到牵累，总督已经在为他申辩，以求恢复官职，你看会怎么样?”

卯月庚子日占得到风山渐卦：

官鬼卯木●　　———应

父母巳火●　　———

兄弟未土●●　— —

子孙申金●　　———世

父母午火●●　— —

兄弟辰土●●　— —

断卦说：“子孙持世爻，月建临官鬼，禄位已经属于他人了，万万难于复职。”藩台说：“叫你报喜，为什么这样说?”我说：“有喜会报的，但这一卦无喜可报啊!”知府说：“今天心不够诚，明天早上请到我的官署，再诚意占卜。”

【原文】

卯月辛丑日又占，得火地晋卦。余曰：“今日之卦与昨日相同。世爻破而入墓，官星两现皆空，辩复殊难。”彼之不服，予曰：“再占一卦不妨。”彼因诚敬祝之。

【译文】

卯月辛丑日又占得到火地晋卦：

官鬼巳火●　　———

父母未土●●　— —

兄弟酉金●　　———世

妻财卯木●●　— —

官鬼巳火●●　— —

父母未土●●　— —应

我说：“今天的卦与昨天相同。世爻月破而入墓，官星在两处出现，但都旬空。通过申辩恢复官职很难。”见他不信服，我说：“再占一卦不妨。”他于是诚敬祷告而占。

【原文】

又得恒之大过。余曰："恭喜！此地爵位虽已失矣，速速援例，再任西方。"彼曰："何以见之?"余曰："持世官星破而入墓，所以知其失之就矣。幸五爻官化进神，乃再任之官也。"已而辨复不准，后复援例，于巳年补陕西庆阳。

【译文】

又得到雷风恒卦，变为泽风大过卦：

妻财戌土●● — —应

官鬼申金 × — — 官鬼酉金● ———

子孙午火● ———

官鬼酉金● ———世

父母亥水● ———

妻财丑土●● — —

我说："恭喜！这里的爵位虽然已经失去，但迅速援例，可以再任职于西方。"他说："凭什么知道?"我说："持世的官星月破而入墓，所以知道这里的爵位已经丢定了。幸而五爻官鬼化进神，是另任的官职。"后来申辩复职没被批准，又援例于巳年补了陕西庆阳的官缺。

【原文】

时又有宪副①在省，于卯月甲辰日占母病，得夬之大壮卦。断曰："巳火父母，伏于寅木之下，飞来生伏；月建更作父母之原神，太夫人管许即愈。已遇良医，今日酉时，必得喜信，巳月痊愈。"果于酉时，家人报曰："昨系某官送来医者，老太服药对症，此人包管治之，许巳月痊愈。"应酉时得信者，酉金子孙持世，酉时闻信而喜矣。

【译文】

当时又有左副都御史在省中，他于卯月甲辰日占母亲的病，得到泽天夬卦，变为雷天大壮卦：

①宪副：又称副宪，清代都察院副长官左副都御史的别称。

兄弟未土●●　— —
子孙酉金○　———世　　子孙申金●●　— —
妻财亥水●　———
兄弟辰土●　———
伏父母巳火　官鬼寅木●　———应
妻财子水●　———

断卦说："巳火父母伏在寅木的下面，飞神来生伏神；月建又作父母的原神，太夫人管保痊愈。已经遇到了良医，今日酉时必得喜信，巳月痊愈。"果然，酉时家人回报说："昨天是某官员送来的医生，老太太服药对症，这人包管治好，许到巳月痊愈。"应验在酉时得信，是因为酉金子孙持世，主酉时因这个信感到喜悦。

【原文】

又有都阃①，卯月丁未日占官事，得既济之屯卦。予曰："官事且缓，病灾甚危，三月须防不测。"彼曰："我占官事，并未占病。况我非病，因足疾难于行动，所以未起。尔疑我病耶?"予曰："公虽占官事，犹神而曰：'疾病之险，胜如官事。'神以重大者而先告之。既得此卦，何论有病无病？世爻休囚之极，日神克之，动而变鬼，又为化墓，又化回头之克，即使无病，亦恐凶危。"

【译文】

又有统兵的将领，于卯月丁未日占公事，得到水火既济卦，变为云雷屯卦：

兄弟子水●●　— —应
官鬼戌土●　———
父母申金●●　— —
兄弟亥水○　———世　　官鬼辰土●●　— —
官鬼丑土●●　— —
子孙卯木●　———

①都阃：指统兵在外的将帅。

我说："公事暂且缓一步提起，疾病很危险，三月要防备不测。"他说："我占公事，并没有占病。何况我不是有病，只是足疾难于行动，所以没起来。你疑心我生病了吗?"我说："您虽然是占公事，但是犹如神说：'疾病的危险，重大于公事。'神以重大的事先告诉。既得到这一卦，还谈什么有病无病？世爻休囚之极，日神克它，动而变鬼，又为化墓，又化回头克，即使无病，恐怕也凶险。"

【原文】

又于卯月庚戌日，占开铅矿有否，得益之中孚卦。予曰："破财之象。旺相之兄爻，动而克世劫财，若不大破其财而不止。"彼曰："已开两月余矣。五处开之，费过数百余金。若是无财，予即止之。"予曰："兄动化进神，正是破耗之时，如何得止?"彼曰："即是无铅，不止何为?"予曰："我今初到，公必不以为信；迟一月，知我数灵，自然止矣。"

【译文】

又于卯月庚戌日，占开铅矿有铅没有，得到风雷益卦，变为风泽中孚卦：

兄弟卯木● ——应

子孙巳火● ——

妻财未土●● — —

妻财辰土●● — —世

兄弟寅木× — —　　兄弟卯木● ——

父母子水● ——

我说："这是破财的卦。旺相的兄弟爻发动，来克世劫财，财不大破，事情就不会停止。"他说："已开两月有余了。五处开掘，费用超过了数百金。要是无财，我就停下来。"我说："兄弟发动而化进神，正是破耗的时候，怎么停得下来?"他说："既然无铅，为什么不停?"我说："我现在刚到，您一定不信服；过一个月，知道我的卦灵，自然就停下了。"

【原文】

余在彼地二月，占过数卦，尚无应验。及至三月，将军之侄因昔年临阵不前，都中有人报出，行文拿问；而都司王公，于三月初六叫人针足，错针筋脉，疼至十八而死。及至四月，宪副老夫人痊愈；又见邸报①，江南抚军果以原品起用；又本府府尊拿下，不准复职，后援例，果于巳年补陕西庆阳；商人开矿，见水泉涌出而止。

余于彼处三五月，了无宁日，始悟前火天大有连得四次，以巳火之官而生世爻，应巳月官贵以相生。神报告吉凶之月日，不可照样而画符，全在人之通变也。

虽然，余之粗能稍悟者，总因多占之力耳。若非连得四次，余亦未必有此一行。余既验之，不吝谆谆以告。

【译文】

我在那里两个月，占过数卦，还没有应验的。到了第三个月，将军的侄儿因过去临阵不前，都司府中有人报告，上边行文拿问；而都司王公于三月初六叫人针灸足部，错扎了经脉，疼到三月十八日而死。到了四月，左副都御史老夫人痊愈；又看到邸报说，江南某抚军果然按原来的品级被起用；另外本府府尊被拿问，不准复职，后来果然援例于巳年补了陕西庆阳的官缺；商人开矿，见水泉涌出才停止。

我在那里三五个月，了无宁日，才领悟：以前连得四次火天大有卦，以官鬼巳火生世爻，应验于巳月官僚贵人相生。须知神报告吉凶的月日，不可完全依死法预知，全在人的通权达变。

话虽这样说，我之所以能稍微粗略地领悟，总是由于多占的作用。若不是连得四次同样的卦，我也未必有这一次远行。我既验证了这一点，就不吝惜，所以谆谆地告诉读者。

【原文】

大匠诲人，必以规矩；学者决断，全在灵机。

---

①邸报：又称邸抄，是用于通报的一种公告性新闻，是专门用于朝廷传知朝政的文书和政治情报的新闻文抄。

古圣先贤教人占卜，先教人以动静衰旺、生扶拱合、刑冲克害、破墓绝空，种种肯綮处，断不可草草放过，所以书宜熟读，理要细参，久之，自能触类旁通，随机应变，爻象一成，吉凶了如指掌矣。其用者重之，不用者去之，如是而犹有不验者，未之有也。若夫浮气精心及刻舟求剑者，不卜亦可。

【译文】

大匠教诲人，一定不离规矩；学习者决断，完全在于灵机。

古代的圣人、前代的贤人教人占卜，先教人动静衰旺、生扶拱合、刑冲克害、破墓绝空。这种种关键处，断然不可以草草放过。所以书要熟读，理要细参，久而久之，自然能触类旁通，随机应变，爻象一成，吉凶就了如指掌。其中有用的就重视它，无用的就去掉它，这样如果还有不应验的卦，是不可能的。如果粗心浮气，像刻舟求剑一样不懂得灵活变通，不学占卜也是可以的。

【原文】

筮必诚心，子日不忌；

天下无事不从心而生。心动求神，必须至诚，故曰“诚则形，形则著，著则明”。心诚求之，卦必显而易见。古有“子不问卜”，唯《黄金策》曰：只在诚与不诚，不在子与不子。诚哉斯言也！

占勿二念，早晚何妨？

一念之诚，可格天地；一簋之用，可享鬼神。若心怀两三事而占者，念既不专，应何能一？念多心乱，即是不诚。故曰遇事即占，不论早晚。慎勿两念，二念不灵。

【译文】

筮卦必须用诚心，不必忌讳子日；

天下没有什么事不从心产生。心动求神，必须至诚恳切，所以说“诚信存于心中就会体现于外表，体现于外表就会显著，显著就会光明”。心诚而求卦，卦必定显而易见。古时有“子日不问卜”的说法，只有《黄金策》说：只在心诚与不诚，不在子日不子日。这话的确啊！

占卜不可有二念，早晚又有何妨？

一个念头的诚心，可以感通天地；一簋的东西用来祭祀，可以飨祀鬼神。如果心怀两三件事而占，念头既不专一，应验怎么能一致？念头多而心乱，就是不诚。所以说遇事就占，不论早晚；但小心不要有两个念头，有两个念头，占卜不灵。

【原文】

曾有先占求财，后占丈人之病。辰月乙丑日占求财，得随之否。又占妻父病，得水山蹇。若依本人之祷告而断者，先占求财，满盘俱是财星，其财必得。后占丈人病者，父母临日月而不死。却不知二事皆从此人之念而出，神以前卦应丈人之病，财动克父，丈人死于辰日。应辰日者，财爻属土，辰乃土之墓耳。后卦反应求财，兄爻持世而不得。若非留神参悟，以前卦而断求财，以后卦而断丈人之病者，令人喷饭。余故曰：一念只占一事，不妨早占晚占。心怀两三事者，半夜求神亦有错矣。此一道理，当预告占者。

【译文】

曾经有人先占求财，后占丈人的病。辰月乙丑日占求财，得到泽雷随卦变为天地否卦：

妻财未土×　— —应　　妻财戌土●　——

官鬼酉金●　——

父母亥水●　——

妻财辰土●●　— —世

兄弟寅木●●　— —

父母子水○　——　　妻财未土●●　— —

又占问妻子父亲的病，得到水山蹇卦：

子孙子水●●　— —

父母戌土●　——

兄弟申金●●　— —世

兄弟申金●　——

官鬼午火●●　— —

父母辰土●●　— —应

如果依本人的祷告而断，先占求财，满盘都是财星，主求财必定得到；后占丈人的病，父母临日辰月建，不会死去。但两件事都是从这人的念头出来的，神用前一卦应丈人的病，妻财发动克父母，丈人死于辰日。应验在辰日，是妻财爻属土，辰是土之墓的缘故。后一卦反而应求财，兄弟爻持世，得不到财。若不是留神参悟，而是以前一卦断求财，以后一卦而断丈人的病，结果会令人喷饭。所以我说：一个念头只占一件事，早占晚占都不妨；心怀两三件事的，即使半夜求神也有错。这个道理，应当预先告诉占问者。

【原文】

我事不可命人。

我有心事，不可叫他人代我去占。我之一念，他又一念，是二念也。曾有现任官府，命家人代占防害：

卯月戊戌日，占主人目下有灾晦否，得比之咸。此卦若以本人之念占防害者，最喜子孙克世，克去身边之鬼而无忧也。若以家人占主，以父母爻为用神，又以官爻而兼用。巳火父空而墓于戌日，卯官虽临月建，难当叠叠之金，目下虽则无妨，秋来岂无险厄？岂知此卦竟应官府自己之念。世爻为用神，子孙克世以解其忧。至申日闻信，有人往上司揭告，被人劝阻，讼之未成。若以家人占主，而决者如天远矣。

然不可执此卦以为法，其间又有不应主人之念，而应家人之念者。故曰我事必要亲占，命他人而代者，难取用神，必于不验。

【译文】

自己的事，不可以让人代占。

我有心事，不可叫他人代我去占。我有一个念头，他又有一个念头，是两个念头。曾经有在任于官府，命家人代占防害：

卯月戊戌日，占主人目下有没有灾晦，得到水地比卦，变为泽山咸卦：

妻财子水●● — —应
兄弟戌土● ———
子孙申金× — — 妻财亥水● ———
官鬼卯木× — —世 子孙申金● ———
父母巳火●● — —
兄弟未土●● — —

这一卦如果是凭本人的心念占防害，最喜欢子孙克世爻，克去身边的官鬼，那样就无忧了。如果是家人占家主，就要以父母爻为用神，又以官鬼爻兼用神。巳火父母旬空而墓于戌日，卯木官鬼虽然临月建，但是难当重叠的金，眼下虽然无妨，到秋天怎么能没危险和灾厄呢？哪知道，这一卦竟应官府自己的念头。世爻为用神，子孙克世爻来解除他的忧郁。到申日听到信，有人去上司那里揭发，中途被人劝阻，没有形成诉讼。如果以家人占家主，断决就差得像天渊一样了。

但不可执着这一卦为法式，其中又有不应主人心念，而应家人心念的。所以说，我的事必须亲自占问，让他人代占的，难取用神，不一定能应验。

【原文】

他具诚心，特欲问神，让我先占，恐神不许；我具诚心，早已举念，我让他占，神必应我。

曾于辰月癸未日，欲占功名，且先代尊长而占子病，得姤之涣卦。本人占功名，得天泽履若以前卦断子病者，其子必死。何也？亥水子孙，日月伤克，世爻暗动又伤子孙，原神酉金又被午火克坏，谓之忌神旺而原神衰，宁有全生之理？岂知本人举念在前，前卦而应功名。午火官动而生世，世动官兴，五月高迁。后卦竟应父占子病，申金子孙日月生之，次日即愈。

【译文】

他人有诚心，特意要问神，却让我先占，恐怕神不会允许；我有诚心，早已动念，我让他代占，神必定回应我。

曾要于辰月癸未日占功名，而先代尊长占儿子的病，得到天风姤卦，变为风水涣卦：

父母戌土● ———

兄弟申金● ———

官鬼午火○ ———应　　父母未土●● — —

兄弟酉金○ ———　　官鬼午火●● — —

子孙亥水● ———

父母丑土●● — —世

本人占功名，得到天泽履卦：

兄弟戌土● ———

子孙申金● ———世

父母午火● ———

兄弟丑土●● — —

官鬼卯木● ———应

父母巳火● ———

如果以前一卦断儿子的病，那么儿子必死。为什么？亥水为子孙，日辰月建都伤克，世爻暗动又伤害，原神酉金又被午火克坏，叫作忌神旺而原神衰，哪有保全生命的道理？哪知道本人动念在前面，前一卦就应在功名。如此推论，午火官鬼发动而生世爻，世爻和官鬼发动，主五月升迁。同理，后一卦竟应在父亲占儿子的病，申金为子孙，日月生它，主第二天就痊愈。

【原文】

又如巳月辛巳日占父病，忽遇官长至，让之先占，得井之升卦。此卦乃官长占目下缺出，四人止有三缺，问之我可得否？断曰："申酉之官，俱逢空地，又被日月之克。空而被克，目下不能；幸得戌动生官，秋天必得。"岂知此卦，乃应前人占父病之卦也。戌土财动而克父，亥水父爻，日破月破，原神空而被克，死于戌日。

【译文】

又例如，巳月辛巳日占父亲的病，忽然见长官来到，就让他先占问，得到水风井卦，变为地风升卦：

本卦		变卦	
父母子水●●	— —		
妻财戌土○	——世	父母亥水●●	— —
官鬼申金●●	— —		
官鬼酉金●	——		
父母亥水●	——应		
妻财丑土●●	— —		

这一卦是长官占眼下官职出缺，四个人只有三个官缺，问我可以得到与否。断卦说："申酉官鬼都逢旬空，又被日辰月建克制。旬空而被克，眼下得不到；幸而有戌土发动而生官鬼，秋天必定得到官缺。"哪知道这卦是回应前一人占父亲的病的卦。依此推论，戌土妻财发动而克父母，亥水父母遇日破和月破，原神空而被克，主死于戌日。

【原文】

及至官长去后，本人出而占之，得乾之家人卦。寅午两爻，财官俱动，三合世爻而成官局。若以父病而断者，火局生父母，岂得死耶？殊不知应前官长之功名也，世在六爻，得缺广东肇庆府。

此二卦，何尝不灵？岂知神不肯让后人而得前人之卦也！

【译文】

等到长官走了，本人出来占问，得到乾为天卦，变为风火家人卦：

本卦		变卦	
父母戌土●	——世		
兄弟申金●	——		
官鬼午火○	——	父母未土●●	— —
父母辰土●	——应		
妻财寅木○	——	父母辰土●●	— —
子孙子水●	——		

寅木妻财和午火官鬼两爻都发动，三合世爻形成官鬼火局。如果按父亲的病占断，火局生父母，怎么会死呢？哪知道这是回应前一卦官长占功名的。依此推论，世爻在第六位，主得到广东肇庆府的官缺。

这两卦哪里是不灵？原来是神不肯让后一人得到前一人的卦！

【原文】

他事由他动念，慎勿提他；

他之心事未动念而占，我提醒他叫他占之，乃我之念也。曾有父叫子占功名：

午月辛酉日占功名，得萃变遁。此子十有五岁，父叫他占将来有功名否。若以官星持世，夏火当令，未土父爻为文章，父化进神，功名有望。岂知父叫子占，乃父之念也，此卦乃是父占子也。父动克子，兄动伤妻，妻死于申月，此子未年而死。未年死子者，未土父动，值未年以伤子也。夫应七月伤妻者，卯木财爻绝于申也。

余今亦尝叫人而占，然另有一法。先向伊曰："尔之某事须占一卦，目下我起之念，尔且莫占。待少刻忘怀，尔忽自想起，另起念而占之，即尔之念也。"屡验。

【译文】

他人的事由他人动念，小心不要提醒；

他人没动占问的念头，我提醒他叫他占问，这是我的念头。曾经有父亲叫儿子占功名：

午月辛酉日占功名，得到泽地萃卦，变为天山遁卦：

父母未土× —— —— 父母戌土● ————

兄弟酉金● ————应

子孙亥水● ————

妻财卯木× —— —— 兄弟申金● ————

官鬼巳火●● —— ——世

父母未土●● —— ——

这人只有十五岁，父亲叫他占将来有没有功名。如果根据官星持世，夏火当令，未土父母爻为文章，父母化进神，求功名有希望。哪知道父亲叫儿子占问，是父亲的念头，这一卦实际上是父亲占儿子。照此推论，父母发动克子孙，兄弟发动伤妻财，妻子死于申月，儿子死于未年。儿子死于未年，是因为未土父母发动，值未年而克子孙；妻子死于七月，是卯木妻财爻绝于申的缘故。

我也曾经叫别人占，但是另有一个办法。先向他说："你某事须占一卦，但眼下是我起的心念，你先别占，等片刻我忘了，你忽然自己想起来，另起念占问，就是你的念头了。”这方法试起来，屡次应验。

【原文】

我占必以直告，切莫昧己。

此等极多，难以枚举：有为婚姻故占月令者；因功名故占流年者；有现任官府，欲望他人之缺，不便言之，故占在任之吉凶；有孝廉不明言卜会试，浑问功名；有已生子，故问有子否。

如未月癸亥日占流年，得艮卦。此人已往军前援例，故占流年，只谓命有功名，流年必现。却不知占功名以官为官，最喜官星持世；占流年以官为鬼，不宜官鬼持世。余以此理告之，彼曰：“烦占援例，不知成否?”余曰：“此卦官星持世，长生于亥日，业已成矣。亥水为财，明明财旺生官。”果于申日文书实收俱到。应申日者，寅木官星持世，静而逢冲之日也。若以流年作鬼断者，如天远矣！

【译文】

我占问必须直言相告，千万不要隐瞒。

这类的事情极多，难以枚举：有为婚姻的缘故而占月令的；有因为功名的缘故而占流年的；有在官府任职，想得到他人的官缺，不便明言，而占在任吉凶的；有身为孝廉，不明说占会试而漫问功名的；有已经生了儿子，还故意问有没有儿子的。

例如，未月癸亥日占流年，得到艮为山卦：

官鬼寅木●　　———世

妻财子水●●　— —

兄弟戌土●●　— —

子孙申金●　　———应

父母午火●●　— —

兄弟辰土●●　— —

这人已去军前援例提升，所以占流年。只以为命里若有功名，流年必然体现，却没想到占功名以官鬼为官职，最喜欢官鬼持世，而占流年以官鬼为鬼，不宜官鬼持世。我把这个道理讲给他，他才说：“麻烦占援例，不知道成不成?”我说：“这一卦官鬼持世，长生于亥日，已经成了，因为亥水为妻财，生旺而生官鬼用神。”果然到申日收到了文书。应验在申日，是因为这寅木官鬼持世、安静而逢冲的日子。倘若按流年作鬼来决断，离题就像天一样辽远了。

【原文】

又如子月乙酉日占现任吉凶，得水天需。此公因本省有缺出，讳言得否，故以现任之吉凶而问也，只谓卦吉，缺必能得。宁晓《周易》之理，问缺之得否，子孙持世而绝望；问现任之凶吉，子孙持世而休官？余明告此理，公曰：“问升迁。”余始断曰：“此缺不可得也。”果不得。若以之占现任之吉凶者，乃休官之兆也，不大相迳庭耶？

【译文】

又例如，子月乙酉日占现任吉凶，得到水天需卦：

妻财戊子水●● — —

兄弟戊戌土● ——

子孙戊申金●● — —世

兄弟甲辰土● ——

官鬼甲寅木● ——

妻财甲子水● ——应

这人因为本省有官缺出现，却讳言自己能得到与否，而故意拿现任吉凶来占问，只以为卦吉，这官缺必定能得。哪知道《周易》的道理，问官缺能否得到，子孙持世就绝望；问现任的凶吉，子孙持世就离职。我明白告诉他这个道理，他才说：“问升迁。”我这才断卦说：“这官缺得不到。”后来果然没得到。如果用这一卦来断现任的吉凶，就是离职的征兆，岂不大相径庭？

【原文】

又如午月辛丑日，有商人因母抱恙，而故问流年，得益之无妄。贸易者流年之占，以财爻为重。此卦旺财持世，未土之财又动，当许发财。若以问母病断者，最忌财爻发动，财动克母，其母死于甲辰日，应辰土出空之日也。后贤凡遇卜流年月令者，不妨以此理晓之，两无误矣。今此卦若以发财而断，保无谤乎？

【译文】

又例如，午月辛丑日，有商人因为母亲抱病而占，却故意问流年，得到风雷益卦，变为天雷无妄卦：

兄弟卯木●	———应		
子孙巳火●	———		
妻财未土×	— —	子孙午火●	———
妻财辰土●●	— —世		
兄弟寅木●●	— —		
父母子水●	———		

商人对流年的占卜，以妻财爻为重。这一卦旺相的妻财持世，未土妻财又发动，应当许他发财；而如果作为问母亲的病的卦来看，则最忌妻财爻发动。卦中妻财发动克父母，主他的母亲死于甲辰日，应验于辰土出空的日子。后人凡遇占流年或月令的，不妨先说明这个道理，这样就两方都不误了。这一卦若按发财来断，能保证不被别人骂吗？

【原文】

占远事而应近事，务必留心；

天下之理生于动，有机则动矣。凡来占者，事在目前，神专情迫，起课之人精神亦聚，两心相感，吉凶立见。事尚先机，或占后运，或占不关切之事，甚有作戏谈而问，占卦之人不得已而应之，两心毫无相摄，卦亦茫然。卦之成者，或以远占而报近事，或以近事而报远占也。

如未月丙辰日占财，得咸之大过。此人闲问家中常见白人，必有古窖，何时得财？余曰：“卦中鬼变子孙，目下子女不利。”彼曰：“小女出花。”余曰：“须防亥日。”果死于亥日。彼问何年而得财，神报目下而死女。应亥日者，午火鬼化亥水子也。

【译文】

占远事而应近事的，务必留心；

天下的道理产生于动，有了事机就动了。凡来占卦，事情就在眼前，精神专一，心情急迫，起卦的人精神也凝聚，这样两心互相感应，吉凶立刻体现出来。做事讲究把握机先，或者占后来的运气，或者占不关切的事，甚至有作戏谈而发问的。断卦的人不得已而应付他，两心毫无相摄，卦爻也就茫然。成卦后，或者问遥远的事而告诉切近的事，或者问切近的事而告诉遥远的事，都有可能。

例如，未月丙辰日占财，得到泽山咸卦，变为泽风大过卦：

父母未土●●　— —应

兄弟酉金●　——

子孙亥水●　——

兄弟申金●　——世

官鬼午火×　— —　　子孙亥水●　——

父母辰土●●　— —

这人因为家中常见白人，以为必有古窖，问什么时候能得财。我说："卦中官鬼变子孙，眼下对子女不利。"他说："小女儿出天花。"我说："须防备亥日。"果然死于亥日。他问哪年得财，神却告诉眼下女儿的死。应验在亥日，是午火官鬼化亥水子孙的缘故。

【原文】

又如酉月甲辰日，占本月月令，得遁之姤。世爻午火，化亥水回头克世，辰年占卦，在午年子月而死。占月令而现寿元①，此亦占近而应远也。

【译文】

又例如，酉月甲辰日占本月月令，得到天山遁卦，变为天风姤卦：

父母戌土●　——

兄弟申金●　——应

官鬼午火●　——

兄弟申金●　——

官鬼午火×　— —世　　子孙亥水●　——

父母辰土●●　— —

①寿元：寿命。

世爻午火化亥水而回头克，辰年占卦，当死于午年子月。占月令而应验在寿命，这也是占切近事而应验遥远事的一例。

【原文】

又如申月戊辰日，占贸易，得比之井卦。此人常往外方贸易，偶尔闲问："明岁利于何方?"卦得世爻卯木，动化酉金冲克，七月占卦，八月而死。犹神报之："大数已终，何必来年之问!"

【译文】

例如，申月戊辰日占贸易，得到水地比卦，变为水风井卦：

妻财子水●●　— —应
兄弟戌土●　———
子孙申金●●　— —
官鬼卯木×　— —世　　子孙酉金●　———
父母巳火×　— —　　妻财亥水●　———
兄弟未土●●　— —

这人常去外地贸易，偶尔闲问道："明年利在哪个方位?"卦中世爻卯木发动，化酉金回头克，结果七月占卦，八月就死了。这犹如神告诉说："大限已终，何必有来年这一问?"

【原文】

占此应彼，必须详察。

大凡占出卦象，必须细为详查。卦有不应所问之事，而反应所未问之事。其故何也?神有舍小事而报大事，有舍小吉而报大凶，有舍此应彼，舍彼应此，占我应他，占他应我，乃旦夕祸福将至。机之一动，卦之必现，故曰"知几其神乎!"此之谓也。

如巳月己未日占小厮①病，得比之蹇。余曰："此并不应小厮病，而应今秋功名有碍。"彼曰："何也?"余曰："世临卯木之官，化申金子孙之克，是以知之。"彼曰："我问小厮，如何应在功名?"余曰："神之机常常如此，舍小事而报大凶。神之警公之诸事，须宜慎之。"果于七月被论革职。此占他而应我也。

---

①小厮：未成年的男性仆从。也指儿子、男孩。多见于早期白话。

【译文】

占这事而应那事，必须详察。

凡占出卦象，必须详细考察。卦有不回应所问的事，反而回应没问的事的。这是什么缘故呢？神有舍去小事而报大事的时候，也有舍去小吉而报大凶的时候。舍此应彼、舍彼应此、占我应他、占他应我，因为这是旦夕之间就会到来的祸福。机缄一动，卦中必定体现，所说“只要能够预先体察事物的征兆，就算得上是先知了”，指的就是这一点。

例如，巳月己未日占小厮的病，得到水地比卦，变为水山蹇卦：

妻财子水●● — —应
兄弟戌土● ——
子孙申金●● — —
官鬼卯木× — —世　　　子孙申金● ——
父母巳火●● — —
兄弟未土●● — —

我说：“这一卦并不回应小厮的病，而是说你今年秋天功名有妨碍。”他问：“为什么？”我说：“世爻临卯木官鬼，化申金子孙回头克，所以知道。”他说：“我问小厮，为什么应在功名上？”我说：“神机常常舍小事而报大凶。神在警示您，各种事情必须谨慎处置。”此人果然于七月被论罪革职。这是占他人而应在自己的例子。

【原文】

又如申月戊寅日占身病，得坤之比。断曰：“世爻酉金虽绝于寅日，幸而秋间旺相，自身不碍，须防九十月妻财有危，因亥水财爻化戌土为回头克。”彼曰：“我病甚重。”余曰：“子孙持世，不药而愈。”果然其病即愈，而九月其妻谢世矣。此又占我而应他也。

【译文】

又例如，申月戊寅日占自己病，得到坤为地卦，变为水地比卦：

子孙酉金●●　— —世
妻财亥水×　— —　　兄弟戌土●　——
兄弟丑土●●　— —
官鬼卯木●●　— —应
父母巳火●●　— —
兄弟未土●●　— —

断卦说：“世爻酉金虽然绝于寅日，但好在秋令旺相，自身无碍，但须防备九月或十月妻妾有危险，因为亥水妻财化戌土为回头克。”他说：“我的病很重。”我说：“子孙持世，不用服药就会痊愈。”果然，他的病马上就痊愈了，而九月妻子却死了。这又是占问自己而回应他人的例子。

【原文】

又如未月丁亥日占母病，得坤之剥卦。断曰：“此卦不现母病，而现子女有灾。”彼曰：“何也？”余曰：“令堂近病，卦得六冲即愈，只不宜爻中现出子孙变鬼。”伊曰：“小儿初生两月。”余曰：“八月防之。”果于八月，其子惊风，又来卜之。

【译文】

又例如，未月丁亥日占母亲的病，得到坤为地卦，变为山地剥卦：

子孙酉金×　— —世　　官鬼寅木●　——
妻财亥水●●　— —
兄弟丑土●●　— —
官鬼卯木●●　— —应
父母巳火●●　— —
兄弟未土●●　— —

断卦说：“这一卦体现的不是母亲的病，而是子女的灾患。”他问：“为什么？”我说：“您母亲的病是近期的，得到六冲卦就会痊愈，只是不宜爻中现出子孙变官鬼。”他说：“小儿子才出生两个月。”我说：“防止八月危险。”他儿子果然在八月患了惊风。于是又来占卜。

【原文】

酉月丁卯日又占子病，得既济之革。断曰："卯木子孙临月破，又动出申金伤克，虽值日辰，难过酉日卯日。"彼曰："还有救否?"余曰："向占母病已应八月死子，今又得此凶卦，何以救之?"果死于卯日。夫应于卯日者，乃实破之日也。

【译文】

酉月丁卯日又占儿子的病，得既济之革：

兄弟子水●●　— —应

官鬼戌土●　———

父母申金×　— —　　兄弟亥水●　———

兄弟亥水●　———世

官鬼丑土●●　— —

子孙卯木●　———

断卦说："卯木子孙临月破，又动出申金伤克，虽然值日辰，但是难过酉日卯日。"他问："还有救没有?"我说："以前占母亲的病，已经应验在八月死去儿子，现在又得到这样的凶卦，怎么救他?"果然死于卯日。应验于卯日，是因为这一天月破被填实。

【原文】

又如卯月丙午日占小人口舌，得乾之需。余讶曰："既占口舌，如何得此吉卦?"公问："何也?"余曰："青龙、天喜、文书持世，午火官星临日建而生世，今年太岁在巳，岁君又生世爻，定有非常之喜，不出十日应之。"公问："口舌成非否?"余曰："疑神之报，大喜之日即小人潜伏之时乎!"果于戊申日被起用，群小慑避矣。应申日者，寅木财空，申日冲起寅木，以成三合之故耳。若不细加详察，而以口舌断，未有不误者也。

【译文】

例如，卯月丙午日占小人口舌，得到乾为天卦，变为水天需卦：

父母壬戌土○ ——世 子孙戊子水●● — —
兄弟壬申金● ——
官鬼壬午火○ —— 兄弟戊申金●● — —
父母甲辰土● ——应
妻财甲寅木● ——
子孙甲子水● ——

我惊讶道："既然是占口舌，为什么得到这样的吉卦？"他问："为什么？"我说："青龙、天喜、文书持世，午火官星临日建而生世，今年太岁在巳，岁君又生世爻，一定有非常的喜庆，不出十天就会应验。"他问："口舌会不会造成是非？"我说："疑心神的回应是说，大喜的日子就是小人潜伏的时候。"这人果然于戊申日被起用，那些小人因为被威慑而退避了。应验在申日，是寅木妻财旬空，申日冲起寅木而三合成火局的缘故。如果不细加考察，竟以口舌决断，没有不失算的。

【原文】

又如向有好友贫乏，余揣银数两往赠，彼未知也，即浼占求财，约得二十余金，方能了目前之局，不知得否？于丑月甲申日，占得同人之离。日建作财以生世，此财必得。问："得于何日？"余曰："今日即得。"彼曰："尚未说合，如何就得？"余忽悟，曰："是也！我欲赠他，他尚未知，必神告曰：'目下就见财矣，何事他问也？'余随出而与之，命其再占，得离卦，兄爻持世，卦得六冲。"余曰："先得之卦，应我之赠，后卦绝无影响，果不得。"此乃占彼而应此也。

【译文】

又例如，过去有好友生活贫乏，我揣数两银子去赠给他。他不知道我的想法，请我占求财，说大约要有二十余金，才能摆脱目前的困境，不知能不能得到。

于丑月甲申日，占得天火同人卦，变为离为火卦：

子孙戌土● ——应

妻财申金○ —— 子孙未土●● — —

兄弟午火● ——

官鬼亥水● ——世

子孙丑土●● — —

父母卯木● ——

日建为妻财生世爻，这财必得。他问："得在哪一天?"我说："今天就得。"他说："尚未说合，怎么能就得?"我忽然觉悟，说："是了！我要赠他，他还不知道，一定是神告诉说：'目下就见财，何必问其他?'我随即拿出银子给他，并让他再占。结果得到离为火卦，兄弟爻持世，卦得六冲。"我说："前一卦应验于我的赠予；后一卦没有一点影子，果然不得。"这是占彼而应此的例子。

【原文】

李我平曰：《黄金策·千金赋》乃诚意先生所著。昔有人曰："有能易一字，予以千金。"后因刻版错误，以讹传讹，致白玉生瑕。不意野鹤老人前后增删，另作注解，以成全璧。余不能遗以千金，从此名之"万金赋"可也。

【译文】

李我平说：《黄金策·千金赋》是刘诚意先生所著。过去有人说："有能改换一个字的，给予一千金。"后来因为刻版的错误，以讹传讹，致使白玉产生了瑕疵。没想到经过野鹤老人的前后增删，另作注解，而成了全璧。我不能送给千金，但由此称为"万金赋"，也是可以的。

增删卜易卷之五

［清］野鹤老人
［清］李文辉
［清］李我平　撰
孙正治　注

天时章第三十五

【原文】

天道旱涝不时，易爻阴晴可测。

古以晴雨之占，不可以自试其术，而轻渎鬼神，如亢旱求雨，涝则求晴，始可卜之。余曰不然，正可以此试其术。何也？卦之微妙，初学难知。以人事而试者，取验不速；以天时而试者，目前见效。天时之阴晴，人间之祸福，皆不离乎五行，天晴得验，人事验矣。余初学卜，皆赖天时之巧应，得其微奥之旨趣也。

【译文】

天道不时造成旱涝，卦爻可以预测阴晴。

古法以为，关于晴雨的占卜，不可以用来试验卦术，以至轻慢和亵渎鬼神。只有亢旱的时候求雨、洪涝的时候求晴才可以卜问。我说：事情不是这样，正可以用这种方法试验卦术。为什么？卦中的微妙，初学的人难以知晓，以人事来试，取得占验不快；以天时来试，则眼前就能见效。天时的阴晴，人间的祸福，都离不开五行，天晴能得到应验，人事也就应验了。我初学卜筮的时候，就是靠天时的巧妙应验，来得到其精微深奥旨趣。

【原文】

子孙为日月星斗，动则万里晴光；

《黄金策》以“财动者八方咸仰晴光”，非也。子孙发动，万里无云。子孙为财之原神，财动虽晴，倘如子孙休囚空破，或现而不动，必不大晴，当有浮云薄雾。

如卯月甲午日占晴，得大壮之夬。申金子动化进神，申酉日碧天如洗。

或曰：“凡存占验，当存巧验奇征。此卦显而易见，何故录之?”余曰：“初学者易知，由浅以入深也。奇险奥理，后卷有之。”

【译文】

以子孙爻为日月星斗，只要发动，就会万里晴光；

《黄金策》以为，妻财发动，就会八方共同仰望晴光，这是不对的。子孙发动，万里无云。子孙为妻财的原神，妻财发动虽然主晴，但如果子孙休囚空破，或者出现而不发动，一定不会大晴，而应当有浮云或薄雾。

例如，卯月甲午日占晴，得到大壮卦，变为夬卦：

兄弟戌土●● — —

子孙申金× — — 子孙酉金● ———

父母午火● ———世

兄弟辰土● ———

官鬼寅木● ———

妻财子水● ———应

申金子孙发动而化进神，断为申酉日碧天如洗。

有人说：“凡留存占验的卦，应当存奇异巧妙的，而这一卦却显而易见，为什么要抄录?”我说：“因为初学者容易了解，这样可以由浅入深。至于体现奇险奥理的，后卷有。”

【原文】

父母为雨，发则八方润泽。

凡占须宜分祷，或求晴，或求雨，或求雪求霜，念专于一而神告矣。又宜分请求于何地神曰：城内雨否？晴否？或占某乡，或占某省。不然天下何日不晴，何日不雨？指其地而占之可也。法以父母为天地，天地闭塞而日月掩藏，此亦近理；余以父母为浓云重雾，父动伤子，掩其日月也。所以父爻发动，云雾弥天，日月掩藏而雨矣。

【译文】

以父母爻为雨雪，只要兴起，自然八方润泽。

凡占卦，应该也必须一一分别祈祷，或者求晴，或者求雨，或者求雪求霜，念头专于一件事，神才告诉。又应该分清求于什么地方。祈祷说：城内下不下雨？晴不晴？或者占某乡，或者占某省。不然的话，天下哪一日不晴明，哪一日不下雨？要指那个地方占问才行。古法是以父母为天地，天地闭塞就日月掩藏，这也近于道理。我以为父母为浓云重雾，父母发动会伤害子孙，掩蔽日月，所以只要父母爻发动，就云雾弥天，日月掩藏而下雨了。

【原文】

如巳月甲戌日，占天何时雨，得小过之旅。因连日大晴，本日卯时占何日雨。即于辰时起云，辰末巳初雷雨交作。应辰时者，戌日冲辰父而暗动；雷雨交作者，戌化巳火鬼也。

【译文】

例如，巳月甲戌日，占什么时候下雨，得到雷山小过卦，变为火山旅卦：

父母戌土×	— —	官鬼巳火●	——
兄弟申金●●	— —		
官鬼午火●	——世		
兄弟申金●	——		
官鬼午火●●	— —		
父母辰土●●	— —应		

因为连日大晴，本日卯时占哪天下雨，于是断为在辰时起云，辰末巳初雷雨交作。应验在辰时，是戌日冲动辰土父母的缘故；雷雨交作，是戌土化巳火官鬼的缘故。

【原文】

财动天气晴明，

财动克父而生子孙，所以主晴。

如酉月乙巳日，占本日阴晴，得升之恒。此卦丑土财动，化出午火子孙，上半日虽晴，常有浮云掩日，至午时之后，满天红日无云。所以财爻虽主晴明，难免于云；必至午时而见子孙，始大晴也。

【译文】

妻财发动，主天气晴明，

妻财发动，克父母而生子孙，所以主晴。

例如，酉月乙巳日占本日阴晴，得到地风升卦，变为雷风恒卦：

官鬼酉金●●　— —

父母亥水●●　— —

妻财丑土×世　— —　　　　子孙午火●　———

官鬼酉金●　———

父母亥水●　———

妻财丑土●●　— —应

这一卦丑土妻财发动，化出午火子孙，主前半天虽然晴，却常有浮云掩蔽太阳，到午时以后，满天日光而无云。所以财爻虽然主晴明，却难免于云；一定要到午时出现子孙，才会大晴。

【原文】

官鬼雷霆雾电。

官鬼乃父母之原神，动则生父，故主雷霆雾电，或为黑云，或应雷霆。不拘春夏秋冬，不可执以为雷雾电看，浓云黑雾者亦是。

如巳月丁卯日占天何时雨，得恒之大过。世爻酉鬼暗动，申鬼明动化进神，本日申时霹雳惊天，远处大雨，而本处洒几点。或曰："想因父爻月破。”予曰：“非也。父爻若动，虽临月破，亦作大雨。”

【译文】

官鬼动摇，主雷霆雾电。

官鬼是父母的原神，发动就生父母，所以主雷霆雾电，或者为黑云，或者应验为雷霆。不论春夏秋冬，都不可执着地作雷霆电雾看，浓云黑雾也是这样。

例如，巳月丁卯日占什么时候下雨，得雷风恒卦，变为泽风大过卦：

妻财戌土●●　— —应
官鬼申金×　— —　　官鬼酉金●　——
子孙午火●　——
官鬼酉金●　——世
父母亥水●　——
妻财丑土●●　— —

世爻酉金官鬼暗动，申金官鬼明动而化进神，本日申时霹雳惊天，远处大雨，而本处只洒落几点。有人说：“想是因为父母爻月破的缘故。”我说：“不对。父母爻发动，即使临月破也有大雨。”

【原文】

应乃太虚①，逢空雨晴难定；世为大块②，受克天变非常。

觉子曰：占雨用父爻，占晴用子孙爻、财爻，与世应何干？余常占雨占晴，一卦不现，再占两卦。六爻不动者，务必求其动而验之。何故曰“雨晴难定”？假使人问趋避，亦可答曰我难定耶？至于世爻受克而天变者，或系偶然凑合一两卦耳，何得以之为法？余尝占得官父兄爻克世者不少，未见天变。此两句宜删之。

【译文】

应爻象征天空，逢空时晴雨难以断定；世爻代表大地，受克则天气

---

①太虚：天空。
②大块：大地。

变化非常。

觉子说：占雨用父母爻，占晴用子孙爻和妻财爻，与世应有什么关系？我经常占雨或占晴，一卦不出现用神就再占两卦。六爻不发动时，务必求它发动的卦，以方便试验。为什么说逢空则“雨晴难定”？假使有人问趋吉避凶，也可以回答说我难以决定吗？至于世爻受克而天气变化，属于偶然巧合的一两卦罢了，凭什么以它为法式？我曾经占得不少官鬼、父母、兄弟爻克世的卦，没发现应验于天气的变化，所以这两句应当删去。

【原文】

若论风云，全凭兄弟。

兄弟发动虽主风云，乃云淡风轻之景，非晴非雨之天。每见兄动而日月于云中穿走，乍隐乍出耳。

如午月丁亥日，占本日阴晴，得遁之否。或曰：“兄动为风云，今日还是阴天。”余曰：“申时要见日色。”彼曰：“何也?”余曰：“申金兄爻为云，化出卯木财爻，是由云雾中变出日色之象。”果一日阴云，申时而见日色，次日卯时大晴。

【译文】

如果推论风云，完全凭借兄弟爻。

兄弟发动虽然主风云，却只云淡风轻的景象和不晴不雨的天气。常见兄弟发动而日月在云中穿梭，乍隐乍现。

例如，午月丁亥日占本日阴晴，得到天山遁卦，变为天地否卦：

父母戌土● ———

兄弟申金● ———应

官鬼午火● ———

兄弟申金○ ——— 妻财卯木●● — —

官鬼午火●● — —世

父母辰土●● — —

有人说：“兄弟发动主风云，今日还是阴天。”我说：“申时要见日色。”他问：“为什么？”我说：“申金兄弟爻为云，化出卯木妻财，是由云雾中变出日色的征象。”果然整日阴云，到申时看到日色，第二天卯时才大晴。

【原文】

更随四季推详，须配五行参决。

《黄金策》曰：“父母爻四时主雨。若临金水，雨大而未止；若临火土，雨小而不久。”

觉子曰：此系不论衰旺，四时皆以父临水则雨大，临火则雨小。既不论旺衰，如何后章又曰“父持月建，必然阴雨连旬”？设使巳午未月火土当令之时，正大雨施行之际，若值父临火土而发动，如以旺衰，而水旺当主阴雨连旬；若以五行参决论火土者，当断之雨小。古法之错，何以不删？更可笑者，旧注有云：“冬天以子孙为霜雪。”既以子孙为霜雪，倘值冬令占晴，以何爻而为日月？昔贤悖理之谬，当时而不省者，何也？

【译文】

再随着四季的不同而推详，须配合五行的旺衰来参决。

《黄金策》说：“父母爻在四季都主雨。如果临金水，雨大而不停；若临火土，雨小而不久。”

觉子说：这是不论衰旺，四季都以父母临水为雨大，临火则雨小。既然不论旺衰，为什么后章又说“父母持月建，必然阴雨连旬”？巳、午、未月火土当令时，正是大雨普施的季节，假使父母临火土发动，而据旺衰论断，那么水旺当主阴雨连旬；若以五行参决而论火土，就应当断为小雨。古法这样错谬，为什么不删去？更可笑的是，旧注有这样的话：“冬天以子孙为霜雪。”既然以子孙为霜雪，倘若值冬令而占晴，以哪一爻为日月？前人悖理荒谬而不省悟，为什么呢？

【原文】

如子月己亥日，因连日雪，占何日晴，得观之比。断曰：“两爻火鬼明暗动，今日还是阴天。卯木财爻化出子水子孙，明日卯时必晴。”果于次日卯时云开日出。此子水者，既临月建，又有亥日拱之，旺之无比，若以之为霜雪，不惟不晴，犹当雪深十尺。所以占天时，不论旺衰，亦未有以子孙为霜雪也。

【译文】

例如，子月己亥日因为连日下雪，占何日晴，得到风地观卦，变为水地比卦：

妻财卯木○　———　　　子孙子水●●　— —

官鬼巳火●　———

父母未土●●　— —世

妻财卯木●●　— —

官鬼巳火●●　— —

父母未土●●　— —应

断卦说："两爻巳火官鬼明动又暗动，今日还是阴天；卯木妻财爻化出子水子孙，所以明日卯时必晴。"果然于第二天卯时云开日出。这个子水既临月建，又有亥日相拱，旺相无比。如果以它为霜雪，那么不但不会晴，而且雪深应当达到十尺。所以占天时，不论旺相还是衰弱，没有以子孙为霜雪的道理。

【原文】

晴或逢官，为烟为雾；

旧注："卦得晴兆，爻中又有鬼动者，必有浓云重雾，或恶风晦暗，冬或大寒，夏或大热，必非风和日丽之天。"

余以此论有理，但须分别时辰。即如辰月己卯日，占本日阴晴，得屯之临。断曰："寅木子孙化进神，今日大晴。五爻戌土鬼动，戌亥时必主黑云。"果于戌时星斗无光。若以一时之烟雾断者，错也。

雨而遇福，为电为虹。

谓卦得有雨之象，子孙亦动者，非有闪电则有彩虹，余亦以之为非。

【译文】

晴天若逢官鬼，或者为烟，或者为雾；

旧注："卦中得到晴兆，爻中又有官鬼发动，必定有浓云重雾，或者有恶风使天地晦暗。冬季或许大为寒冷，夏季或许大为炎热，一定不是风和日丽的天气。”

我以为这种议论有道理，但必须区别时辰的不同。例如，辰月己卯日占本日阴晴，得到云雷屯卦，变为地泽临卦：

本卦		变卦	
兄弟子水●●	— —		
官鬼戌土○	——应	兄弟亥水●●	— —
父母申金●●	— —		
官鬼辰土●●	— —		
子孙寅木×	— —世	子孙卯木●	——
兄弟子水●	——		

断卦说：“寅木子孙化进神，主今日大晴。五爻戌土官鬼发动，主戌亥时必有黑云。”果然戌时星斗无光。如果以一时的烟雾论断，那就全错了。

雨天如果遇福德，或为闪电，或为霓虹。

就是说，卦中得到有雨征象，子孙也发动，不是有闪电就是有彩虹。我以这种说法也是错的。

【原文】

三合成财，问雨难堪八卦；

三合财局、子孙局者主晴；三合父局主雨；三合鬼局，黑雾弥天，或雷电闪烁；三合木局主风。

五乡连父，求晴怪煞临空。

旧注谓：“父爻空而无雨，子孙及财又空而不晴。”余常占雨，父母休囚不动，果是难望；若值空者，勿谓无望。常得父爻动而逢空不应，冲空之日即应，填实之期百灵百验。财与子孙空者亦同此推。

【译文】

三合成妻财局，问雨就难为八卦了；

三合成妻财局和子孙局，主晴；三合成父母局，主雨；三合成官鬼局，黑雾弥天，或者雷鸣电闪；三合成木局，主风。

五方临父母，求晴怪杀临空。

旧注说："父母爻适旬空，无雨；子孙及妻财爻旬空，不晴。"我常占雨，父母休囚不动，的确难以指望，但旬空的不能说无望。常得到父母爻发动而逢空的卦，当时虽不应验，冲空的日子却应验，填实的日子更是百般灵验。妻财与子孙旬空依此推论。

【原文】

财化鬼晴明不久，

旧注系"财化鬼阴晴未定"，非也。

如巳月甲寅日因连日晴，占何日雨，得既济变蹇。若以财化鬼阴晴未定，此卦卯木子孙化辰土鬼，岂可曰阴晴而未定？殊不知，卯木子孙日晴，辰土鬼辰日天变，则不晴矣。余断辰日天阴，巳日必雨。何以知其巳日雨？卦中申金父爻暗动，动而逢合之日。果于辰日天变，巳日大雨。故曰子孙财爻化鬼，晴之不久；父动化财化子，乃雨之不久。非阴晴而难定。

【译文】

妻财化官鬼，主晴不长久；

旧注是"财化鬼，阴晴未定"，不对。

例如，巳月甲寅日因连日晴，占哪天下雨，得到水火既济卦，变为水山蹇卦：

兄弟子水●●　— —应
官鬼戌土●　———
父母申金●●　— —
兄弟亥水●　———世
官鬼丑土●●　— —
子孙卯木○　———　　官鬼辰土●●　— —

如果说妻财化官鬼主阴晴不定，这一卦卯木子孙化辰土官鬼，难道也可以说阴晴而不定？哪知卯木子孙日虽晴，但辰土为官鬼，到辰日就不晴了。我断辰日天阴，巳日必定下雨。凭什么知道巳日下雨？因为卦中申金父母爻暗动，是巳火发动而逢合的日子。果然于辰日变天，巳日大雨。所以说，子孙财爻化官鬼，晴天不长久；父母发动而化妻财化子孙，是下雨不长久，而不是什么“妻财化官鬼，阴晴难定”。

【原文】

父化兄风雨靡常。

父化兄，父化鬼，或卦中父动兄动，皆主风雨交作。若论前后，动者为先，变者为后。即如兄化父，先风而后雨；鬼化父，春夏占者先雷后雨。

觉子曰：鬼动虽为雷电，应雷者少，黑云者多，不可执之。

【译文】

父母化兄弟，主风雨无常。

父母化兄弟，父母化官鬼，或者卦中父母、兄弟发动，都主风雨交加。如果推论先后，就以发动的爻为在先，以变出的爻为在后。比如兄弟化父母，主先风而后雨；官鬼化父母，在春夏季占部，主先打雷，后下雨。

觉子说：官鬼发动虽然为雷电，但是应验为雷的少，应验为黑云的多，不可拘泥。

【原文】

母化子雨后晴明，弟化孙云开日出。

旧注系“母化子长虹垂 螮蝀”，非也。

如午月乙卯日，因连日雨，本日亦雨，占何日晴，得明夷之艮。予对吾友曰：“今日酉时必见红轮西坠，明日还见阴天。”彼曰：“何也?”余曰：“六爻酉父化子，今日酉时见日；初爻卯木化辰鬼，明朝辰日必是阴云。”果于酉时忽然天开见日色，次日密云而不雨。

【译文】

父母化子孙，雨后晴明；兄弟化子孙，云开日出。

旧注是“父母化子孙长虹垂螮蝀”，不对。

例如，午月乙卯日，因为连日下雨不止，占哪天晴，得到地火明夷卦，变为艮为山卦：

父母酉金× — — 子孙寅木● ——
兄弟亥水●● — —
官鬼丑土●● — —世
兄弟亥水● ——
官鬼丑土●● — —
子孙卯木○ ——应 官鬼辰土●● — —

我对朋友说："今日酉时一定能看到红日西沉，但明天还是阴天。"他问："为什么？"我说："六爻酉金父母化子孙，所以今日酉时见到红日；初爻卯木化辰土官鬼，明天是辰日，所以一定还是阴云密布。"果然于当日酉时忽然天开，看到日色；而第二天阴云密布，但是没下雨。

【原文】

父持月建，必然阴雨连旬；

旧注："父母临月建而动者，雨必不止。"

野鹤曰：此以旺衰而言，余试不验。

如午月丙午日占何日雨，得大壮之升。又如申月丙辰日，占何日雨，得坎之困。前卦午火父动，未时一阵大雨，酉时即晴；后卦申金父动，庚申日雨，辛酉日半阴晴，亥时大晴。前卦不唯父持月建，且临日辰；后卦父持月建，辰日生之，旺莫旺如此也。似此之旺且无风雨连旬，况他乎？余试天时，旺衰不论。

【译文】

父母临月建，必然阴雨连旬；

旧注说："父母临月建而发动，雨一定无休止。"

野鹤说：这是就旺衰而言，我试过，不应验。

例如，午月丙午日占哪天下雨，得到雷天大壮卦，变为地风升卦：

兄弟戌土●● — —
子孙申金●● — —
父母午火○ ——世 兄弟丑土●● — —
兄弟辰土● ——
子孙寅木● ——
妻财子水○ ——应 兄弟丑土●● — —

又例如，申月丙辰日占哪天下雨，得到坎为水卦，变为泽水困卦：

兄弟子水●●　— —世
官鬼戌土●　———
父母申金×　— —　　　兄弟亥水●　———
妻财午火●●　— —应
官鬼辰土●　———
子孙寅木●●　— —

前一卦午火父母发动，所以未时有一阵大雨，酉时就晴了。后一卦申金父母发动，所以庚申日下雨，辛酉日半阴半晴，到亥时大晴。前一卦父母不只持月建，还临日辰；后一卦父母持月建，辰日生它，旺也旺不过这个程度。这样旺尚且没有风雨连旬，何况其他？所以我试占天时，不论旺衰。

【原文】

兄坐长生，拟定狂风累日。

如辰月戊申日，占本日阴晴，得中孚之小畜。丑土兄动化进神，临月令，长生于申日。若论旺衰，旺之无比，并不见狂风累日，只见一日阴云而已。或曰："兄动化进神，不见狂风者，究竟以何爻而主狂风？"余曰："木动化进神，乃狂风耳。"

【译文】

兄弟坐长生的位置，注定狂风连日。

例如，辰月戊申日占本日阴晴，得到风泽中孚卦，变为风天小畜卦：

官鬼卯木●　———
父母巳火●　———
兄弟未土●●　— —世
兄弟丑土×　— —　　　兄弟辰土●　———
官鬼卯木●　———
父母巳火●　———应

丑土兄弟发动而化进神，临月建，长生于申日。若论旺衰，兄弟旺到了无比的程度，但是并不见狂风累日，只见一日阴云罢了。有人问："既然兄弟发动化进神而不见狂风，究竟该以哪爻主狂风？"我说："木爻发动而化进神就主狂风。"

【原文】

父财无助，旱涝有常。

旧注："官鬼空伏，父母无气而财爻旺动者，必旱；子孙空伏，妻财无气而父爻旺动者，必涝。再遇日、月、动爻生扶者，涝必至于浸没。"

觉子曰：若重旺衰，此论何尝无理？余存四十余年之占验，天时无日不占。时当涝者，鬼动有雨，兄动亦雨；父鬼休囚无气者，动亦有雨；时当旱者，父持月建，亦不过浓云重雾而已。故后有云："竞发父官，连朝风雨。"凡遇卦中父鬼乱动，而雨水连绵而不止也。

福德带刑，日月必蚀。

此乃特占日月之论，不可以占阴晴之卦、偶尔凑合者而妄断也。

【译文】

父母和妻财倘若无扶助，旱涝就有一定。

旧注说："官鬼旬空藏伏，父母无气而妻财爻旺相发动，必主干旱。子孙旬空伏藏，妻财无气而父母爻旺相发动，一定涝；再遇到日辰、月建、动爻生扶，必定涝到淹没庄稼。"

觉子说：如果注重旺衰，这种说法哪里是无理？我留存着四十余年的占验，天时没有一天不占。应当涝时，官鬼发动有雨；兄弟发动也有雨；父鬼休囚无气发动，也有雨。应当旱时，即使父母持月建，也不过浓云重雾罢了。所以后文有这样的话："父母和官鬼争着发动，主连日风雨。"凡遇卦中父母和官鬼乱动，雨水就连绵不止。

子孙这个福德如果带刑，日月必主被蚀。

这是特指占日月的议论，不可用在占阴晴的卦，或偶尔凑合的卦上，导致妄断。

【原文】

雨嫌妻位以逢冲，

占雨，倘父爻不动，而妻财暗动者，还主晴明；占晴，若子财不动，而父母暗动者，还主有雨。

晴利父母而化退。

旧系“晴相父爻之入墓”，谓父爻入墓，或动而化墓，必主晴明，余以为非。父爻入墓，冲开之时则雨，何得利于占晴？唯父动化退神，势必晴也。

【译文】

卜雨，最忌讳妻财爻遭到冲击，

占雨，倘若父母不动而妻财暗动，还主晴明；占晴，只要子孙和妻财不动而父母暗动，就主有雨。

占晴，最适宜父母官鬼化退神。

旧注说“占晴利于父母爻入墓”，指父母爻入墓，或发动而化墓，必主晴明，我以为不对。父母爻入墓，冲开的时候就下雨，怎么会有利于晴？只有父母发动化退神，才势必晴天。

【原文】

如丑月戊辰日，久雪占晴，得随之震。断曰：“鬼化退神，雨将止矣。”果于酉时雾散天开。凡得父化退神，雨亦将止矣；兄动化退神，云将开矣；子孙、财爻化退神者，晴不久矣。

【译文】

例如，丑月戊辰日，因久雪占何日晴，得到泽雷随卦，变为震为雷卦：

妻财未土●●　— —应
官鬼酉金○　———　　官鬼申金●●　— —
父母亥水●　———
妻财辰土●●　— —世
兄弟寅木●●　— —
父母子水●　———

断卦说："官鬼化退神，雨即将停止。"果然于酉时雾散云开。凡遇父母爻化退神，都说明雨就要将止了；凡兄弟爻化退神，都主云就即将散开；子孙、妻财化退神，离晴就不远了。

【原文】

子伏财飞，淡云轻雾；

旧系"子伏财飞，曝夫犹抑郁"，谓财动虽主晴明，若子孙休囚空伏，乃阴暗之象。

余以此论是理。此章首句原系"妻财发动，八方咸仰晴光"，余故改曰"子孙发动，万里晴光"，实此意耳。

父衰鬼旺，少雨浓云。

占雨以父爻为主，若父爻不动，又不暗动，而官鬼动者，必主浓云厚雾而无雨也。倘爻中变出父母者，不拘旺衰，皆主有雨。

【译文】

子孙伏藏而妻财飞起，主有淡云轻雾；

旧注说"子孙伏藏而妻财飞起，晒太阳的人感到抑郁"，指妻财发动虽然主晴明，但是子孙休囚而旬空伏藏，是天气阴晦的征兆。

我以为这种说法在理。这一章首句原来是"妻财发动，八方都仰望晴光"，我改为"子孙发动，万里晴光"，实际上就是这个意思。

父母衰弱而官鬼旺相，主少雨浓云。

占雨以父母爻为主象，如果父母爻既不明动又不暗动，而官鬼又发动了，必主浓云厚雾而无雨。倘若爻中变出父母，不论旺衰，都主有雨。

【原文】

卦值暗冲，虽空有望；

父母官鬼静而逢空，日建冲之，主雨；子孙财爻静而逢空，日建冲之，主晴；木临兄鬼，静而逢空，日建冲之，主风；兄弟临空，日建冲之，主轻风薄雾。

如巳月己卯日占何日晴，得离卦。酉财旬空，本日日建冲动，次日即晴，乃应动而逢冲之日。

【译文】

卦爻遇到暗冲，虽然逢空，但有希望；

父母和官鬼安静而逢空，日建冲它们，主雨；子孙和妻财爻安静而逢空，日建冲它们，主晴；木临兄弟和官鬼，安静而逢空，日建冲它们，主风；兄弟逢空，日建冲它，主轻风薄雾。

例如，巳月己卯日占哪天晴，得到离为火卦：

兄弟巳火●　　———世

子孙未土●●　— —

妻财酉金●　　———

官鬼亥水●　　———应

子孙丑土●●　— —

父母卯木●　　———

酉金妻财旬空，被本日日建冲动，主第二天就晴。这是应在发动而逢冲的日子。

【原文】

福兴被克，冲则成功。

卦中子孙爻动而化回头克，或被动爻克，须待冲去克神之日则晴。父母财爻动化克者，同此断之。

如丑日占何日雨，得震之豫卦。子水父动，被未土回头克，丑日而雨。夫应丑日者，冲去未土，合起子水父母而雨也。

觉子曰：旧系“爻逢合住，纵动无功”，非也。合住父爻，冲开之日必雨；合住财爻，冲开之日时必晴，何谓无功？故删之。

【译文】

福德发动而被克，一受冲击，就会晴明。

卦中子孙爻发动而化回头克，或被动爻克，必须等到冲去克神的日子才会晴。父母和妻财爻发动而化克，也这样决断。

例如，丑日占哪天下雨，得到震为雷卦，变为雷地豫卦：

妻财戌土●●　— —世
官鬼申金●●　— —
子孙午火●　———
妻财辰土●●　— —应
兄弟寅木●●　— —
父母子水○　———　　妻财未土●●　— —

子水父母发动，被未土回头克，断于丑日下雨。应在丑日下雨，是丑冲去未土，合起子水父母的缘故。

觉子说：旧注说“爻逢合住，纵发动也无用”，说得不对。合住父母爻，冲开的日时必定下雨；合住妻财爻，冲开日时必定晴天，为什么说无功？所以删去。

【原文】

木动生风，风伯肆虐；

觉子曰：旧有“兄弟木兴系巽风，冯夷①肆虐”。余以为木动生风，不在乎震与巽也；临子父、值财官皆主有风，不在乎临于兄弟。唯化进神则风大，否则风小，亦不在乎化水化火。

金空则响，电母施威。

金鬼动而逢空，若遇本日日建相冲，或后遇冲空实空之日，必然动雷，谓之“金空则响”。

金化金者，迅雷霹雳；火鬼动者，电掣金蛇。

此虽屡试屡验，常决于雷作之时，勿断于收声之后。

【译文】

木发动而产生风，主风伯肆虐；

觉子说：旧有“兄弟值木发动为巽风，所以冯夷肆虐”的说法。我以为木动生风，不在震与巽；临子孙父母，值妻财官鬼，都主有风，不在临于兄弟。只是兄弟化进神风就大，否则风小。也不在乎化水或者

①冯夷：中国古代神话中的黄河水神。

化火。

金空虚就发声响，主电母施威。

金为官鬼，发动而逢空，如果遇到日建来冲，或者后来遇到冲空实空的日子，必然有雷，叫作金空就会响。

从金化金，迅雷霹雳；火鬼发动，电掣金蛇。

这虽然屡试屡验，但是常决断于雷起的时候，不要决断于收敛声音之后。

【原文】

动而合，静而冲，勿临月破；

父母主雨，官鬼主浓云雷电，子孙主晴。动者逢值逢合之日，静者逢值逢冲之日。若静而逢月破者，则不应之；动而破者，亦应实破之日。

如辰月癸卯日，因晴占何日雨，得蹇卦。或曰："卦中辰戌父爻，月建又是父爻，明日辰日冲动戌父，必然有雨。"余曰："戌临月破，如何有雨？阴云而已。"果于次日阴云。

【译文】

发动而逢合，安静而逢冲，只不要临于月破；

父母爻主雨，官鬼主浓云雷电，子孙主晴。发动的应验在逢值逢合的日子，安静的应验在逢值逢冲的日子。如果安静而逢月破，就不应验；发动而月破，也应验在实破的日子。

例如，辰月癸卯日，因久晴而占哪天下雨，得到水山蹇卦：

子孙子水●●　— —
父母戌土●　———
兄弟申金●●　— —世
兄弟申金●　———
官鬼午火●●　— —
父母辰土●●　— —应

有人说："卦中辰戌为父母爻，月建又是父母爻，明日辰日冲动戌土父母，必然有雨。"我说："戌土月破，怎么会有雨？有阴云罢了。"

果然第二天有阴云。

【原文】

冲则应，填则实，最喜动空。

人以为空则无功，殊不知动而空者，占晴占雨，若非冲空之日，定应填实之期。

如未月丙午日，占何日雨，得离之旅。断曰："卯木父动，临于旬空，己酉日若不雨者，卯日必雨。"

或曰："如何定在两日？"余曰："不难，尔再占一卦。"又得离卦不动。余曰："此卦还与前卦相同，尔再占一卦。"

【译文】

最喜欢发动而旬空，因为冲击就会应验，填补就会充实。

人们以为旬空无用，却不知道发动而空，不论占晴占雨，如果不应验在冲空的日子，就一定应验在填实的日期。

例如，未月丙午日占哪天下雨，得到离为火卦，变为火山旅卦：

兄弟巳火● ——世

子孙未土●● — —

妻财酉金● ——

官鬼亥水● ——应

子孙丑土●● — —

父母卯木○ —— 子孙辰土●● — —

断卦说："卯木父母发动而临于旬空，己酉日如果不下雨，那么卯日一定下。"

有人说："为什么定在两日？"我说："不难，尔再占一卦。"又得离卦不动。我说："此卦还与前卦相同，你再占一卦。"

【原文】

又得艮之谦卦。断曰："甲寅日阴云，乙卯日必雨，辰日而又晴矣。"彼曰："何以知之？"余曰："此卦又是寅木鬼动值旬空，出空之日必定天变。前卦卯木父变辰土子孙，故知卯日必雨，辰日必晴。"果于寅日密云，卯日大雨，辰日大晴。所以动则不为空矣。

【译文】

又得到艮为山卦，变为地山谦卦：

官鬼寅木○　——世　　子孙酉金●●　— —

妻财子水●●　— —

兄弟戌土●●　— —

子孙申金●　——应

父母午火●●　— —

兄弟辰土●●　— —

断卦说："甲寅日有阴云，乙卯日必定下雨，而辰日又晴了。"他问："凭什么知道？"我说："这一卦又是寅木官鬼发动而值旬空，出空的日子必定变天。前一卦卯木父母变辰土子孙，所以知道卯日必定下雨，辰日必定晴天。"果然于寅日集起密云，卯日大雨，辰日大晴。所以说，发动不为空。

【原文】

雨遇财兴，欲雨须得财墓绝；

占雨，须宜父动鬼动。倘父鬼不动，又见妻财子孙动者，须待财爻入墓之日及临绝之日，才得有雨。占晴，须宜财动子动。倘若父母又动，须待父爻临墓绝之日，方能得晴。

如戌月丙午日，占何时雨，得坎之井卦。或曰："今日占雨，如何又动财爻？想是大旱而无雨也。"余曰："非也，化出酉父，酉日就当有雨；但因日建又是午火，必待戌日午火入墓，方可有雨。"果于酉日天变，戌日而雨。午火财爻墓于戌也。

【译文】

占雨遇到妻财兴起，求雨须等妻财墓绝；

占雨，必须父母和官鬼发动。倘若父母和官鬼不动，又遇到妻财子孙发动，须等待妻财爻入墓及临绝的日子，才能有雨。占晴，必须妻财和子孙发动，倘若父母又动，须等到父母爻临墓绝的日子，才能得晴。

例如，戌月丙午日占何时下雨，得到坎为水卦，变为水风井卦：

兄弟子水●●　— —世
官鬼戌土●　———
父母申金●●　— —
妻财午火×　— —应　　父母酉金●　———
官鬼辰土●　———
子孙寅木●●　— —

有人说："今天占雨，为什么妻财爻发动？想是大旱而无雨。"我说："不是这样。化出酉金父母，酉日就应当有雨；但是因为日建又是午火，必须等到戌日午火入墓，那时才能有雨。"果然于酉日变天，戌日下雨。这是午火妻财爻入墓于戌的缘故。

【原文】

晴逢子动，望晴只待子逢生。

占晴得子财动，占雨得父动，后逢长生之日应之。

如卯月丁巳日占何日雨，得涣之坎卦。卯木父动，当应在卯、戌日而雨，却应长生亥日。

【译文】

占晴而子孙发动，望晴只待子孙逢生。

占晴，子孙而妻财发动，占雨而父母发动，后来逢长生的日子都能应验。

例如，卯月丁巳日占哪天下雨，得到风水涣卦，变为坎为水卦：

父母卯木○　———　　官鬼子水●●　— —
兄弟巳火●　———世
子孙未土●●　— —
兄弟午火●●　— —
子孙辰土●　———应
父母寅木●●　— —

卯木父母发动，应当应验在卯日、戌日下雨，却应在长生的亥日。

【原文】

竞发父官，连朝猛雨；

卦中父鬼重迭，或又鬼变父、父变鬼、父化兄、兄化父，或连日又占，并不见子孙财爻发动者，一定连旬风雨。

如午月乙卯日占何日晴，得晋之归妹。断曰：“父鬼叠见，乃连朝风雨之象。”次日又占，又是鬼父同兴。果雨四十余日。

【译文】

父母和官鬼齐动，主连日大雨；

卦中父母和官鬼重叠，或者又官鬼变父母、父母变官鬼、父母化兄弟、兄弟化父母，或者连日又占，并不见子孙妻财发动，一定是连旬的风雨。

例如，午月乙卯日占哪一天晴，得到火地晋卦，变为雷泽归妹卦：

官鬼巳火○	———	父母戌土●●	— —
父母未土●●	— —		
兄弟酉金●	———世		
妻财卯木●●	— —		
官鬼巳火×	— —	妻财卯木●	———
父母未土×	— —应	官鬼巳火●	———

断卦说：“父母和官鬼重叠出现，是连日风雨的征象。”第二天又占，又是官鬼和父母一同发动。果然连下四十余天。

【原文】

多逢财子，累日晴明。

未月甲午日，占天何日雨？得屯变中孚卦。大旱望云霓，卦中父爻不动，子孙重迭，化进神，疑其木爻入墓之日必雨。又令他人占之，又得财与子动；次日又占，并无父动鬼动，知其旱矣。果然两月不雨。

【译文】

妻财和子孙太多，主累日晴朗。

未月甲午日占天哪日雨，得到云雷屯卦，变为风泽中孚卦：

兄弟子水×	— —	子孙卯木●	———
官鬼戌土●	———应		
父母申金●●	— —		
官鬼辰土●●	— —		
子孙寅木×	— —世	子孙卯木●	———
兄弟子水●	———		

大旱而望云霓，而卦中父母爻却不动，子孙爻重叠而且化进神，疑心木爻入墓的日子一定下雨。又让别人占问，又得到妻财与子孙发动的卦；第二天又占，这一卦并没有父母或官鬼发动，于是知道要干旱了。果然两个月没下雨。

【原文】

卦得反吟，晴雨终须反复；

如辰月庚寅日占何日晴，得观之升。卯木财现，明日必晴；但卦得内外反吟，主晴而还雨。果于次日晴，晴而又雨矣。

【译文】

得到反吟卦，晴或雨最终都要反复；

例如，辰月庚寅日占哪天晴，得到风地观卦，变为地风升卦：

妻财卯木○	———	兄弟酉金●●	— —
官鬼巳火○	———	子孙亥水●●	— —
父母未土●●	— —世		
妻财卯木×	— —	兄弟酉金●	———
官鬼巳火×	— —	子孙亥水●	———
父母未土●●	— —应		

卯木妻财出现，明日一定晴天；但内外卦反吟，晴过还要下雨。果然第二天晴了又雨。

【原文】

爻逢伏象，旱涝必待冲开。

伏吟卦动如不动。子财动者，冲开之日必晴；父爻动者，冲开之日必雨。

如辰月甲戌日占雨，得大壮变震卦。占雨父爻不动，兄鬼同动，木动生风，无雨而有风也。即于本日申时冲开寅木，拔木狂风。

【译文】

用神伏藏时，旱或涝必须等等冲开。

伏吟卦发动如同不动。子孙和妻财发动，冲开的日子必定晴；父母爻发动，冲开的日子必定雨。

例如，辰月甲戌日占雨，得雷天大壮卦，变为震为雷卦：

兄弟戌土●●　— —

子孙申金●●　— —

父母午火●　——世

兄弟辰土○　——　　　兄弟辰土●●　— —

官鬼寅木○　——　　　官鬼寅木●●　— —

妻财子水●　——应

占雨而父母爻不动，兄弟和官鬼却一齐发动，再有木动就会生风，是无雨而有风。果然本日申时冲开寅木时，刮起了拔木狂风。

【原文】

合父鬼冲开，有雷则雨；合财兄克破，无风不晴。

父母合住主不雨，若遇鬼冲开，必须待雷震而后有雨。卦中若无鬼爻动，而他爻冲动者，亦必有雨。他爻又无冲动者，须待冲开之日有雨。财子两爻被合，亦同此推。

觉子曰：合父鬼冲开，冲开之日必雨；合财合子，冲开之日必晴。有雷有风者，乃偶然耳，不必执之。

【译文】

合住父母而官鬼被冲开，有雷就有雨；合住妻财而兄弟被克破，无风则不晴。

父母合住主不雨，如果被官鬼冲开，必须先有雷后有雨；卦中若无官鬼发动，被其他爻冲动，也必定有雨；其他爻又没有冲动，须等到冲开的日子才有雨。妻财和子孙两爻被合，也这样推论。

觉子说：如果合住父母而被官鬼冲开，那么冲开的日子必定下雨；如果合住妻财或合住子孙，冲开的日子必定晴明。有雷有风，事出偶然，不必执着。

【原文】

半晴半雨，卦中财父同兴；

旧注："妻财父母同兴，或是子孙鬼爻同动，必然半晴半雨。"余以此论亦谬，殊不知各因其时。

如酉月癸未日占何日晴，得讼之兑卦。此卦子孙父母同兴，寅木父化巳火兄，又是一日阴雨，直到戌时天开而见星斗。应戌时晴者，戌土子孙而值时也。

【译文】

半晴半雨，因为卦中妻财与父母一同兴起；

旧注说："妻财和父母一同发动，或者子孙和官鬼爻同动，必然半晴半雨。"我以为这种说法也不对。断卦要根据时宜。

例如，酉月癸未日占哪天晴，得到天水讼卦，变为兑为泽卦：

子孙戌土○ ——— 子孙未土●● — —

妻财申金● ———

兄弟午火● ———世

兄弟午火●● — —

子孙辰土● ———

父母寅木 × — —应 兄弟巳火● ———

这一卦子孙和父母一同发动，寅木父母化巳火兄弟，主又是一日阴雨，直到戌时天开才看见星斗。应验为戌时开晴，是戌土子孙值时辰的缘故。

【原文】

又雨又晴，爻上母子皆动。

如巳月丙申日占何日雨，得临之蒙。卦中父母子孙同动，因巳火父空，亥日冲空则实，亥日而雨，即于亥日酉时晴。应酉时者，上爻动出酉金子孙之故耳。前卦父与子孙同动，戌土子孙，应本日戌时晴；后卦父与子孙同动，应他日之雨晴之时也。

觉子曰：即此两卦论阴晴各有其时，岂可谓之“半阴半晴”耶？

【译文】

又雨又晴，由于爻上父母与子孙同时发动。

例如，巳月丙申日占哪天下雨，得到地泽临卦，变为山水蒙卦：

子孙酉金× —— —— 官鬼寅木● ———

妻财亥水●● —— ——应

兄弟丑土●● —— ——

兄弟丑土●● —— ——

官鬼卯木● ———世

父母巳火○ ——— 官鬼寅木●● —— ——

卦中父母和子孙一同发动，因为巳火父母旬空，而亥日冲空则实，主亥日下雨，并在亥日酉时转晴。应验在酉时，是上爻发动变出酉金子孙的缘故。前一卦父母与子孙同时发动，戌土子孙主于本日戌时晴天；后一卦父母与子孙同动，主在其他日雨晴的时间。

觉子说：从这两卦的阴晴各有时宜看，怎么可以含糊地说“半阴半晴”呢？

【原文】

若知占远应近，可称为神；

如酉月初五戊子日，占中秋雨，得小过之丰卦。卦中辰父发动，当许中秋有雨，殊不知应在初九辰日即雨。即于壬辰日又占中秋晴否，癸巳日又占。

【译文】

若知占远事而应近事，就可以称为神明；

例如，酉月初五戊子日，占中秋日下雨与否，得到雷山小过卦，变为雷火丰卦：

父母卦土●●　— —
兄弟申金●●　— —
官鬼午火●　——世
兄弟申金●　——
官鬼午火●●　— —
父母辰土×　— —应　妻财卯木●　——

卦中辰土父母发动，应当许为中秋有雨；哪知道初九辰日就下了雨。即于壬辰日又占中秋晴否；癸巳日又占。

【原文】

壬辰日占得小畜之中孚，癸巳日占得屯之中孚。一卦财动，一卦子动，不见父鬼爻动，知其必晴。果于中秋夜月明星稀。

【译文】

壬辰日占得风天小畜卦，变为风泽中孚卦：

兄弟卯木●　——
子孙巳火●　——
妻财未土●●　— —世
妻财辰土○　——　妻财丑土●●　— —
兄弟寅木●　——
父母子水●　——应

癸巳日占得云雷屯卦，变为风泽中孚卦：

兄弟子水×　— —　子孙卯木●　——
官鬼戌土●　——应
父母申金●●　— —
官鬼辰土●●　— —
子孙寅木×　— —世　子孙卯木●　——
兄弟子水●　——

一卦妻财发动，另一卦子孙发动，不见父母和官鬼爻动，由此知道中秋一定晴天。果然中秋夜月明星稀。

【原文】

诚得卜日应时，方得其奥。

辰月癸巳日，占甲午日竖造①，此日有雨否，得遁之咸。彼以父动有雨，余曰："常见占日应时，且看今日申戌时而无雨者，明日必有雨也。"果于本日申时雨。彼又曰："如何申时雨？"余曰："戌土长生在申。"又问："雨久远否？"余曰："父化退神，雨之不久，明日必晴。"果于次日大晴。

【译文】

真能卜日辰而应在时辰，才算得其奥秘。

辰月癸巳日占甲午日建造，问这天有雨没有，得到天山遁卦，变为泽山咸卦：

父母戌土○ —— 父母未土●● — —

兄弟申金● ——应

官鬼午火● ——

兄弟申金● ——

官鬼午火●● — —世

父母辰土●● — —

问者以为父母爻发动有雨，我说："常见占日辰而告诉具体时辰的事，今天申戌时如果无雨，明天必定有雨。"果然于本日申时下雨。他又问："为什么申时下雨？"我说："戌土长生在申。"又问："雨长久吗？"我说："父母化退神，雨不会久，明天必晴。"果然于第二天大晴。

【原文】

野鹤曰：或问余曰："有动而逢合逢值，可能实知其一日乎？"余曰："昔人不知多占之法，亦不明此理，错断有之。天机未肯全泄，全在人之变通。圣人立教，设此天时教人，以验人事。即如子孙持世发动，占天时者，皓日当空，无云点缀，及至墓绝之日，黑暗无光。若占身命，烈烈轰轰，扬扬得志，后逢墓衰之年，灾非同至。故余首言教人

①竖造：建造。

以天时而验人事，取效之速。今欲实知一日者不难。”

【译文】

野鹤说：有人问我：“用神发动而逢合逢值，能确实知道在哪一天吗？”我说：“过去的人不知道多占这个方法，也不明白其中的道理，所以有错断的。天机不肯完全泄露，全靠人来通达天意。圣人立教，设计占天时这方法来教导人，就是为了方便在人事上应验。比如子孙持世发动，占天时主皓日当空，没有云点缀，但到了墓绝的日子，却黑暗无光；如果占身命，主当时轰轰烈烈，扬扬得意，后来遇到入墓衰弱的年份，则灾难与是非一齐到来。所以我前文说，圣贤以占天时的方法教导人，就是为了取验于人事，因为这样见效最快。现在要确实知道哪一天下雨，倒也不难。”

【原文】

曾因官长有事，命在旦夕，因占得子孙持世，劝之勿忧，必蒙赦宥。彼不肯信，意欲先寻自尽，余设一法。酉月丙子日占何日雨，得蒙之临卦，上下寅木父动，明知寅日必雨，再叫人占何日雨，又得大壮变泰卦。前卦寅木父动，当应寅日；此卦午火长生于寅，亦是寅日。

【译文】

曾经因为长官遇到灾祸，生命危在旦夕而占卜。占得的卦子孙持世，我据此劝他不要忧虑，必定蒙受宽赦。他不相信，想要事先自杀。于是我想了这样一个办法——

酉月丙子日占哪天下雨，得到山水蒙卦，变为地泽临卦：

父母寅木○	——	妻财酉金●●	— —
官鬼子水●●	— —		
子孙戌土●●	— —世		
兄弟午火●●	— —		
子孙辰土●	——		
父母寅木 ×	— —应	兄弟巳火●	——

上下两爻寅木父母发动，明知寅日一定下雨，却又让人再占哪天下雨。又得到雷天大壮卦，变为地天泰卦：

兄弟戌土●●　　— —

子孙申金●●　　— —

父母午火○　　——世　　　　兄弟丑土●●　— —

兄弟辰土●　　——

官鬼寅木●　　——

妻财子水●　　——应

前一卦两个寅木父母发动，主寅日下雨；这一卦午火长生于寅，也主寅日下雨。

【原文】

又叫人再占，得随之屯。又见亥水父动，知寅日而必雨也。何也？亥水父动，动而逢合之日，亦应寅日。

【译文】

又让人再占，得到泽雷随卦，变为云雷屯卦：

妻财未土●●　　— —应

官鬼酉金●　　——

父母亥水○　　——　　　　官鬼申金●●　— —

妻财辰土●●　　— —世

兄弟寅木●●　　— —

父母子水●　　——

又遇到亥水父母发动，由此知道寅日而一定下雨。为什么？因为亥水父母发动，动而逢合的日子也在寅日。

【原文】

又至寅日五更，又占本日何时有雨，得睽之履。余以前三卦俱应寅日而雨，此卦未土动，变申金子孙，此应一爻独发，实知其未时必雨，申时大晴。清晨往彼安慰而曰：“卜公之卦，子孙持世无忧。公不肯信，试看今日未时雨申时晴者。公知我卦之灵，从此不须忧也。”彼留于家，见午末初雨从西南而来，未时大雨，申时云散天开。合家喜曰：“真神卦也！”余曰：“既知天时，何难知其人事？公宜宽心。”迟半月，果蒙恩赦。

或曰："未土兄动，如何指定未时必雨？"余曰："神已报定寅日雨矣。今日再问者，又报晴时，不然，目下已是晴天，如何又现申金子孙申时晴耶？全在灵机变通耳。"

【译文】

到寅日五更，又占本日何时有雨，得到火泽睽卦，变为天泽履卦：

父母巳火●	——		
兄弟未土×	— —	子孙申金●	——
子孙酉金●	——世		
兄弟丑土●●	— —		
官鬼卯木●	——		
父母巳火●	——应		

因为前三卦都主寅日下雨，而这一卦未土发动，变申金子孙，是一爻独发，所以确切地知道，未时必定下雨，到申时大晴。于是我于清晨去他处安慰说："为您占的卦子孙持世，不要忧虑。您如果不相信，试看今天是不是未时下雨，申时转晴。您知道我的卦灵，以后就不必忧虑了。"他留在家里，见午时末未时初雨从西南而来，到未时大雨，申时云散天开，全家都欢喜地说："真是神卦呀！"我说："既能知道天时，知道人事又有什么难处？应该宽心。"过了半个月，这人果然被上司开恩赦免了。

有人说："未土兄弟发动，为什么指定未时一定下雨？"我说："神已经报过寅日下雨了，所以今天再问，又报转晴的时间。不然的话，眼下已经是晴天，为什么又出现申金子孙，主申时晴呢？灵与不灵，全在人的灵机变通。"

【原文】

辰月丙子日，因雨占晴，得巽之姤；又令人占，得姤之乾；又令人占，得天雷无妄。三卦合而决之，知癸未日必大晴。前卦未土财化出午火子孙，古法谓之"合住财爻"，不晴，余每验冲开之日必晴。况此卦子日占之，子水已冲开午火，而未土不能作合，故知未日必晴。二卦，丑土父母为雨，化出子水子孙为晴，亦应未日冲开丑土，而子水子孙不能与丑作合，亦当晴于未日。三卦，午火子孙，子日冲之而暗动，动而逢合之日，亦应晴于未日。至癸未日，果无片云翳日。

【译文】

辰月丙子日，因为多雨占何时晴，得到巽为风卦，变为天风姤卦：

兄弟卯木●　———世
子孙巳火●　———
妻财未土×　— —　　子孙午火●　———
官鬼酉金●　———应
父母亥水●　———
妻财丑土●●　— —

又让人占，得到天风姤卦，变为乾为天卦：

父母戌土●　———
兄弟申金●　———
官鬼午火●　———应
兄弟酉金●　———
子孙亥水●　———
父母丑土×　— —世　　子孙子水●　———

又让人占，得到天雷无妄卦：

妻财戌土●　———
官鬼申金●　———
子孙午火●　———世
妻财辰土●●　— —
兄弟寅木●●　— —
父母子水●　———应

三卦合起来断，就知道癸未日一定大晴了。第一卦，未土妻财化出午火子孙。古法说合住妻财爻就不会晴，我常应验的情况，却是冲开的日子必晴。何况这一卦是子日占的，子水已经冲开午火，使未土无法相合，所以知道未日必晴。第二卦，丑土父母为雨，化出子水子孙主晴，也是未日冲开丑土，使子水子孙无法与丑土作合，也主未日开晴。第三卦，午火子孙因子日冲而暗动，而未日是午火子孙发动而逢合的日子，也主未日开晴。到癸未日，果然太阳当空，没有一片云彩。

【原文】

又如寅月癸酉日，因连雨占何日晴，得坎之节。寅木子孙独发，亥日不晴则寅日必晴。许亥日者，动而逢合之日也；许寅日者，寅木而值日也。但亦不能实指一日。

【译文】

又例如，寅月癸酉日，因为连日下雨占何日晴，得到坎为水卦，变为水泽节卦：

兄弟子水●● — —世

官鬼戌土● ——

父母申金●● — —

妻财午火●● — —应

官鬼辰土● ——

子孙寅木× — — 妻财巳火● ——

寅木子孙一爻独发，主亥日如果不晴，则寅日必晴。许亥日晴，是因为这是发动而逢合的日子；许为寅日晴，是因为寅木值日，只是不能指定是哪一天。

【原文】

又命之占，得夬之需。前卦寅木子孙动而主晴，尝有应在动而逢合之亥日，亦有应在寅日。此卦亥水财动，故知亥日无疑；况亥值旬空，亦应实空之日。果亥日大晴。

【译文】

又让人占问，得到泽天夬卦，变为水天需卦：

兄弟未土●● — —

子孙酉金● ——世

妻财亥水○ —— 子孙申金●● — —

兄弟辰土● ——

官鬼寅木● ——应

妻财子水● ——

前一卦寅木子孙发动，主晴。这种情形，有应在发动而逢合的亥日的，也有应在寅日的。这一卦亥水妻财发动，所以知道是亥日无疑；况且亥水值旬空，主实空的日子开晴。果然于亥日大晴。

【原文】

又如申月己卯日，因清晨天阴，占今日雨否，得夬之大壮。因天阴而问雨，神不报雨，而报酉时大晴，余疑神意谓雨已至矣，雨则不久，酉时即晴。果于午未时小雨，申时云开，酉时大晴。此卦恒多，后贤须宜会意，要知雨已来矣，神不报雨而报晴。

或曰："酉金爻动，动而逢冲谓之散，又化退神，如何亦晴？"余曰："旺金如何得散？申金月建，如何为退？"

【译文】

又例如，申月己卯日，因清晨天阴，占今日下不下雨，得到泽天夬卦，变为雷天大壮卦：

兄弟未土●●　— —
子孙酉金○　———世　　子孙申金●●　— —
妻财亥水●　———
兄弟辰土●　———
官鬼寅木●　———应
妻财子水●　———

因为天阴而问雨，神不报雨而报酉时大晴。我疑心神意是说：雨已经来了，所以雨不会久，酉时就会转晴。果然于午未时有小雨，申时云散，酉时大晴。这种卦常见，后人应该领会神意。要知道雨已经来了，神就会不报雨而报晴。

有人说："酉金爻发动，动而逢冲叫作散，又化退神，怎么会晴？"我说："旺金怎么会散？申金是月建，怎么会退？"

【原文】

又如卯月甲辰日，天阴占雨，得艮之乾。从今日阴起，有四日不晴。或问："今日晴否？"余曰："辰土兄化子水财，子水长生于申，申酉时必晴。明日巳日，或晴或雨，午未日必有大雨，申日大晴。"或问故，余曰：“自初爻辰土一动，连动四爻，父化鬼、兄化父，乃连朝之不晴也；五爻子水财化申金子，故知申日必晴。”已而连日或阴或雨或晴，直至申日大晴。

【译文】

又例如，卯月甲辰日因天阴而占雨，得到艮为山卦，变为乾为天卦：

官鬼寅木●	——世		
妻财子水×	— —	子孙申金●	——
兄弟戌土×	— —	父母午火●	——
子孙申金●	——应		
父母午火×	— —	官鬼寅木●	——
兄弟辰土×	— —	妻财子水●	——

从今天开始阴，共有四天不晴。有人问：“今天晴吗?”我说：“辰土兄弟化子水妻财，子水长生于申，主申酉时必晴。明天是巳日，或者晴或者雨，午未日必有大雨，申日大晴。”有人问缘故，我说：“从初爻辰土开始，连动四爻。其中父母化官鬼，兄弟化父母，是连日不晴；五爻子水妻财化申金子孙，所以知道申日必晴。”后来连日或阴或雨或晴，直到申日才大晴。

【原文】

又如巳月朔日庚辰日，占一月阴晴，得坤之师。或曰：“巳火父爻动，‘父持月建阴雨连旬’，此卦巳火父动，又是父化兄，‘风雨靡常’，此月必涝。”余曰：“书中固有此说，余试不验。明日巳日必雨，他日未必。”果于次日小雨。所以前篇余辟其“阴雨连旬”之谬也，后贤不可不察之。

【译文】

又例如，巳月朔日庚辰日，占一个月的阴晴，得到坤为地卦，变为地水师卦。

子孙酉金●●　— —世
妻财亥水●●　— —
兄弟丑土●●　— —
官鬼卯木●●　— —应
父母巳火×　— —　　兄弟辰土●　——
兄弟未土●●　— —

有人说："卦书说：'父母临月建，主阴雨连旬。'这一卦巳火父母发动而化为兄弟，主风雨无常，所以这个月一定涝。"我说："书中固然有这样的说法，但我试过，不应验。明天巳日一定下雨，其他日不见得。"果然于第二天小雨。所以我在前面的篇目批驳"父母临月建，阴雨连旬"的谬说。对此，后人不可不加以考察。

【原文】

又如巳月辛卯日，占次日阴晴，得遁之咸。或曰："戌父化未父，明日必有大雨。"余曰："每见神报近而不报远，且看今日未戌时若无雨，明日必雨。"果于本日未时小雨，申戌时大雨，亥时即晴。

【译文】

又例如，巳月辛卯日占第二天阴晴，得到天山遁卦，变为泽山咸卦：

父母戌土○　——　　父母未土●●　— —
兄弟申金●　——应
官鬼午火●　——
兄弟申金●　——
官鬼午火●●　— —世
父母辰土●●　— —

有人说："戌土父母化未土父母，明天必有大雨。"我说："神往往报切近的事而不报遥远的事。今天未戌时如果无雨，明天一定有雨。"果然于本日未时小雨，申戌时大雨，亥时转晴。

【原文】

又如酉月丙戌日，因连日阴雨，占何日晴，得小过之贲。卦中父鬼乱动，今日必有大雨，幸初爻辰土父化卯木财，上爻戌土父化寅木财，明日寅卯时必晴。次日寅卯时果晴。

【译文】

又例如，酉月丙戌日，因为连日阴雨，占哪一天晴，得到雷山小过卦，变为山火贲卦：

父母戌土×	— —	妻财寅木●	——
兄弟申金●●	— —		
官鬼午火○	——世	父母戌土●●	— —
兄弟申金●	——		
官鬼午火●●	— —		
父母辰土×	— —应	妻财卯木●	——

卦中父母和官鬼乱动，主今天必有大雨；但初爻辰土父母化为卯木妻财，上爻戌土父母化为寅木妻财，主明天寅卯时必晴。第二天寅卯时果然晴了。

【原文】

又如卯月癸巳日，因连雨占何日晴，得比之革。卦中父鬼乱动，连日还有大雨，幸申金子孙化出亥水财爻，申日必晴。卒之申日大晴。

【译文】

又例如，卯月癸巳日，因为连日下雨而占何日晴，得到水地比卦，变为泽火革卦：

妻财子水●●	— —应		
兄弟戌土●	——		
子孙申金×	— —	妻财亥水●	——
官鬼卯木×	— —世	妻财亥水●	——
父母巳火●●	— —		
兄弟未土×	— —	官鬼卯木●	——

卦中父母和官鬼乱动，主今日还有大雨，好在申金子孙化出亥水妻

财，主申日必晴。结果申日真的大晴。

【原文】

又如卯月癸卯日，占何日雨，得小过之遁。

戌父化戌父，申兄化申兄，乃是伏吟卦，明日辰日必雨。伏吟必要冲开，果次日辰巳时得雨。

【译文】

又例如，卯月癸卯日占哪天下雨，得到雷山小过卦，变为天山遁卦：

父母戌土×	— —	父母戌土●	———
兄弟申金×	— —	兄弟申金●	———
官鬼午火●	———世		
兄弟申金●	———		
官鬼午火●●	— —		
父母辰土●●	— —应		

戌土父母化戌土父母，申金兄弟化申金兄弟，是伏吟卦，明天是辰日，必雨。伏吟必须冲开，果然第二天辰巳时下了雨。

【原文】

又如子月甲申日，因连日大雪占何日晴，得损之临。寅木鬼动，木动生风，变出酉金子孙，今日亥时必起大风，来朝酉日则晴矣。卒如占。

【译文】

又例如，子月甲申日，因为连日大雪而占哪天晴，得到山泽损卦，变为地泽临卦：

官鬼丙寅木○	———应	子孙癸酉金●●	— —
妻财丙子水●●	— —		
兄弟丙戌土●●	— —		
兄弟丁丑土●●	— —世		
官鬼丁卯木●	———		
父母丁巳火●	———		

寅木官鬼发动，所谓木动生风，变出酉金子孙，今日亥时必起大风，来日酉日就会晴。结果正如所断。

【原文】

又如巳月丁亥日，因连雨，占何日晴，得屯之噬嗑。外卦父化父，鬼化鬼，还有连朝风雨；上爻子水化出巳财，须至巳日方晴。或曰："鬼旺而化退，父衰而化退，何以断之?"余曰："父化父，鬼化鬼，乃神告我连日之风雨也，何论旺衰?要知神意既欲报我连朝之雨，又要报我巳日之晴，非此爻象，难尽此意。今又以旺衰进退言之，非知通变者。"

【译文】

又例如，巳月丁亥日，因连日下雨而占何日晴，得到云雷屯卦，变为火雷噬嗑卦：

兄弟子水×	▅ ▅	妻财巳火●	▅▅▅
官鬼戌土○	▅▅▅应	官鬼未土●●	▅ ▅
父母申金×	▅ ▅	父母酉金●	▅▅▅
官鬼辰土●●	▅ ▅		
子孙寅木●●	▅ ▅世		
兄弟子水●	▅▅▅		

外卦父母化父母，官鬼化官鬼，主还有连日的风雨；上爻子水化出巳火妻财，主到巳日才能开晴。有人说："官鬼旺相而化退神，父母衰弱而化退神，怎么这样断?"我说："父母化父母，官鬼化官鬼，是神已告诉我有连日的风雨，为什么还要论旺衰?要知道，神意既要告诉我们连日的雨，又要告诉我们巳日的晴，不用这样的爻象就难完全表达意思。现在却要以旺衰进退来推断，这是不懂通变的做法。"

【原文】

又如申月丁未日，连日雨，占何日晴，得复之既济。辰土兄化亥水财，亥日必晴，但晴之不久耳。盖因五爻亥水财又变戌土兄故也。果于亥日天开，至申酉戌时而又雨矣。

【译文】

又例如，申月丁未日，因连日下雨而占何日晴，得到地雷复卦，变为水火既济卦：

子孙酉金●● — —
妻财亥水× — — 兄弟戌土● ———
兄弟丑土●● — —应
兄弟辰土× — — 妻财亥水● ———
官鬼寅木●● — —
妻财子水● ———世

辰土兄弟化亥水妻财，主亥日必晴，只是晴的时间不久罢了。这是五爻亥水妻财又变戌土兄弟的缘故。果然于亥日云开，到申酉戌时转雨。

【原文】

又如卯月壬寅日，占何日雨，得否之观。或曰："午鬼化未父，当雨之兆，只因午与未合，必待子丑日冲开其合，方能有雨。"余曰："今日子丑时亦可冲开。"果于半夜大雨。

【译文】

又例如，卯月壬寅日占何日雨，得到天地否卦，变为风地观卦：

父母戌土● ———应
兄弟申金● ———
官鬼午火○ ——— 父母未土●● — —
妻财卯木●● — —世
官鬼巳火●● — —
父母未土●● — —

有人说："午火官鬼化未土父母，是应当下雨的爻象，只因为午与未合，必须到子丑日冲开相合，才能有雨。"我说："今日子丑时也可以冲开。"果然于半夜下了大雨。

【原文】

又于未月庚子日，因祈雨而占雨，得困之噬嗑。内卦辰土父动，又化寅木之财，辰日有雨而不大。酉兄化出未土父，未父又化巳火鬼，必待未日方有大雨。果于辰日小雨，未日大雨。

【译文】

又曾于未月庚子日，因为祈雨而占哪天下雨，得到泽水困卦，变为火雷噬嗑卦：

父母未土×	— —	官鬼巳火●	———
兄弟酉金○	———	父母未土●●	— —
子孙亥水●	———应		
官鬼午火●●	— —		
父母辰土○	———	妻财寅木●●	— —
妻财寅木×	— —世	子孙子水●	———

内卦辰土父母发动，化为寅木妻财，主辰日有雨，但不大；酉金兄弟化出未土父母，未土父母又化巳火官鬼，主必须到未日才有大雨。果然于辰日小雨，于未日大雨。

【原文】

又如昔有友约余游春，余辞以雨雪。友曰："今早占得亥水孙动，亥日必晴。余所约，亥日也，勿庸辞。"余即卜之：寅月甲申日占何日晴，得豫之震。余曰："子日方晴，亥日未必。"友曰："我占亥水子孙，兄占子水子孙，必是亥、子日俱晴。"余曰："非也。兄占亥水子孙者，旺于子也，亦应子日晴，非亥日也。"果于亥日犹雪，子日大晴。

【译文】

又例如，曾经有朋友约我一起春游，我以下雪为由推辞了。朋友说："今天早晨占得亥水子孙发动，亥日必晴，所以我在亥日相约，不用推辞。"我就卜问：寅月甲申日占何日晴，得到雷地豫卦，变为震为雷卦：

妻财戌土●●　— —
官鬼申金●●　— —
子孙午火●　——应
兄弟卯木●●　— —
子孙巳火●●　— —
妻财未土×　— —世　　父母子水●　——

我说：“子日才晴，亥日未必。”朋友说：“我占亥水子孙，兄长占子水子孙，必是亥子两日都晴。”我说：“不对。兄长占的亥水子孙旺于子日，也应当子日晴，不是亥日。”果然亥日仍下雪，子日才大晴。